자유를 받으세요

Unlock Your Deliverance

캐더린 크릭 지음

박한나 옮김

유어
킹덤

자유를 받으세요
마귀의 억압에서 자유하게 되는 열쇠

저자	캐더린 크릭
역자	박한나
초판 발행	2025년 12월 15일
발행처	(주)유어킹덤컨설팅
등록번호	제2025-211호
이메일	yourkingdomltd@gmail.com
ISBN	979-11-995050-0-1 (03230)

Copyright © 2025 in Korean by Your Kingdom Consulting Co. Ltd. For distribution in South Korea. Originally published in English by Charisma House, an imprint of Charisma Media, 1150 Greenwood Blvd. Suite 1000, Lake Mary, Florida 32746 under the title *Unlock Your Deliverance*. Copyright © (2025) by Kathryn Krick. All rights reserved.

이 한국어판의 저작권은 알맹2를 통하여 Charisma House와 독점 계약한 (주)유어킹덤컨설팅에 있습니다. 저작권법에 의하여 한국 내에서 보호받는 저작물이므로 무단 전재와 무단 복제를 금합니다.

Charisma Media에서 다른 언어로도 제공됩니다. 1150 Greenwood Blvd. Suite 1000, Lake Mary, FL 32746 USA email: rights@charismamedia.com

목차

	들어가는 말 ……………………………………… 7	
1장	축귀란 무엇인가? ………………………………… 11	
2장	오늘날 축귀가 필요한 이유 …………………… 20	
3장	마귀의 억압은 어떻게 일어나는가? ………… 33	
4장	귀신을 떠나가게 하는 첫 번째 열쇠: 어노인팅 …… 48	
5장	귀신을 떠나가게 하는 두 번째 열쇠: 믿음 ……… 69	
6장	믿음을 활성화하는 방법 ……………………… 82	
7장	귀신을 떠나가게 하는 세 번째 열쇠: 말로써 끊기 …… 95	
8장	주술의 실체 ……………………………………… 121	
9장	귀신을 떠나가게 하는 네 번째 열쇠: 심는 것 …… 132	
10장	자유하게 될 준비가 되셨나요? ……………… 155	
11장	받은 자유를 지키는 방법: 항복하기 ……… 168	
12장	받은 자유를 지키는 방법: 심기기 …………… 194	
13장	받은 자유를 지키는 방법: 소중히 여기기 …… 210	
14장	축귀에 대한 흔한 오해 ………………………… 229	
	주 …………………………………………………… 241	
	저자 소개 ………………………………………… 243	

들어가는 말

10년 전까지만 해도 제가 사람들이 축귀를 받도록 도와주는 책을 쓰게 되리라고는 정말 상상도 못했던 일입니다. 그때까지만 해도 축귀가 뭔지도 몰랐으니까요. 저는 평생 크리스천으로 살아왔습니다. 가장 어릴 적 떠오르는 기억은, 4살 때 예수님을 구주로 영접한 것입니다. 20대 중반에는 하나님이 사도행전과 복음서에서 행하셨던 것과 같이 오늘날도 능력으로 역사하신다는 사실에 눈이 열렸습니다. 사람들이 치유 받고 귀신이 쫓겨나는 것을 봤습니다. 그리고 성령세례를 받았습니다.

이제 하나님의 위대한 사랑에 눈이 열려서 하나님의 능력으로 하나님을 실제로 만났고 제 모든 삶을 하나님께 항복하게 되었습니다. 이렇게 항복하게 된 것이 2016년 9월에 하나님께서 예비하신 제 인생을 완전히 바꾸게 될 하나님과의 만남의 시간에 준비되어지도록 했습니다. 예언적인 힐링 콘퍼런스에 참석했는데 조데이비 박사라는 선지자께서 제가 예수 그리스도의 사도로 부름을 받았다는 예언을 하셨습니다. 전 세계에서 사역을 하고 하나님의 능력의 그릇이 되고 기적으로 행할 것이라고 예언하셨습니다. 이 예언을 들었을 때 저는 부족하고 자격이 없는 것처럼 느껴졌습니다. 설교하고 싶은 마음이 전혀 없었고 대중 연설은 가장 큰 두려움이자 약점이었습니다. 하나님께 "주여 나는 본래 말에 능치 못한 자라"고 말한 모세와 같이 느껴졌습니다(출애굽기 4:10). 그럼에도 제가 원하는 것은 단 한 가지, 하나님의 뜻 안에 있는 것이었습니다. 그래서 싱어송라이터가 되고 싶었던 당시의 꿈을 내려놓고 단순하게 순종했습니다.

예언을 받고 9개월이 지난 후 로스엔젤레스에 있는 지금의 5F교회(5F는 Five-Fold, 오중직임의 약자)를 시작했습니다. 첫 4년 동안은 교회가 작았고 시간이 지날수록 계속해서 더 작아졌습니다. 그 시간 동안 계속해서 예언을 기억하고 하나님께서 약속을 이루어주실 것을 믿었습니다. 2020년 12월 30일, 틱톡에 1분짜리 영상을 올렸는데 하나님이 5F교회에서 능력으로 역사하신 장면들을 모은 것이었습니다. 그 영상 끝에 억압된 사람들을 위해 기도했습니다. 그 영상은 제 30번째 생일인 1월 1일에 백만 뷰를 찍었습니다. 더 놀라운 것은 수천 명이 영상을 볼 때 기적을 받았다는(통증, 질병, 억압이 떠났다는) 댓글을 달았던 일이었습니다.

그때부터 더 많은 영상이 인터넷에 퍼졌고, 생방송을 보는 사람들도 늘어났습니다. 생방송 때마다 기적이 일어났습니다. 3월 중순에는 교회의 출석 인원은 몇 명에서 스무 명 정도로 늘어났습니다. 2021년 3월 21일에는 미국 반대편에서 교회에 방문하신 여자분에게서 귀신이 드러났습니다. 하나님의 은혜와 능력으로 귀신에게 여자분에게서 떠나가라고 명령하자 귀신이 떠나갔습니다. 이것이 제 사역에서 처음으로 귀신이 드러난 날이고, 처음으로 제 사역에서 귀신이 쫓겨난 날입니다. 이 여자분의 축귀 영상이 인터넷에 퍼졌고 그때부터 5F 교회에서 축귀가 일어난다는 소식이 빠르게 퍼졌습니다. 축귀는 매주 계속해서 일어났고 5월 30일에는 교회가 300명으로 늘어나고 저희가 꿈꿨던 것을 넘어서는 부흥이 일어났습니다.

여러 가지 일이 있었던 그날 이후 사람들이 미국 전역과 전 세

들어가는 말

계에서 부흥과 하나님의 능력을 경험하러 미국 로스엔젤레스에 있는 5F교회에 매주 찾아왔습니다. 제가 전 세계에서 사역하고 전 세계 백만 명이 넘는 사람들이 온라인으로 보게 되면서 이 부흥은 더욱 커졌습니다. 지난 몇 년 동안 수천 명이 참여하는 모든 집회에서 대중 축귀와 대중 치유가 일어나는 것을 보았습니다. 교회에서, 부흥 집회에서, 콘퍼런스에서, 온라인에서 매주 셀 수도 없이 많은 기적이 일어나는 것을 보며 저는 하나님의 능력이 얼마나 크신지, 정말 제한이 없으신 것을 보고 놀랐습니다. 모든 영광을 하나님께 돌립니다. 하나님께서 제 삶에 하신 일에 너무나도 놀랍습니다. 이 땅에서 하나님의 일에 동참하고 하나님을 섬길 수 있어 매일 겸허해집니다.

우리는 우리 조상들이 기도해 온 시대에 살고 있습니다! 하나님께서 전 세계에 부흥을 주셨습니다. 하나님의 어노인팅(하나님의 능력)을 부어주셨고 사도행전 교회에는 있었으나 지금은 그리스도의 몸 된 교회에서 대부분 잃어버린 것들을 회복시켜 주시는 과정을 시작하셨습니다. 올드 와인(old wine, 옛 포도주) 종교와 미지근하고 억압된 하나님의 자녀들로 가득 찬 교회로 대체되었던 소중한 '새 포도주' 계시를 풀어놓아 주셨습니다. 《자유를 받으세요》(Unlock Your Deliverance)는 하나님의 부흥의 일부입니다. 하나님께서 억압된 사람들의 축귀를 여는 하나님 나라의 열쇠와 어노인팅(기름 부음)의 비밀들을 제게 맡겨 주셨습니다. 여러분이 자유하게 되고 다른 사람들이 자유하게 되도록 도와줄 수 있도록 이 소중한 열쇠들이 이 책에 풀어져 있습니다.

완전한 자유를 경험하지 못하고 계시거나 중독, 우울증, 불안증, 불면증, 질병, PTSD, 트라우마 후유증, 자살 충동, 앞으로 나

자유를 받으세요

아가지 못하는 답보상태 또는 다른 문제에 억압되어 있으시다면 여러분께서 자유하게 되실 시간이 바로 지금입니다! 다른 사람들이 자유하게 되도록 도와주고 싶은데 어떻게 도와줘야 할지 모르셨다면 여러분이 억압된 사람들을 도와줄 수 있도록 하나님께서 곧 영적인 눈을 열어주시고 말씀으로 훈련시켜 주실 것입니다. 책장을 넘기실 때 하나님께서 해주실 일들이 기대됩니다. 여러분의 인생이 완전히 바뀔 것을 믿습니다!

1장
축귀란 무엇인가?

예수님의 사역을 보면 세 가지 주된 요소가 눈에 띕니다. 하나님 나라에 대해 설교하시고 병든 사람들을 고치시고 귀신을 쫓아내셨습니다. 복음서를 보면 예수님은 그의 능력을 계속해서 풀어놓으시고 마귀의 일을 무너뜨리는 것을 볼 수 있습니다. 때론 죽은 자를 살리시기도 했지만 귀신을 내쫓는 것은 자주 볼 수 있습니다. 마가복음 1장 39절에서는 예수님의 사역을 이렇게 표현합니다. "이에 온 갈릴리에 다니시며 저희 여러 회당에서 전도하시고 또 귀신들을 내어 쫓으시더라"

예수님은 설교만 하지 않으셨습니다. 귀신도 내쫓으셨습니다.

예수님이 회당에서 가르치실 때 때로 귀신이 사람을 통해 말을 하기도 했으며, 귀신들린 사람이 예수님 가까이 왔을 때 귀신이 드러나고 예수님은 내쫓으셨습니다. 또 다른 때는 한 아버지가 문제가 있는 자녀를 예수님께 데려오고 예수님은 벙어리의 영에서 자유하게 해주시고 아이가 말을 할 수 있게 되었습니다.

축귀는 예수님 사역에 중요한 부분이었습니다. 그리고 예수님을 따르는 사람들, 즉 우리에게도 동일한 일을 하라고 말씀하셨습니다(요한복음 14:12). 예수님은 열두 제자에게 이러한 일들을 하라고 보내셨습니다. 그리고 오늘날 우리에게 동일한 일을 하라고 보내고 계십니다. "예수께서 그의 열두 제자를 부르사 더러운 귀신을 쫓아내며 모든 병과 모든 약한 것을 고치는 권능을 주시니라"(마태복음 10:1).

  예수님은 심지어 "믿는 자들에게는 이런 표적이 따르리니 곧 저희가 내 이름으로 귀신을 쫓아내며 새 방언을 말하며, 뱀을 집어올리며 무슨 독을 마실지라도 해를 받지 아니하며 병든 사람에게 손을 얹은즉 나으리라"고 약속하셨습니다(마가복음 16:17-18).

  사도행전을 보면 제자들이 예수님의 이 말씀을 행하는 것을 볼 수 있습니다. 지상명령입니다. 복음을 전파하는 것뿐만 아니라 계속해서 귀신을 내쫓고 병든 사람들을 고치고 때로 죽은 사람을 일으켰습니다. 귀신을 내쫓는 것은 작은 부분이 아니었습니다. 예수님의 사역과 동일하게 제자들의 사역에도 중요한 부분이었습니다.

  성경에 '귀신은 일 세기 교회에서만 내쫓을 필요가 있고 그 후에는 더 이상 필요가 없으리라'는 말은 없습니다. 예수님의 시대, 사도행전 교회, 2천 년 전의 사람들에게 축귀가 필요했던 것과 같이 오늘날 우리에게도 축귀가 필요합니다. 예수님은 어제나 오늘이나 영원토록 동일하십니다(히브리서 13:8). 그리고 예수님이 이 땅에 계셨을 때와 같이 오늘날도 억눌린 사람들을 자유하게 해 주시기를 원하십니다.

> 주의 성령이 내게 임하셨으니 이는 가난한 사람들에게 복음을 전하게 하시려고 내게 기름을 부으시고 마음이 상한 사람들을 고치고 포로된 사람들에게 자유를, 눈먼 사람들에게 시력의 회복을 선포하고 억압된 사람들을 자유하게 하려고 나를 보내셨다.
>
>   ―누가복음 4:18 NKJV

귀신은 무엇이고 마귀는 누구인가?

귀신은 타락한 천사입니다. 귀신들은 더러운 영, 악령, 영이라고도 불리고 마귀의 억압이라고 흔히 불리는 것의 책임소지가 있는 존재입니다. 마귀 또한 타락한 천사입니다. 천국의 찬양 리더였습니다. 천국에서의 리더십 위치는 그의 몰락과 함께 부패한 위계 구조를 초래했습니다. 다른 말로 하면 마귀에게는 가장 크고 악한 초자연적인 능력이 있습니다. 그의 귀신들은 그를 섬기고 좀 더 약한 악의 초자연적인 능력을 가지고 있습니다. 그렇더라도 그들의 악한 능력은 마귀의 계략에 맞설 힘이 없고 훈련이 되지 못한 사람들에게는 강한 능력일 수 있습니다. 예수님의 능력은 마귀와 그의 귀신들에게 있는 그 어떤 능력보다도 훨씬 더 높습니다. 그러나 믿는 자들이 예수님의 능력을 받지 않으면 악한 능력이 이기고 믿는 자들의 삶에 억압이 생길 수 있습니다. 축귀는 이러한 사탄의 억압에 있는 사람에게서 귀신 또는 여러 귀신들을 쫓아내는 것입니다.

마귀는 하나님의 원칙을 꼬아서 악한 일에 사용합니다. 마귀는 하나님의 원칙이 진짜인 것을 압니다. 하나님의 원칙은 영적인 법칙입니다. 예를 들어 "사람이 무엇으로 심든지 그대로 거두리라"(갈라디아서 6:7)는 원칙은 선한 데와 악한 데에 적용될 수 있습니다. 마귀는 사람들이 악한 데에 심어 그 사람들이 이 세상에서 악한 일을 하는 그의 하수인이 되기를 원합니다. 어떤 사람이 스스로를 어두움으로 채우면 다른 사람들에게 어두움을 풀어놓게 됩니다. 이것은 여러 모습으로 나타날 수 있습니다. 예를 들어 다른 사람들에게 저주를 하거나 사망의 말을 하거나 훔치거나 학대하는 등 사람들에게 악한 행동을 하는 것입니다. 어떤 사람이 악한 짓을 하는 사람과 어울려 지내면 그 악한 것과 악한 삶의 방식이 그 사람에게 들어와 자신도 다른 사람에게 악한 짓을 하게 됩니다.

하나님께 왕국이 있는 것과 같이 마귀도 왕국이 있습니다. 하나님의 왕국은 생명을 주지만 마귀의 왕국은 사망을 가져옵니다. 하나님은 천사와 사람의 그릇을 통해 하나님의 일을 행하십니다. 마귀는 귀신과 사람의 그릇을 통해 그의 일을 행합니다. 하나님은 하나님의 어노인팅, 하나님의 능력을 하나님께 항복하고 하나님을 섬기려고 작정한 그릇에게 주십니다. 그리고 그 그릇은 하나님께서 명령하신 대로 행하고 어노인팅을 다른 사람들에게 풀어놓고, 귀신을 쫓아내고, 병든 사람들을 고치고, 복음을 전파합니다.

마귀도 그를 섬기려고 하는 사람들을 사용합니다. 대부분 능력, 명예, 돈과 같이 얻어낼 수 있는 것을 보고 섬기려고 합니다. 마귀에게 초자연적인 능력이 있기 때문에 이런 것들을 사람에게 줄 수 있습니다. 그러나 마귀가 주는 소위 말하는 '선물'들은 항상 근심과 같이 오고 하나님께서 주시는 선물은 항상 근심이 없이 옵니다.

> 여호와께서 주시는 복은 사람을 부하게 하고 근심을 겸하여 주지 아니하시느니라
> ―잠언 10:22 개역개정

소위 말하는 마귀의 '선물'에는 보호가 없습니다. 언제든지 빼앗길 수 있습니다. 그리고 귀신들과 함께 올 수도 있습니다. 받는 사람이 고통스러워서 그 '선물'들을 즐길 수도 없게 만듭니다. 마귀는 또 이러한 '선물'을 받기 위해 악한 희생을 하라고 요구할 수도 있습니다.

마귀가 사람들을 그릇이나 하수인으로 사용하면 그 사람은 마녀(witch, 무당)나 마법사(warlock, 박수)가 됩니다. 마녀(무당)와 마법사(박수)는 악령의 능력을 사용해 마귀의 계획을 이루는 사람들을 뜻합니다. 마녀(무당)와 마법사(박수)는 오늘날에도 분명히 존재합니다. 영화나 책에서만 보는 허구가 아닙니다. 그들은 대부분 자신들의 정체를 숨기고 활동합니다. 그들이 하는 일의 실상이 사회에서 받아들여지지 않기 때문입니다.

마귀는 거짓말과 속임수를 통해서만 이깁니다. 마녀(무당)와 마법사(박수)는 다른 사람들을 속이고 자신들이 하는 일이 좋은 일인 것처럼 보이도록 하려고 합니다. 실은 귀신을 풀어놓는 일인데 말입니다. 예를 들어 점술가(psychic, 심령술사)는 악령의 초자연적인 능력을 사용해서 다른 사람의 사적인 삶에 대한 비밀을 들춥니다. 귀신은 사람들을 따라다니면서 그들의 습관이나 삶의 사소한 일을 알아낼 수 있습니다. 그리고 점술가가 점을 봐줄 때 귀신이 그 내용을 보고합니다. 어떤 사람이 점술가에게 가면 악령의 능력이 자신의 삶에 선포할 수 있도록 허락하는 것입니다. 영적인 세계에서 그런 행동은 대적에게 문을 열어주고 대적이 마귀의 억압을 줄 수 있도록 권세를 넘겨주는 것입니다. 그래서 어떤 귀신들은 점술가를 통해 사람들에게 들어옵니다. 점술가는 사람들을 절대로 도와주지 않고 오히려 귀신을 그 사람에게 풀어놓습니다.

마귀의 왕국은 마귀의 일을 하는 귀신과 귀신의 하수인, 마녀(무당)와 마법사(박수)로 이루어져 있습니다. 마귀의 계획은 하나님의 계획과는 반대입니다. 마귀의 왕국은 죽음을 가져오고 도적질하고 죽이고 멸망시키려고 합니다(요한복음 10:10).

마귀의 가장 큰 일은, 마귀가 가장 많이 성공하는 방법은, 귀신이 사람들에게 들어가는 것입니다. 예를 들어, 중독의 귀신이 사람에게 들어가게 되면, 그 사람은 이제 억압이 됩니다. 마치 마귀의 사슬이 그 사람을 묶게 되는 것과 같습니다. 중독의 귀신이 있으면 마약, 술, 자위, 섹스, 음식, 포르노 등 그 영역에서 자신을 전혀 컨트롤하지 못합니다. 중독의 영이 있는 대부분의 사람들은 그 중독적인 행동을 그만두고 싶어 합니다. 그러나 아무리 노력해도 그만 둘 수 없습니다. 마귀의 다른 억압도 동일합니다. 우울증의 귀신이 들어가면 그 귀신이 그 사람의 생각을 지배하고 때로 무기력하게 하거나 여러 종류의 자해를 하게 하거나 자살 충동을 주거나 삶을 끝내버리고 싶은 마음이 들게 하는 등의 일이 일어납니다.

많은 성공한 사람들의 삶이 중독으로 인해 망가졌습니다. 이중 대부분의 사람들은 자신의 경력(career)과 받은 복을 정말 사랑하고 마약이나 알코올 등으로 망치고 싶지 않았습니다. 또 어떤 사람들은 아무리 좋은 일이 일어나도 자살 충동에 넘어가거나 계속해서 우울해 합니다. 이중 대부분의 사람들이 삶을 끝내기보다는 자살 충동이 없어지기를 바랬습니다. 그러나 자신을 전혀 조절할 수 없었습니다. 이 모든 것이 마귀의 억압의 결과입니다. 이렇기 때문에 마귀는 밤낮 가리지 않고 누구든지 억압을 하려고 열심히 일합니다. 억압하면 그 사람들 위에 능력이 생기기 때문입니다.

이사야 10장 27절은 이렇게 말씀합니다. "그 멍에는 기름 부음으로 인하여 부서지리라" 그리고 예수님은 마귀의 일을 멸하려 오셨습니다(요한일서 3:8). 예수님은 십자가에서 사람들 위에 마귀에게 능력이 있게 한 저주를 끊으셨습니다. 이제 누구든지 예수님을 주님으로 믿으면 영생을 얻고 지금 이곳에서 풍성한 삶을 누리게 됩니다(요한복음 10:10). 여기에는 하나님의 유산도 포함됩니다.

> [우리가 하나님의] 자녀이면 [우리는 또 하나님의] 상속인이요. 하나님의 상속인이자 그리스도와 함께 [영적인 복과 유산을 누리는] 공동 상속인이니 우리가 그와 함께 영광을 받기 위하여 고난도 함께 받아야 될 것이니라
> ─로마서 8:17 AMP

예수님께는 치유가 있습니다. 예수님께는 자유가 있습니다. 예수님께는 풍성한 삶이 있습니다. 예수님께는 천국의 초자연적인 자원이 있습니다. 그래서 우리는 그리스도와 공동상속자로서 동일한 것을 받습니다. 하나님께서 또 다른 구절에 더욱 명확하게 명시해 두셨습니다.

> 그가 찔림은 우리의 허물을 인함이요 그가 상함은 우리의 죄악을 인함이라 그가 징계를 받음으로 우리가 평화를 누리고 그가 채찍에 맞음으로 우리가 나음을 입었도다
> ─이사야 53:5 개역개정

예수님은 십자가에 달리시기 전부터 우리의 자유를 위해 채찍을 견디심으로 피를 흘리셨습니다. 예수님이 맞으신 채찍은 가죽끈에 날카로운 것들이 달려 살을 뜯는 가혹한 도구였습니다. 너무 끔찍하게 들릴 수 있지만 여러분이 오늘날 치유를 받을 수 있도록 예수님이 지불하신 대가를 알아야 합니다. 예수님이 우리를 위해 해주신 것을 진지하게 생각하고 하나님의 유산을 절대 가볍게 받

자유를 받으세요

아들이면 안 됩니다. 정말로 존경하는 마음을 가져야 합니다. 크리스천으로서 오늘날 우리는 (자유를 포함하는) 치유가 하나님의 자녀인 우리 권리인 것을 믿습니다. 마치 하나님이 서명하신 계약서에 유산이라는 조항이 들어있는 것과 같습니다. 이 유산은 우리의 것입니다!

예수님을 믿으면 영적인 세계에서 이 유산을 받게 됩니다. 이제 치유와 자유를 받을 수 있습니다. 귀신들은 떠나야만 합니다. 그러나 귀신들은 대체로 구원받는 순간 떠나지 않습니다. 간혹 그런 일이 있기도 하지만 말입니다. 보통 귀신들은 그 사람이 하나님의 원칙을 따름으로 그 유산을 받게 되면 떠납니다. 귀신들에게서 하나님의 백성을 자유하게 하시는 것 또한 하나님의 원칙 중 하나입니다. 그리고 하나님이 기름 부으신 그릇을 통해 이것을 이루십니다. 이런 하나님의 사람들은 하나님이 주신 권세로 행하고 귀신들에게 사람들에게서 떠나가라고 명령합니다.

우리는 이 원칙을 먼저 예수님의 사역에서 볼 수 있습니다. 우리가 앞서 봤듯이 성경에서는 예수님이 설교하시고 귀신을 내쫓으셨다고 했습니다. 예수님이 설교만 하시고 영접기도만 인도하셨는데 사람들이 회개하고, 귀신들이 자동적으로 떠나간 것이 아닙니다. 예수님은 회개를 가르치시고 또 귀신들 위에 권세를 사용하셔서 귀신들이 떠나가게 하셨습니다.

사도행전 교회에서도 이 원칙을 볼 수 있습니다. 예수님은 제자들, 사도들에게 천국이 가까이 왔다고 전파하고 또 귀신을 쫓으라고 하셨습니다(마태복음 10:7-8). 예수님은 스스로 귀신을 내쫓으라고 말씀하신 적이 없습니다. 다른 사람들에게서 귀신을 내쫓으라고 하셨습니다. 이것을 볼 때 우리가 축귀를 받고자 할 때 하나님의 원칙은 어노인팅이 흐르는 곳에 나아가서 삶에 있는 멍에가 부서지도록 하는 것입니다. 하나님이 명령하신 것처럼 믿는 사람들이 함께 모일 때(히브리서 10:25), 온라인, 오프라인, 부흥집회, 예배, 그 모이는 곳이 어디이든지 그릇을 통해 흐르고 멍에를 부수는 어노인팅을 만나게 될 것입니다. 그리고 자유하게 될 것입니다! 예수님은 오늘도 여전히 어노인팅이 있는 그릇들을 통해 역사하셔서 억압되어 있는 사람들을 자유하게 해주시고 마귀의 소행을 무너뜨리고 계십니다. 다음 장에서는 오늘날 축귀가 왜 이렇게 필요한지에 대해 이야기 나누겠습니다.

2장

오늘날 축귀가 필요한 이유

오늘날 많은 사람들이 겪고 있는 문제들은 악한 영의 일입니다. 그런데 많은 사람들이 이것을 모르고 있습니다. 마귀는 축귀가 필요하지 않고 이상하고 무섭고 엑소시즘(exorcism, 퇴마술)이 나오는 공포 영화에서나 나오는 심각하게 귀신들린 사람들에게만 필요한 것이라는 거짓 내러티브(narrative, 이야기)를 퍼뜨리기 위해 노력했습니다. 귀신을 드러내지 않으면 계속해서 사람들 안에 들어 앉아 억압할 수 있습니다. 믿는 사람들이 어노인팅을 받아들이고 그리스도의 권세로 담대히 행하여야만 귀신이 드러나고 쫓겨나게 됩니다.

예수님께서 이 땅에서 사역하셨을 때 예수님이 가시는 곳에 있는 귀신들이 스스로를 드러내고 말을 하거나 사람에게서 육체적으로 드러났습니다. 귀신들은 사도행전의 사도들과 다른 오중직임 사역자들 앞에서도 드러났습니다. 예수님과 사도행전의 사역자에게는 참된 어노인팅이 있었고, 권세로 행했고, 부끄러워하지 않고 담대히 귀신을 맞섰습니다. 사역자들이 어노인팅과 축귀 사역을 받아들이지 않으면 어노인팅을 받지 못합니다. 하나님은 강압적으로 하지 않으십니다. 사역자들이 어노인팅을 거부하면 귀신들은 사람들 안에 숨어버립니다. 사람들이 손을 들고 찬양하며 할렐루야를 외치며 매주 교회에 오지만 귀신들이 그 속에 편안하게 들어 앉아있는 것입니다. 멍에를 부수는 것은 어노인팅이지 아무 교회나 다니고 설교를 듣고 찬양을 부르는 것이 아닙니다.

크리스천에게도 귀신이 있을 수 있나요?

네, 크리스천에게도 귀신이 있을 수 있습니다. 예수님께 삶을 드리면 영이 살아나고 성령님이 영에 거하십니다. 우리의 영이 그리스도와 함께 부활했기 때문에 우리는 다시 태어나게 됩니다. 우리는 말 그대로 새로운 피조물입니다. 그러나 우리는 자동적으로 완전히 새로운 사람이 되지 않습니다. 새로운 몸과 혼을 갖게 되지 않습니다.

사람은 영, 혼, 육 세 가지로 구성되어 있습니다. 우리의 혼은 생각, 정신, 의지, 감정입니다. 우리의 기억, 사고방식, 원하는 것 그리고 자연스러운 감정은 우리가 예수님께 삶을 드릴 때 갑자기 사라지지 않습니다. 우리가 구원을 받을 때 혼이 새롭게 되지 않습니다. 혼은 변화되어야 합니다. 그리고 그 변화는 우리가 하나님께 계속해서 항복하고 순종할 때 이루어집니다. 여기에는 하나님의 말씀에 있는 원칙들을 따르는 것이 포함됩니다. 하나님의 원칙을 따를 때 우리의 생각이 어떻게 변화되는지 여기에 예시가 있습니다.

> 여러분은 이 세상을 본받지 말고 마음을 새롭게 하여 변화를 받으십시오. 그러면 하나님의 선하시고 기뻐하시고 완전하신 뜻이 무엇인지를 알게 될 것입니다.
> —로마서 12:2 현대인의 성경

우리가 (과거에 항상 그랬듯이) 육으로 생각한다면 하나님의 말씀을 읽고 묵상함으로 마음을 새롭게 하는 일을 의지적으로 해야 합니다. 하나님의 말씀을 묵상하는 것을 생활화하면 생각이 변화될 것입니다. 자동적으로 그리스도와 같이 생각하고 상황을 하나님의 시각으로 바라보기 시작하게 될 것입니다. 하지만 예수님을 믿고 이것이 하루 만에 되는 것이 아닙니다.

예수님을 처음 믿게 된 사람의 혼은 대청소가 필요합니다. 잘못되고 육적인 사고방식이 있을 수 있습니다. 혼에서부터 분노, 증오, 쓴 뿌리, 용서하지 못하는 것, 질투, 음란과 같은 나쁜 감정이 계속해서 흘러나올 수 있습니다. 그리고 쫓겨나야 할 귀신들이 있을 수도 있습니다.

꼭 기억하세요. 귀신들은 성령님이 거하시는 여러분의 영에 거할 수 없습니다. 하지만 혼에는 거할 수 있습니다. 마치 이것과 같습니다. 성령님은 여러분 집에 있는 침실에서 여러분의 영과 함께 거하십니다. 침실은 완벽하게 정돈되어 있고 깨끗합니다. 그러나 부엌이나 화장실은 아직 더러운 상태입니다. 혼에 속해 있는 다른 '방'들을 (생각이나 행동을) 청소해야 할 필요가 있을 수 있습니다. 욕하는 것을 그만두거나 어두운 생각들을 묵상하는 것을 그만둘 필요가 있을 수 있습니다. 예를 들어 다른 사람들을 보며 음란한 생각을 갖는 것, 다른 사람들을 미워하는 생각을 갖는 것, 부정적인 것에 계속해서 집중하는 것을 그만두어야 할 필요가 있을 수 있습니다. 마약이나 도박을 그만두고 여러 사람들과 잠자리를 갖는 것을 그만두어야 할 필요가 있을 수 있습니다. 그리고 대청소가 필요할 수도 있습니다. 귀신을 내쫓는 것입니다. 먼지만 좀 털고 쓰레기만 갖다 버리는 것이 아니라 바퀴벌레를 퇴치해야 하는 상황일 수도 있습니다.

예수님을 구주로 받아들이면 성령님이 여러분을 돕는 자가 되십니다. 그리고 여러분이 성령님께 허락하면 모든 영역에서 도와주실 것입니다. 그래서 귀신이 여러분을 장악할 수 없습니다. 이 뜻은 마치 여러분이 로봇인 것처럼 귀신이 여러분을 완전히 장악할 수 없다는 뜻입니다. 그러나 중독의 영역에서 귀신에게 억압이 되어 있다면 여러분이 축귀를 받기까지 그 한 부분은 귀신이 장악하게 됩니다.

어떤 분께서 저희 교회에 오셔서 간증하시길 크리스천인데 수십 년 동안 포르노 중독이 있었다고 하셨습니다. 성경도 많이 읽고, 기도하고, 금식하고, 중독을 끊도록 도와주는 사람도 있고, 중독을 끊어보려고 할 수 있는 모든 것은 다 하셨다고 합니다. 그런데 중독이 끊어지지 않았다고 합니다. 주변의 많은 사람들은 이분의 마음이 악해서, 충분히 노력하지 않아서 해결되지 않고, 이분에게 문제가 있는 것처럼 느끼게 했습니다. 그러던 어느 날 이분께서 5F교회(Five-Fold Church, 오중직임 교회) 영상을 보셨고 하나님의 능력이 영상을 통해 역사해서 자유하게 해주셨다고 했습니다. 중독이 완전히 사라졌습니다. 그후 몇 년이 지났는데 지금까지 포르노에 전혀 시달리지 않으셨다고 합니다. 축귀를 받기 전에 예수님을 정말 믿고 따르고 성령님으로 채워져 있었지만 삶의 한 부분이 악한 영에게 지배를 받고 있었습니다. 그러나 성령님의 도움을 구하자 성령님이 어노인팅(하나님의 능력)이 있는 곳, 풀어놓아지는 곳으로 인도하셨고 이분은 자유하게 되셨습니다!

"크리스천도 귀신이 있을 수 있나요?" 또는 "억압인가? 귀신이 들린 것인가?"라는 논쟁에 열중하기보다는 자유가 필요한 사람들의 절박한 상태에 집중하는 것이 어떨까요? 우리가 이 주제에 대해 신학적으로 논쟁을 하는 동안 마귀는 어노인팅과 축귀 사역을 받아들이지 않고 억압되어 있는 사람들을 그대로 내버려두고 종교 논쟁을 하는 사람들을 비웃고 있습니다. 그리스도의 몸 된 교회의 현 상황은 정말 단순히 응급상황입니다. 하나님의 사람들은 자유하게 되어야만 합니다!

나에게 귀신이 있는지 알 수 있는 방법

어떤 한 영역에서 어떠한 힘이 여러분을 장악하고 있는 것같이 보인다면 이건 마귀의 억압이 있다는 신호입니다. 중독이 있는 대부분의 사람들은 계속해서 중독의 행동을 하고 싶어 하지 않지만 어떤 힘이 그들을 조종합니다. 혹시 어떤 크리스천에게 중독이 있고 정말 모든 것을 다해 그만두려고 하고 마음을 다해 하나님을 찾았는데도 안 되는 경우를 보신 적이 있으신가요? 이분은 아마도 중독의 영이 있는 것입니다. 네, 중독은 귀신입니다.

우울증도 악한 영입니다. 하나님이 하라는 것을 다 하고 성경말씀으로 마음을 새롭게 하고 "예수님께서 나에게 완전한 평안을 주셨어."라고 선포하는 데도 우울증에서 벗어나지 못하는 크리스천을 보신 적이 있으신가요? 그분은 아마도 우울증의 영이 있는 것입니다.

하나님께 정말 항복하고 하나님의 말씀을 묵상하고 "하나님은 두려움의 영을 주지 않으셨어."라고 성경구절을 반복해서 선포하는 데도 불안 발작에서 벗어나지 못하는 크리스천을 보신 적이 있으신가요? 그분은 아마도 불안증의 영이 있는 것입니다.

축귀가 필요한 것과 육신을 십자가에 못 박아야 하는 것은 다릅니다. 가끔 불안한 느낌이 드는 것은 귀신이 아닙니다. 그러나 불안증은 악한 영입니다. 가끔 슬프고 다운되는 것은 귀신이 아닙니다. 그러나 우울증은 악한 영입니다. 마음만 먹으면 스스로 조절할 수 있는 욕구(craving, 음식, 담배, 술 등 땡기는 것)는 귀신이 아닙니다. 그러나 중독은 악한 영입니다.

육신이 다스리도록 허락하는 것은 어노인팅만이 부술 수 있는 멍에가 있는 것과는 다릅니다. 그래도 귀신들은 사람들 속에 오랫동안 숨어 있었습니다. 왜냐하면 귀신은 없고 그냥 죄를 그만 지으면 된다고 생각하도록 마귀가 우리를 속여 왔기 때문입니다.

하나님의 사람들에게서 부서져야 하는 멍에가 있습니다. 멍에는 어노인팅만이 부술 수 있습니다. 네, 육신을 십자가에 못 박는 것은 아주 중요합니다. 하나님의 말씀으로 마음을 새롭게 하고 마귀의 뜻이 아닌 하나님의 뜻을 선택함으로써 마귀가 들어올 수 있는 문을 꼭 닫고 자유롭게 살아갈 수 있습니다. 그러나 귀신이 이미 그 속에 있으면 축귀가 필요합니다.

크리스천에게는 귀신이 있을 수 없다고 하는 교리는 틀렸습니다. 참된 교리는 이러합니다. 하나님의 원칙을 따라 혼을 깨끗하게 하고(많은 경우 축귀를 받는 것이 포함됩니다), 예수님께 항복한 삶을 살고 마귀가 들어올 수 있는 문을 다 닫을 때 크리스천에게 귀신이 있을 수 없습니다. 이렇게 하면 귀신이 들어올 수 없습니다. 완전히 보호받게 됩니다! 그러나 어노인팅을 만나고 오중직임 사역을 통해 제대로 된 영적인 훈련을 받기 전에는 크리스천들도 귀신에게 억압이 될 수 있습니다. 오늘날 그리스도의 몸 된 교회에 필수적인 요소들이 누락되어 있기 때문에 많은 사람들이 이러한 상태에 있습니다.

크리스천에게 귀신이 있을 수 있는 경우

귀신은 사람이 귀신에게 권한을 줄 때 들어올 수 있습니다. 아담과 하와가 하나님이 아닌 마귀에게 순종함으로 하나님께 받은 권세를 넘겨주기 전까지는 마귀에게 아무런 능력이 없었습니다. 그 권세를 마귀에게 넘겨주자마자 들어갈 수 있는 통로가 생겼고 아담과 하와의 삶 위에 능력을 갖게 되었습니다.

하나님은 우리에게 자유의지를 주십니다. 우리는 아담과 하와가 한 것과 똑같은 것을 하기로 선택할 수 있습니다. 예수님은 우리에게 대적 위에 권세를 주셨지만 우리가 원하면 이 권세를 대적에게 넘겨줄 수 있습니다. 하나님의 명령에 반하는 일을 하는 것은 하나님의 목소리가 아닌 대적의 목소리를 따르는 행동입니다. 이것은 하나님이 아닌 귀신에게 권세를 주는 행동입니다. 하나님께서 말씀하시는 것을 하면 "내 삶의 권세를 드립니다. 주의 뜻대로 되기를 원합니다. 하나님은 제 주인이시고 저를 인도하시는 분이십니다."라고 말하는 것입니다. 대적이 말하는 것을 하면 "네가 원하는 것을 하기로 선택해. 내 지도자가 되도록 내 권세를 네게 준다."라고 말하는 것입니다.

별 것이 아닌 것 같아 보일지라도 하나님께 불순종하는 것은 영적인 세계에서 마귀에게 문을 열어주고 들어오도록 허락하고 마귀가 원하는 대로 하도록 허락하는 것입니다. 그리고 마귀가 원하는 것은 사람을 귀신들로 채우는 것입니다. 그렇게 해야 그 사람을 자신들의 감옥에 가두고 조종할 수 있기 때문입니다.

구원받기 전에 마약이나 포르노, 도박 등을 해서 중독의 영들이 혼에 들어올 수 있는 '문'을 열어주었을 수 있습니다. 누군가에게 화가 나면 감정을 따라 화를 내서 분노의 영이 들어오도록 허락했을 수 있습니다. 때로는 구원받을 때 그 즉시 축귀를 경험하는 경우가 있습니다. 예수님은 예수님이 원하시는 대로 사람들을 자유하게 해주실 수 있습니다. "예수님은 이 방법으로만 자유하게 해주실 수 있어."라고 하며 예수님을 틀 안에 가두면 안 됩니다. 하지만 제가 들은 대부분의 간증들은 이러합니다. "구원받고 예수님과 사랑에 빠지고 성령님이 제 삶에 들어 오셔서 삶이 변했어요. 예수님과 친구가 되면서 외로움이 사라지고 평안, 기쁨, 희망, 만족감을 난생 처음으로 경험했어요. 그런데 중독(또는 불안증, 분노, 악몽, 불면증 등)은 남아 있었어요." 이런 간증에 공감하시나요?

구원받은 후에 여러 가지 문제가 남아 있는 것은 축귀가 필요하기 때문입니다. 구원과 축귀는 다릅니다. 예수님은 우리의 구원자이시고 치유자, 자유하게 해주시는 분이시자 풍성한 삶을 주시는 분이십니다. 우리는 예수님을 믿는 믿음으로 예수님의 선물과 예수님이 공급해 주시는 것을 받습니다. 문제는 많은 사람들이 구원자이신 예수님에 대한 믿음은 있지만 자유하게 해주시는 예수님은 믿지 않는다는 것입니다. 이것의 큰 이유는 대부분의 경우, 예수님이 자유하게 해주실 수 있다는 소식과 모든 억압에서 자유하게 해주고 싶어 하신다는 소식을 듣지 못했기 때문입니다.

> 그런즉 이와 같이 믿음은 들음에서 오며 들음은 [하나님]의 말씀에서 오느니라.
> ―로마서 10:17 킹제임스흠정역

사람들은 기독교 지도자들과 모든 신자에게서 예수님이 그들의 구원자요 해방자요 치유자이심을 들어야 합니다. 그래야 축귀와 치유를 받을 믿음을 가질 수 있습니다. 하나님의 사람들 중에서 해방자이신 예수님에 대한 지식이 부족하여 마귀의 억압에 눌려 망하고 있는 사람들이 있습니다.

> 내 백성이 지식이 없으므로 망하는도다
> —호세아 4:6 개역한글

다음 두 가지 이유로 크리스천에게 귀신이 있을 수 있습니다. (1) 구원받기 전에 귀신이 있었고 구원받은 후에 축귀를 경험하지 못했기 때문에(많은 경우, 멍에를 부수는 어노인팅을 만나지 못해서). (2) 구원받은 후에 귀신에게 문을 열어주었기 때문입니다.

앞서 말씀드렸듯이 우리 모두에게는 자유의지가 있습니다. 하나님의 말씀에 있는 하나님의 명령을 (성령님의 제대로 된 계시를 따라) 따르고 하나님께 정말로 항복하는 삶을 살면 귀신에게 문을 열어주지 않게 되고 귀신이 들어올 수 없게 됩니다. 크리스천들은 귀신이 들어올까 봐 무서워하지 말아야 합니다. 대신 하나님을 경외해야 합니다. 귀신으로부터 자유하게 되고 보호받는 상을 받게 되는 것은 하나님께 항복하는 삶을 살 때임을 기억해야 합니다. 간단히 말해서 하나님께 항복하고 순종하면 귀신이 들어올 수 없습니다! 그러나 여러분이 자유의지로 불순종을 통해 귀신에게 문을 열어주기로 선택하면 귀신이 들어올 수 있습니다. 스스로 크리스천이라고 하고 성령님이 안에 계셔도 말입니다.

크리스천에게는 귀신이 있을 수 없다고 생각하는 사람들의 대부분은 아마도 귀신이 뭔지, 얼마나 흔한지 이해하지 못하고 있는 것입니다. 중독은 마귀의 철옹성입니다. 그 사람이 자제하지 못해서 그런 것이 아닙니다. 모든 약물은 중독성을 지닐 수 있으며, 이는 실제로 마귀의 영향력에 의해 조종됩니다. 약물 중독으로 삶이 파괴되는 많은 사람들은 약물 사용을 중단하고 싶어 합니다. 하지만 아무리 노력해도 끊을 수 없었던 사례를 얼마나 많이 보셨습니까? 이런 경우는 분명히 중독의 영입니다.

불신자든 신자든 매일 마약을 하면 중독됩니다. 중독된다는 것은 중독의 영을 가지고 있다는 것을 의미합니다. 크리스천이라고 해서 중독의 영에 대해 면역이 있는 것이 아닙니다. 하나님께 순종하는 것은 개개인의 선택에 달렸습니다. 이것이 크리스천에게 어떻게 귀신이 있을 수 있는지 그리고 오늘날 마귀에게 억압되어 있는 크리스천들이 왜 이렇게 흔한지에 대한 가장 간단한 설명 중 하나입니다.

많은 믿는 사람들이 특정 영역에서 하나님께 불순종함으로써 귀신에게 문을 엽니다. 어떤 사람들은 미지근한 삶을 살기로 선택합니다. 또 어떤 사람들은 오늘날 교회에 하나님 나라를 풀어놓아 주는 어노인팅이 부족하기 때문에 그렇습니다. 바울은 이렇게 말했습니다. "내 말과 내 전도함이 지혜의 권하는 말로 하지 아니하고 다만 성령의 나타남과 능력으로 하여 너희 믿음이 사람의 지혜에 있지 아니하고 다만 하나님의 능력에 있게 하려 하였노라"(고린도전서 2:4-5). 어떤 사람들은 미지근한 삶을 살며, 하나님께 불순종하고 마귀에게 문을 열어줍니다. 마음이 악해서가 아니라 영적인 눈을 열고 하나님에 대한 참된 믿음을 세워주는 하나님의 능력을 아직 경험하지 못했기 때문입니다.

사람의 말이 아닌 하나님의 능력에 있는 믿음은 참된 회개와 항복으로 이끄는 강하고 참된 믿음입니다. 하나님의 사랑의 위대함에 대해 영적인 눈이 열리려면 하나님의 능력이 있어야 합니다.

하나님의 사랑과 존귀하심을 깨닫게 되면, 우리는 매일 하나님을 기쁘시게 하는 삶을 살고자 하는 강한 열망을 갖게 될 것입니다.

크리스천들에게 귀신이 있을 수 있는 것은 단순히 살아가는 가운데 언젠가 귀신이 들어올 수 있는 문이 열렸기 때문입니다. 언젠가 원수에게 권세가 주어진 것입니다. 이 문들은 구원받기 전, 구원받은 후 또는 이전 세대에 열렸을 수 있습니다. 마귀가 들어오는 문에 대해서는 3장에서 더 자세히 다루겠습니다.

축귀는 주술에 손을 대고, 눈이 빨갛고, 영화에서 보는 것처럼 입에 거품을 문 '귀신들린' 사람들만을 위한 부수적인 사역이 아닙니다. 이런 것을 좋아하고 이런 사역에 부르심을 느끼는 은사주의 크리스천들만을 위한 것이 아닙니다. 축귀는 모든 교회에 절실히 필요합니다.

구세주이신 예수님은 모든 사람의 문제에 대한 해답이시며, 참되고 영원한 삶의 유일한 길이십니다. 축귀, 더 구체적으로는 해방자이신 예수님이 대부분의 사람들의 문제에 대한 해답입니다. 다시 한 번 말씀드리지만, 예수님은 우리를 구원하고 자유하게 해주시기 위해 오셨습니다. 그리스도의 몸인 우리는 예수님의 어떤 부분만 선별적으로 좋아하고 나머지는 무시할 수 없습니다. 축귀 사역을 하는 교회, 치유 사역을 하는 교회, 가르치는 사역을 하는 교회가 따로 있어서는 안 됩니다. 예수님은 우리에게 이 모든 것을 하라고 명하셨습니다. 교회의 모습이 어떠해야 하는지에 대한 청사진은 사도행전에 있으며, 사도행전 교회는 이 모든 것을 행했습니다. 이 세 가지 사역 모두 예수님의 사랑을 사람들에게 보여주는 데 필수적이기 때문입니다. 우리는 예수님의 3분의 1만 세상에 보여줄 수 없습니다. 우리는 예수님의 모든 것을 보여주어야 합니다.

 하나님의 사람들은 자유하게 되어야 합니다! 너무나 많은 하나님의 자녀들이 예수님께서 대가를 치르신 이 소중하고 값비싼 선물, 곧 치유와 자유 그리고 풍성한 삶을 놓치고 있습니다. 이는 하나님을 정말 슬프시게 합니다. 하나님은 자녀들을 너무나 사랑하셔서 그들이 마귀의 손아귀에서 자유로워질 수 있도록 자신의 생명을 희생하시고 가장 끔찍한 형벌을 겪으셨지만, 너무나 많은 사람들이 이 선물을 받지 않고 있습니다!

 우리는 그리스도의 몸으로서 더 잘해야 합니다. 하나님에 대한 경외심을 더 가지고 더 겸손해져서 지금 이 순간 하나님이 무슨 말씀을 하고 계신지 들어야 합니다. 주님은 그의 백성이 자유하게 되기를 원하십니다! 우리에게 불편할지라도 하나님의 어노인팅과 축귀 사역을 받아들이기를 원하십니다. 오늘날 바리새인들이 여러분을 모욕하고, 거짓 모함을 하고, 여러분의 교회를 떠나거나 여러분을 떠난다고 해도 말입니다. 귀신이 드러나서 사람들이 기침을 하게 되거나 비명을 지르고 노려보고 저항해서 시끄러워진다고 해도 말입니다. 오해받고 친구를 잃는다 해도 말입니다. 하나님의 백성이 유산을 다 받고 마귀의 사슬에서 자유로워질 수 있도록 우리는 그리스도의 몸 된 교회에서 축귀를 받아들여야 합니다.

 그리스도의 몸 된 교회는 축귀를 완전히 받아들여야 합니다. 사람들의 진정한 구원이 여기에 달려 있기 때문입니다. 진정한 구원은 교회의 오락 프로그램이나 설득력 있는 설교로 일어나는 것이 아닙니다. 하나님을 능력으로 만나고 진정으로 예수님을 만나는 것으로 되는 것입니다. 화려한 언변보다는 어노인팅을 풀어놓는 바울의 사역과 더 닮아갈수록 더 많은 영혼이 구원받게 됩니다. 우리가 예수님을 위해 밝게 빛날 때, 길을 잃은 사람들이 예수님께 더 끌리게 됩니다(마태복음 5:14-16). 예수님을 위해 진정으로 밝은 빛이 되는 방법은 예수님이 주신 풍성한 삶을 누림으로써 예수님의 영광과 믿는 자에게 임하는 초자연적인 삶(이 땅 위의 천국)을 반영하는 것입니다.

하지만 이 모든 일이 일어나려면 먼저 귀신들로부터 자유로워져야 합니다. 마귀의 억압에 시달리는 사람은 말하자면 '마이너스 상태'에 있다가 축귀를 받으면 '0'이 되고 거기서부터 하나님의 풍성한 삶이 그 안에 증가함에 따라 영광에서 영광으로, '플러스'로 돌아서게 됩니다. 예를 들어, 우울증의 영 때문에 거의 항상 피곤한 상태(마이너스)에서 벗어나 자유로워져 더 이상 우울하지 않고 피곤하지 않은 상태(0)가 된 후 초자연적이고 풍성한 기쁨과 힘(플러스)으로 나아가게 됩니다.

억압받고 길 잃은 사람들이 여러분의 초자연적인 삶이 밝게 빛나는 것을 보면 매료됩니다! 그들은 여러분 안에 계신 예수님께 매료됩니다. 그들은 여러분의 삶이 왜 이토록 초자연적이고 풍성한지 묻게 될 것입니다. 그들은 여러분이 어디에서 이 삶을 찾았는지 알고 싶어 하고, 그들도 그것을 갈망하게 될 것입니다. 축귀 받고 그리스도 안에서 풍성한 삶의 온전한 유산 안에서 살아가는 것이 하나님 나라에서 가장 효과적으로 살아가는 길입니다. 영혼들이 구원받고, 축귀 받고, 변화되는 것을 보게 됩니다!

3장
마귀의 억압은 어떻게 일어나는가?

   많은 크리스천들은 하나님이 사랑이 많으시기 때문에 사람은 선의만 있다면 원하는 대로 살면 완벽하게 보호받을 것이라고 착각합니다. 어떤 크리스천들은 예수님을 주님으로 고백하고, 교회에 다니고, 가끔 성경을 읽으니 귀신이 자신을 건드릴 수 없다고 생각합니다. 하지만 사실은 하나님과 하나님의 말씀을 분리할 수 없습니다. 하나님은 말씀이십니다. 그리고 말씀을 성령님께 이해를 구할 때 받게 되는 뉴 와인(new wine, 새 포도주) 계시와 분리할 수 없습니다.

> 그 때에 요한의 제자들이 예수께 나아와 가로되 우리와 바리새인들은 금식하는데 어찌하여 여러분의 제자들은 금식하지 아니하나이까 예수께서 저희에게 이르시되 혼인집 손님들이 신랑과 함께 있을 동안에 슬퍼할 수 있느뇨 그러나 신랑을 빼앗길 날이 이르리니 그 때에는 금식할 것이니라 생베 조각을 낡은 옷에 붙이는 자가 없나니 이는 기운 것이 그 옷을 당기어 해어짐이 더하게 됨이요 새 포도주를 낡은 가죽 부대에 넣지 아니하나니 그렇게 하면 부대가 터져 포도주도 쏟아지고 부대도 버리게 됨이라 새 포도주는 새 부대에 넣어야 둘이 다 보전되느니라
>
> —마태복음 9:14-17 개역한글

이 성경에서 예수님은 바리새인들과 세례 요한의 금식에 대한 계시를 옛 포도주(old wine)에 비유하셨습니다. 그리고 금식하는 방법에 대한 예수님의 계시를 '새 포도주'에 비유하셨습니다. 예수님은 새로운 방식을 가져 오셨습니다. 바리새인들은 금식에 대한 하나님 말씀, 그리고 하나님의 말씀 안에 있는 다른 많은 영적 원리와 가르침에 대한 의 참된 이해가 없었습니다.

새 포도주(하나님으로부터 온 올바른 계시)는 구원과 천국을 이 땅에 가져오기 위해 필요했습니다. 바리새인들과 예수님은 하나님의 말씀을 다르게 해석했습니다. 하나님 말씀의 '종교적인 계시'가 예수님을 고발하고 십자가에 못 박았습니다. 예수님이 보여주신 성령의 계시(새 포도주)는 사람들을 자유롭게 하고 구원했습니다.

교회가 사도행전 교회의 일부분, 하나님의 능력, 귀신을 쫓아내고 병든 자를 고치는 것과 같은 부분들을 놓치고 있다면, 새 포도주의 계시 또한 놓치고 있는 것입니다. 하나님 나라를 어떻게 받는지 그리고 하나님의 일을 하기 위해 하나님의 어노인팅으로 어떻게 올바르게 행하는지에 대해 하나님으로부터 깨달음을 얻어야 합니다.

이 책에서 뉴 와인(new wine, 새 포도주)에 대해 자주 언급합니다. 뉴 와인은 지금은 대부분 잃어버린 예수님이 주신 계시입니다. 이 계시는 이 땅 위에 천국을 풀어놓고 마귀의 능력 위에 권세를 행하기 위해 필요한 영적인 세계의 현실, 하나님 나라의 더 깊은 것들, 하나님 나라의 미스터리(mysteries, 설명하거나 이해하기 어려운 것)를 포함합니다.

> 내가 주의 교훈을 따랐으니 참 자유 가운데서 살 것입니다.
> ―시편 119:45 현대인의 성경

> 그러므로 모든 도덕적으로 더러운 것과 널리 퍼진 악을 버리고 너희를 구원할 수 있는 너희 마음에 심긴 말씀을 겸손함으로 받으라. 말씀을 듣기만 해서 스스로 속이지 말고 말씀을 행하라 누구든지 말씀을 듣고 행하지 않으면 거울을 보고 나서 바로 자기의 얼굴을 잊어버리는 것과 같으나 자유하게 하는 완벽한 법을 유심히 들여다보고 그 안에서 계속 행하는 사람은 들은 것을 잊어버리지 않고 행하니 이 사람이 그 행하는 일에 복을 받으리라
> ―야고보서 1:21-25 NIV

이 성경구절들은 우리가 말씀의 계명에 전념할 때 자유하게 된다고 말하며, 완벽한 법이 자유하게 한다고 말합니다. "네가 만일 네 입으로 예수를 주로 시인하며 또 하나님께서 그를 죽은 자 가운데서 살리신 것을 네 마음에 믿으면 구원"을 얻는다고 했습니다(로마서 10:9). 그리고 우리가 확신할 수 있는 참된 구원을 받으려면 정말 항복해야 합니다. 우리는 그 누구도 누가 미지근한지, 항복했는지에 따라 누가 천국에 갈지, 가지 못할지 추측할 수 없습니다. 오직 하나님만 아십니다. 하지만 오직 우리의 삶 전체를 항복할 때에만 구원에 대한 확신을 갖고 하나님을 기쁘시게 할 수 있다는 것을 압니다.

> 좁은 문으로 들어가라 멸망으로 인도하는 문은 크고 그 길이 넓어 그리로 들어가는 자가 많고 생명으로 인도하는 문은 좁고 길이 협착하여 찾는 이가 적음이라

―마태복음 7:13-14 개역개정

항복하는 삶의 좁은 문은 참된 구원이 있는 곳일 뿐만 아니라 풍성한 삶이 있는 유일한 곳이기도 합니다. 요한복음 10장 10절은 이렇게 말씀합니다. "도둑이 오는 것은 도둑질하고 죽이고 멸망시키려는 것뿐이요 내가 온 것은 양으로 생명을 얻게 하고 더 풍성히 얻게 하려는 것이라."

성경은 우리가 하나님의 자녀로서 유산을 받았다고 말씀합니다.

> 성령이 친히 우리 영으로 더불어 우리가 하나님의 자녀인 것을 증거하시나니 자녀이면 또한 후사 곧 하나님의 후사요 그리스도와 함께한 후사니 우리가 그와 함께 영광을 받기 위하여 고난도 함께 받아야 될 것이니라
> ―로마서 8:16-17 개역한글

우리가 받은 유산은 치유와 자유(이사야 53:5), 온전한 정신(디모데후서 1:7), 평강(이사야 26:3), 공급(빌립보서 4:19) 그리고 보호(요한복음 10:27-29)를 포함한 풍성한 삶입니다. 많은 그리스도인들은 자신이 실제로 유산을 가지고 있다는 사실을 깨닫지 못하고, 지식이 부족하여 이미 자신에게 속한 것을 받지 못하고 있습니다(호세아 4:6).

축귀와 치유, 풍성한 삶으로 가는 지도는 하나님의 말씀 안에 있지만, 참된 계시는 성령님께로부터 옵니다. 말씀에서 성령님의 음성을 듣는 방법 중 하나는 필수적인 훈련을 받기 위해 오중직임 사역, 곧 사도, 선지자, 복음 전하는 자, 목사, 교사(에베소

서 4:11-16)에게로 나아가는 것입니다. 하나님은 사도에게 하나님의 말씀을 이해하고 가르칠 수 있는 특별한 은혜를 주셨습니다. 이것이 바로 제가 이 책에서 하고 있는 것입니다. 우리가 주님을 전심으로 찾고 찾으면 만날 것입니다(예레미야 29:13). 이 책을 읽는 것은 주님을 찾는 것이고 하나님을 만나게 될 것입니다! 하나님의 말씀에 대한 더 많은 계시를 갖게 될 것이고 이로써 여러분의 삶에서 하나님과 하나님의 복을 더 많이 경험하게 될 것입니다.

영적인 세계의 원칙

하나님은 원칙의 하나님이십니다. 영적인 세계와 하나님 나라는 여러 법칙에 따라 운영됩니다. 어떤 것을 행하면 어떤 것을 얻습니다. 예를 들어, 심은 대로 거둡니다. 후하게 심으면 초자연적인 공급을 받게 됩니다(갈라디아서 6:7-9, 말라기 3:10). 또 다른 원칙은 하나님의 뜻에 부합하는 생명의 말을 하면 풍성한 삶을 받지만, 사망의 말을 하면 하나님의 축복을 가로막고 심지어 삶에 문제를 불러올 수 있다는 것입니다(잠언 18:21). 이것들은 하나님 말씀에 나오는 많은 원칙 중 몇 가지 예시일 뿐입니다.

축귀와 치유를 받기 위해 알아야 할 주요 원칙 중 하나는 이것입니다. 하나님의 말씀을 따르면 구원을 받고 하나님이 주시는 유산(치유, 자유, 평안, 온전한 정신, 보호, 공급)을 받을 수 있습니다.

하나님은 말씀하신 대로 하십니다. 축귀와 치유는 우리가 원하는 대로 받을 수 없습니다. 축귀와 치유는 하나님의 말씀에 계시된 하나님의 원칙을 따를 때 주어집니다. 대부분의 경우, 사람들이 자유를 위해 기도하고 영적인 일이라고 생각하는 것들을 하면서도 억압되어 있는 주된 이유는 단순히 하나님의 원칙을 따르지 않기 때문입니다.

> 내가 네게 이르노니 너는 베드로라(반석이라는 뜻이라) 내가 이 반석 위에 내 교회를 세우리니 지옥의 모든 권세가 이기지 못하리라. 그리고 내가 천국 열쇠를 네게 주리라. 네가 땅에서 무엇이든지 금지하면 하늘에서도 금지될 것이요 네가 땅에서 무엇이든지 허락하면 하늘에서도 허락되리라.
> ―마태복음 16:18-19 NLT

여기서 열쇠의 권세는 궁극적으로 성경에서 계시하는 하나님의 원칙에 있습니다. 하나님 말씀의 계시를 적용하면 축귀의 문을 열게 됩니다! 하나님은 현재 사도들과 모든 오중직임 사역자들을 사용하고 계십니다. 하나님 나라의 열쇠가 오늘날 풀어놓아졌습니다. 그리고 이 책에 축귀를 여는 열쇠가 있습니다!

자유의지의 원칙

> 그리고 주 하나님께서 사람에게 이렇게 명령하셨다. "너는 이 동산에 있는 어떤 나무의 열매든지 마음대로 따 먹어라. 그러나 선과 악을 알게 하는 나무의 열매를 먹어서는 안 된다. 네가 그 나무 열매를 먹는 날에는 반드시 죽을 것이다."
> ―창세기 2:16-17 읽기 쉬운 성경

나는 오늘 하늘과 땅을 증인으로 세우고 생명과 죽음, 복과 저주를 너희 앞에 내놓는다. 너희는 이 둘 가운데

하나를 택하여라. 너희와 너희의 자손이 살려거든 생명
을 택하여라.
―신명기 30:19 읽기 쉬운 성경

하나님은 여러분이 삶이나 죽음, 축복이나 저주를 선택할 수 있다고 말씀하십니다. 하나님은 생명을 선택하라고 조언하시지만 선택은 여러분의 몫입니다. 하나님은 아담에게 "동산의 모든 나무의 실과는 자유롭게 먹어도 좋다"고 말씀하셨습니다. 마찬가지로 오늘날 우리에게도 절대적인 자유의지가 있습니다. 우리는 (1) 생명과 축복을 선택할 수도 있고 (2) 죽음과 저주를 선택할 수도 있습니다. 우리는 (새 포도주 계시에 따라) 하나님께 항복하고 그분의 말씀을 따름으로써 생명을 얻습니다. 죽음은 그 반대로 불순종하고 하나님의 말씀을 무시할 때 찾아옵니다.

> 너희의 허물과 죄로 죽었던 너희를 살리셨도다 그 때에 너희가 그 가운데서 행하여 이 세상 풍속을 좇고 공중의 권세 잡은 자를 따랐으니 곧 지금 불순종의 아들들 가운데서 역사하는 영이라 전에는 우리도 다 그 가운데서 우리 육체의 욕심을 따라 지내며 육체와 마음의 원하는 것을 하여 다른이들과 같이 본질상 진노의 자녀이었더니
> ―에베소서 2:1-3 개역한글

마귀는 여전히 '세상 임금'(요한복음 16:11)이자 공중 권세 잡은 자로 세상에 있기 때문에, 사람이 자유의지로 불순종한 삶을 살기로 결정하면 마귀가 그 안에서 일하게 됩니다. 이것은 영적인 법칙입니다. 예수님을 믿든 믿지 않든 불순종하고 하나님의 말씀을 무시하기로 결정하면 마귀는 그들에게 악령을 보내 억압을 할 수 있습니다.

> 마귀에게 틈을 주지 말라
> —에베소서 4:27 개역개정

죄로 열게 되는 문

영적인 세계에서 문이 열리면 마귀는 그 문으로 들어갈 수 있는 합법적인 접근 권한이 있고 귀신은 그 사람에게 들어갈 수 있는 합법적인 권한이 생깁니다. 귀신의 억압은 항상 문이 열렸기 때문에 발생합니다. 영적인 세계에서 악에게 문이 열리는 주된 방법 중 하나는 사람의 죄를 통해서입니다. 이것이 바로 마귀에게 틈을 준다는 뜻입니다. 사람이 문을 잠그는 대신 죄를 지음으로 문을 열면 마귀가 문틀과 문 사이에 발을 넣고 들어올 수 있습니다.

이 문을 닫아두려면 양심대로 행하고 영적 건강을 진지하게 생각해야 합니다. 무엇보다 하나님을 기쁘시게 하려는 열망이 있어야 합니다. 육체적 안전과 소유물을 소중히 여기기 때문에 현관문을 부지런히 잠그는 것처럼, 영적 건강, 축복, 하나님과의 관계를 소중히 여기고 항상 마귀가 들어오지 못하도록 영적 문을 닫아두어야 합니다.

집 문을 잠그지 않고 살짝 열어둔다고 해서 강도가 반드시 집 안으로 들어오는 것은 아니지만, 가능성이 있습니다. 영적인 세계도 마찬가지입니다. 죄로 문을 열었다고 해서 바로 귀신이 들어온다는 보장은 없지만, 그럴 가능성이 있습니다. 문이 열려 있는 시간이 길어지고 다른 영역에서 죄를 지음으로써 추가로 문이 더 자주 열릴수록 악한 영이 들어올 가능성이 커집니다.

열린 문을 통해 악한 영이 들어올 가능성은 그 사람의 과거의 삶 또는 과거의 조상과도 관련이 있습니다. 과거에 열었던 문이나 부모님이 열었던 문으로 인해 마귀에게 쉬운 표적이 되었다면 악한 영이 들어올 가능성이 높아집니다.

중독의 영

술에 취하는 것으로 하나님께 불순종을 한다고 그 즉시 중독의 영이 항상 들어오게 되는 것은 아닙니다. 그러나 습관적으로 술 취함으로 문이 계속 열려 있으면 중독의 영이 들어오는 경우가 많습니다. 중독의 영은 알코올, 마약, 섹스, 포르노, 자위 행위, SNS, TV, 설탕, 음식, 카페인 등 다양한 방법으로 사람을 억압할 수 있습니다. 즐거움, 에너지 또는 성취감을 위해 하나님보다 다른 것에 의존하고 있다면 중독의 영이 들어올 수 있는 문을 열고 있는 것입니다.

분노의 영

분노에 사로잡혀 화를 내고 싶은 유혹에 굴복하면 분노의 영에 문을 열게 됩니다. 사랑하는 사람에게 지속적으로 언어 또는 신체적 학대를 가하는 많은 사람들은 분노의 영을 가지고 있습니다. 처음으로 분노를 표출하고 학대함으로써 상대방이 상처를 받는 것을 보면, 대부분의 많은 사람들은 다시는 그런 행동을 하지 않으려고 하거나, 사랑하는 사람에게 더 이상 상처주고 싶어 하지 않습니다. 그러나 악한 분노의 영을 가진 사람은 일단 분노의 감정이 오면 그 영이 그 사람을 지배합니다. 사랑하는 사람을 반복적으로 학대하는 것은 이성적으로 이해가 되지 않습니다. 이것은 영적인 것입니다.

악령 배우자와 성적인 영

불순한 성적인 영과 악령 배우자(spiritual spouse)는 사람들이 결혼 이외의 성 행위와 자위 및 포르노 시청과 같은 불순한 성 행위를 통해 문을 열 때 들어옵니다. 이러한 불순한 성적인 영은 사람에게 강한 성적 충동과 생각을 줍니다. 악령 배우자는 주로 밤에 와서 사람을 성적으로 만지거나 불순한 성적 꿈을 꾸게 하는 악한 영입니다. 악령 배우자는 질투를 느끼고 억압하는 사람이 다른 파트너를 갖는 것을 원하지 않으므로 일반적으로 결혼이나 연애 관계에 분열을 가져 오기 위해 노력합니다. 부부 중 한 명 또는 둘에게 있는 악령 배우자 때문에 신체적, 정서적 친밀감에 어려움을 겪는 부부가 많습니다.

악령적인 관계의 끈

일부 귀신에 의한 억압은 악령적인 관계의 끈(demonic soul tie, 악령적인 소울 타이)에서 비롯됩니다. 악령적인 관계의 끈은 두 사람 사이에 불경건한 친밀한 관계가 있을 때 발생합니다. 불경건한 관계의 끈의 주요한 예는 한 사람이 다른 사람을 조종하는 경우입니다. 때때로 하나님께 불순종하는 사람은 조종을 해서 연인이나 친구가 자신을 떠나지 않고, 자신의 기분이 상하게 하는 것을 두려워하게 만들고 자신을 위해 무엇이든지 해주도록 만듭니다.

누군가와 악령적인 관계의 끈이 있으면 그 사람에게(그리고 그 사람에게서만) 조종당하고 있다는 느낌을 받습니다. 평소에는 다른 사람들이 여러분에 대해 어떻게 생각하는지 신경 쓰지 않지만, 이 사람과의 관계에서는 그 사람이 말하는 대로 할 수밖에 없다고 느끼게 됩니다. 그리고 그 사람이 여러분에 대해 어떻게 생각하는지 매우 신경 쓰게 됩니다. 또 다른 예로, 그 사람과 연애해서는 안 된다는 것을 알고 있지만, 그 사람을 떠날 수 없다고 느끼거나, 헤어지더라도 계속 다시 만나게 되는 경우가 있습니다. 악령적인 관계의 끈이 생기는 문은, 여러분이 반복적으로 조종에 굴복하거나, 하나님이 원하지 않으시는 것을 알면서도 그 사람과 연애를 하거나 가깝게 지낼 때 열립니다.

사망의 말로 열게 되는 문

귀신에게 열게 되는 또 다른 문은 사망의 말을 하는 것입니다.

> 죽고 사는 것이 혀의 권세에 달렸나니 혀를 사랑하고 마음껏 사용하는 자는 그 열매를 먹고 그 말의 대가를 치르게 되리라
> ―잠언 18:21 AMP

대적의 가장 큰 계략 중 하나는 여러분의 생각에 거짓말을 하는 것입니다. 여러분의 정체성, 하나님의 성품, 하나님의 자녀로서의 유산 그리고 여러분의 미래에 대한 거짓말입니다. 마귀의 목적은 여러분으로 하여금 그 거짓말을 믿게 해서 그 거짓말을 여러분이 말하게 하는 것입니다. 여러분이 그 거짓말을 말하면 영적인 세계에서는 그 말에 동의하는 행동을 하는 것입니다. "죽고 싶어."라고 말하면, 마귀의 말을 받아들이고 이 상황에서 권세를 부여하는 것이 됩니다. 그러면 마귀는 영적인 법적 권세를 얻게 되어 문틈에 발을 집어넣고 귀신들을 보내 그 사람에게 자살해야 한다고 끊임없이 생각하게 만듭니다.

우리는 마귀의 거짓말을 대적하고 모든 생각을 사로잡아야 합

니다(야고보서 4:7, 고린도후서 10:5). 우리가 느끼는 모든 것을 마치 우리의 진실인 것처럼 말해서는 안 됩니다. 마귀의 거짓말을 마치 사실처럼, 자신의 몫인 것처럼 말하면, 마귀에게 틈을 주는 것입니다. 예를 들어, "하나님은 나에게 두려움의 영을 주지 않으셨어."(디모데후서 1:7) "나는 주님을 의지하기 때문에 나는 완전한 평안을 누려."(이사야 26:3)라는 진리를 말하는 대신 "나는 불안증이 심해."라고 말하면 마귀의 거짓말을 거절하지 않고 동의하는 것입니다.

성경은 그가 채찍에 맞음으로 우리가 나음을 입었다고 말합니다(이사야 53:5). 좋지 않은 진단을 받은 경우, 영적으로 올바른 방법은 이 질병이나 통증을 거부한다고 소리 내어 말하고 "예수님께서 채찍에 맞음으로 나는 나았어."라고 선포하는 것입니다. "나는 ○○병이 있어."라고 반복해서 고백하는 대신, 다른 사람들에게 "의사가 나에게 ○○병라고 진단했어."라고 말할 수 있습니다. 이렇게 하면 마귀가 발을 들이밀 틈이 없게 됩니다.

가장 간과되지만 가장 흔한 불순종

약물 복용, 주술, 도둑질, 거짓말, 간음과 같은 죄를 지을 때만 하나님을 거역하고 그의 말씀을 무시하기로 선택하는 것이 아닙니다. 마음속에 교만을 품는 것도 포함됩니다. 하나님이 여러분에게 불편함과 핍박의 십자가를 지고 하나님을 따르라고 하시고 성령님의 모든 방법을 받아들이라고 하실 때, 예상 밖의 그릇을 통해 하나님의 능력으로 귀신을 쫓아내는 것도 받아들이라고 하실 때, 미지근한 교회에서 '편안한' 기독교인의 삶을 사는 것도 포함됩니다.

많은 크리스천들이 하나님의 뜻 안이 아닌 옆에 서 있기 때문에 자유와 풍성한 삶을 놓치고 있습니다. 크리스천으로서 올바른 일들을 하지만 하나님이 지금 하고 계신 일은 받아들이지 않습니다. 하나님이 지금 하고 계신 일은 사도와 선지자를 통한 어노인팅, 축귀, 뉴 와인 계시의 부흥입니다. 바로 여기에서 하나님 나라의 열쇠가 풀어놓아지고 있습니다.

> 너희 하나님 여호와를 신뢰하라 그리하면 견고히 서리라 그의 선지자들을 신뢰하라 그리하면 형통하리라 하고
> ―역대하 20:20 개역개정

형통하기 위해서는 하나님의 말씀, 하나님 나라의 열쇠, 선지자와 사도와 같은 기름 부음 받은 지도자들을 통해 멍에를 깨뜨리는 어노인팅(기름 부음)의 계시를 풀어놓는 하나님의 방법을 받아들여야 합니다.

학대를 통해 열리는 문

사망의 말을 하는 것을 포함한 죄를 통해 열리는 문은 우리 각자가 통제할 수 있는 문입니다. 많은 사람들이 마귀에게 틈을 주기로 선택하여 이러한 상황에 처하게 되어 억압을 받고 있습니다. 그러나 많은 사람들은 또 단순히 영적인 지식, 이해, 지혜가 부족하기 때문에 알지 못하는 사이에 마귀에게 틈을 주는 경우도 많습니다. 이는 오중직임 사역을 통해 믿는 자들을 훈련시키는 하나님의 체계를 받아들이는 것이 얼마나 중요한지 다시 한 번 증명합니다. 미지근하고 우유 같은 가르침은 믿는 자들의 지식이 부족하게

하여 억압된 상태로 살게 합니다.

사람들이 스스로 열지 않는 다른 방법으로도 마귀에게 문이 열릴 수 있습니다. 누군가가 억압받고 있다고 해서 그 사람이 죄를 지었다고 생각하는 것은 잘못된 생각입니다. 많은 경우, 그건 사실이 아닙니다. 한 가지 명확한 예로 학대를 통해 문이 열릴 수 있습니다. 예를 들어, 아이가 성폭력을 당하면 그 충격적인 경험으로 인해 마귀가 그 아이의 정체성에 대해 거짓말과 수치심의 거짓말을 심어주는 경우가 많습니다. 많은 사람들이 성적으로 학대를 받은 직후 어린 나이에 성적 욕망이나 로맨틱한 욕망을 경험하기 시작했다고 간증했습니다.

영적으로 훈련이 되어 있으면, 어린 나이에도 학대를 받았을 때 마귀의 계략을 분별할 수 있고, 이러한 불순한 생각을 마귀의 거짓말로 인식하여 거부할 수 있습니다. 그러나 이러한 훈련이 되어 있지 않은 사람은 생각이 드는 것을 소리 내어 말하고 행동으로 옮기곤 합니다. 그리고 그렇게 하는 순간, 마귀에게 틈을 주는 것입니다. 따라서 일부 사람들은 학대를 받은 직접적인 결과로 적에게 문을 열게 되는 것입니다.

가계의 저주로 열린 문

사람이 통제할 수 없는 또 다른 종류의 열린 문은 가계의 죄입니다. 가문에 반복되는 죄는 그 사람을 귀신의 억압으로 이끌 수 있습니다. 열린 문이 많을수록, 어둠의 왕국에 더 깊이 관여할수록 속박은 더 깊어집니다.

더 깊은 속박의 한 예로는 가계의 저주가 있습니다. 단순히 조상들로부터 내려온 가계의 저주 때문에 어린 시절부터 억압을 경힘할 수도 있습니다. 가령 분노와 학대의 가계의 저주가 있다면, 그 사람은 어렸을 때부터 분노하고 학대하는 성향을 보일 수 있습니다. 그들이 이 성향을 갖는 이유는 가계의 저주를 통해 이미 억압되어 있기 때문입니다.

4장
귀신을 떠나가게 하는
첫 번째 열쇠: 어노인팅

멍에를 부수는 것은 어노인팅(기름 부음)입니다. 종교 의식, 큰 목소리, 기도하는 특정한 방법, 기타 다른 방법들은 여러분의 삶에 있는 마귀의 억압의 멍에를 부수지 못합니다. 단순히 어노인팅만이 유일하게 멍에를 부술 수 있습니다.

어노인팅은 하나님이 택하신 그릇에게 주시는 하나님의 능력입니다. 어노인팅은 예수님, 성령님, 아버지이며, 모두 한 분이십니다. 하지만 어노인팅은 특정하게 예수께서 능력으로 오시는 속성을 의미합니다. 하나님의 능력은 세상에서 가장 큰 능력입니다. 이 능력은 모든 것을 할 수 있습니다. 하나님의 자녀로서 우리는 자유의지를 받았으며, 우리가 어노인팅을 어떻게 사용할지 결정하는 자유의지도 포함됩니다. 이 때문에 하나님은 모든 사람에게 어노인팅을 주지 않으십니다. 하나님은 모든 믿는 자가 항복하는 삶을 살아 그리스도의 모습으로 변화되는 것을 원하십니다. 이렇게 될 때, 하나님은 그 사람을 믿을 수 있다고 보시고, 그 사람에게 어노인팅을 부어주십니다.

안타깝게도 모든 크리스천이 하나님께 항복하는 삶을 사는 것은 아니어서 모든 크리스천에게 하나님의 능력을 맡기실 수 없습니다. 하나님이 다른 사람이 아닌 다윗에게 기름을 부으신 이유가 있습니다. 다윗은 하나님께 항복하고 하나님께서 원하시는 대로 어노인팅과 자신의 자리를 간수했습니다.

> 그 다음에 하나님께서는 사울을 물리치시고서, 다윗을 그들의 왕으로 세우시고, 증언하여 말씀하시기를 '내가 이새의 아들 다윗을 찾아냈으니, 그는 내 마음에 드는 사람이다. 그가 내 뜻을 다 행할 것이다' 하셨습니다.
> ―사도행전 13:22 새번역

하나님의 말씀에 구약부터 신약까지, 우리는 하나님의 원칙이 작용하는 것을 볼 수 있습니다. 그중 가장 중요한 것은 병든 사람들을 고치고, 귀신을 쫓아내며, 모든 종류의 기적을 행하시는 하나님의 원칙입니다. 하나님이 기적을 행하시는 원칙은 이렇습니다. 하나님의 어노인팅을 합당한 그릇에 부어주시고, 그 그릇을 통해 기적을 행하십니다. 하나님은 모세에게 어노인팅을 주시고, 특정하게 모세를 통해 이집트에서 표적과 기사와 기적을 행하셨고, 이를 통해 이스라엘 사람들을 해방시키셨습니다. 모세가 지팡이를 들자 바다가 갈라진 것은 모세에게 어노인팅이 있었기 때문입니다. 여호수아는 하나님이 기름 부으신 종 모세의 종이었습니다. 여호수아는 하나님께 항복하고 순종하고 모세의 겸손하고 충실한 영적인 아들이었기 때문에 모세에게 임파테이션을 받았습니다.

모세가 죽자 여호수아가 하나님의 어노인팅을 받은 리더가 되었습니다. 하나님은 여호수아를 통해 역사하셔서 이스라엘 백성을 약속의 땅으로 인도하셨습니다. 엘리야는 하나님께 어노인팅을 받고 그를 통해 역사하시는 하나님의 능력으로 병든 사람들을 고치고 죽은 사람들을 살리는 등 많은 기적을 행했습니다. 엘리사는 엘리야의 종이었으며, 엘리야를 통해 임파테이션을 받았습니다. 이 임파테이션에는 엘리야가 행한 기적을 행하고 또 두 배나 더 행할 수 있도록 하는 두 배 분량의 어노인팅이 포함되었습니다.

신약성경에서 예수님은 열두 사도를 택하시고 어노인팅을 주셨습니다. 그리고 "내가 진실로 진실로 너희에게 이르노니 나를 믿는 자는 나의 하는 일을 저도 할 것이요 또한 이보다 큰 것도 하리니"라고 말씀하셨습니다(요한복음 14:12).

> 사도들의 손으로 많은 표적과 기사(간증이 있는 기적들)가 사람들 가운데서 계속해서 일어났습니다.
> ─사도행전 5:12 AMP

> 모든 사람이 경외심을 느꼈고, 사도들을 통해 많은 기사와 표적(간증이 있는 기적들)이 일어났습니다.
> ─사도행전 2:43 AMP

구약성경에는 어노인팅이 있는 그릇이 드물었습니다. 그러나 새 언약 아래에서 예수님을 주님으로 믿는 모든 사람과 함께 거하도록 성령님을 보내주셨습니다. 하나님은 모든 믿는 자들이 성령으로 충만하고 성령님으로 인해 완전히 변화되기를 원하십니다. 이렇게 될 때 어노인팅이 임합니다. 모든 크리스천들이 어노인팅을 받을 수 있지만, 각자의 선택에 달려 있습니다. 항복하고 겸손하고 순종하는 삶만이 택함을 받고 어노인팅을 받을 준비가 되는 유일한 길입니다. "청함을 받은 자는 많되 택함을 입은 자는 적으니라"(마태복음 22:14). 하나님께 택함을 입어 어노인팅을 받는 좁은 길을 선택하는 사람들은 적습니다. 많은 사람들이 미지근한 삶을 선택하고 좀 더 '편안한' 기독교 생활을 추구합니다.

> 믿는 자들에게는 이런 표적이 따르리니 곧 저희가 내 이름으로 귀신을 쫓아내며 새 방언을 말하며, 뱀을 집어올리며 무슨 독을 마실지라도 해를 받지 아니하며 병든 사람에게 손을 얹은즉 나으리라 하시더라
>
> —마가복음 16:17-18 개역개정

이것은 모든 믿는 자들에게 해당되는 약속입니다! 귀신을 쫓아내고, 병든 자를 고치는 어노인팅이 단지 몇몇 사역자에게만 해당되어서는 안 됩니다. 어노인팅은 모든 믿는 자들을 위한 것입니다. 즉, 하나님께 항복하고 순종하는 참 크리스천들을 위한 것입니다. 하나님은 우리를 통해 하나님 마음대로 움직이기를 원하십니다. 누군가가 병들었을 때, 우리를 통해 그 사람을 고치기를 원하십니다. 누군가가 억압을 받고 있을 때, 하나님은 우리를 통해 귀신을 쫓아내기를 원하십니다. 누군가가 하나님의 음성을 들을 필요가 있을 때, 하나님은 우리를 통해 예언의 말씀을 전하기를 원하십니다. 그러나 어노인팅은 잘못 사용될 경우 해를 끼칠 수 있기 때문에, 하나님은 하나님의 원칙에 따라 어노인팅을 맡길 수 있다고 판단되는 그릇을 통해서만 능력으로 역사하십니다.

하나님은 모든 크리스천을 자유롭게 하고 치유하는 능력으로 사용하기를 원하시지만, 그분의 원칙에 순종하고, 항복한 자들에게만 부어주십니다. 여기에는 어노인팅을 받는 방법에 관한 원칙을 포함됩니다. 많은 사람들은 모든 크리스천에게 어노인팅이 있다고 생각합니다. 그렇다면 왜 그렇게 많은 사역자들과 크리스천들이 사람들을 위해 기도하지만 기적이 일어나지 않고, 귀신이 쫓겨나지 않으며, 병자들이 치유되지 않는 것일까요? 그 이유는 단순히 어노인팅이 없기 때문입니다!

자유를 받으세요

어떤 사람이 예수님께 삶을 드리면 우리를 인도하시고 위로하시며 이끌어주시고 변화시켜주시는 성령님을 받게 됩니다. 하지만 우리가 받을 수 있는 성령님의 내주하심과 분량이 더 있습니다. 성령님의 두 번째 내주하심은 성령세례입니다. 더 큰 분량의 성령님으로서, 보통 믿는 자가 하나님께 항복하고 자신의 육체를 하나님이 제어하시도록 내어드릴 때 부어집니다. 성령의 불과 방언의 은사는 우리가 항복한 삶을 살도록 도와주고 예수님을 증거할 수 있도록 합니다. 성령님의 세 번째 내주하심도 있습니다. 바로 어노인팅입니다. 이 성령의 분량은 자신의 영적 삶을 강화하기 위한 것이 아니라 순전히 다른 사람들에게 사역하기 위한 것입니다. 어노인팅은 우리가 이타적이고 종의 마음을 가지고 모든 것을 하나님의 뜻대로 할 것이라고, 하나님이 우리를 믿으실 수 있을 때 받게 됩니다.

어노인팅이 있으면 기적은 쉽게 일어납니다! 베드로와 바울의 사역에서 이것을 볼 수 있습니다.

> 믿고 주께로 나아오는 자가 더 많으니 남녀의 큰 무리더라 심지어 병든 사람을 메고 거리에 나가 침대와 요 위에 누이고 베드로가 지날 때에 혹 그의 그림자라도 누구에게 덮일까 바라고, 예루살렘 부근의 수많은 사람들도 모여 병든 사람과 더러운 귀신에게 괴로움 받는 사람을 데리고 와서 다 나음을 얻으니라
> ─사도행전 5:14-16 개역개정

> 하나님이 바울의 손으로 특별하고 이례적인 능력을 행하게 하시니 심지어 사람들이 바울의 피부에 닿았던 손수건이나 얼굴 수건이나 앞치마를 가져다가 병든 사람에게 가져가면 그 병이 떠나고 악한 영들도 떠나가더라

―사도행전 19:11-12 AMP

베드로와 바울의 사역에서 사람들이 얼마나 쉽게 치유되고 자유하게 됐는지 보세요! 어노인팅이 있으면 이렇게 됩니다. 오늘날 모든 교회에서 이렇게 되어야 합니다. 예수님께 치유와 축귀를 구하는 성경적인 원칙은 어노인팅을 찾고, 어노인팅이 있는 곳으로 가서 어노인팅의 '그늘' 아래 나아가는 것입니다.

베드로가 사역할 때 어노인팅이 풀어놓아졌고, 성경은 베드로에게서 풀어놓아지는 것을 받기 위해 찾아온 모든 사람이 받았다고 기록하고 있습니다! 베드로에게서 흘러나오는 어노인팅은 폭포와 같았습니다. 사람들은 폭포 아래에 서기만 하면 그 물줄기에 흠뻑 젖을 수 있었습니다. 귀신이나 질병이 떠나가야만 했고 메마름이나 죽음이 몸에서 떠나가야만 했습니다. 단순히 하나님의 방법을 따르고 치유와 축귀를 받는 하나님의 원칙을 따랐을 때, 하나님 나라가 그들에게 임한 것입니다.

귀신을 떠나가게 하는 것

하나님의 자녀가 하나님께서 그의 나라에 세우신 영적 세계의 원칙(또는 법칙)에 따라 귀신에게 떠나라고 명령할 때, 귀신들은 강제로 떠나게 됩니다.

> [경쟁이 치열한 경기에서] 경기하는 선수가 규칙대로 경기하지 아니하면 [승리의 면류관을] 얻지 못할 것이며
> ―디모데후서 2:5 AMP

운동선수들이 금메달을 놓고 경쟁하려면, 대회에서 정한 규칙을 준수하고 자격 기준을 충족해야 합니다. 운동선수들이 경쟁할

기회를 얻어 대회에 참가하게 되면, 그 대회에서 규정한 규칙을 준수해야 우승할 수 있는 기회가 생깁니다. 선수들이 대회 규칙을 준수해야 하듯, 크리스천들은 영적인 세계를 통치하는 원칙을 배우고 준수해야 합니다.

귀신들은 영적 존재이며 영적으로 볼 수 있기 때문에 영적인 법칙을 완벽하게 알고 있습니다. 많은 크리스천들의 눈이 가리워져 영적인 세계의 법칙을 보지 못하기 때문에 귀신을 쫓아내는 데 실패합니다. 하나님의 자녀가 영적인 세계의 법칙을 따르지 않으면 귀신들은 그 사람들의 말을 듣지 않아도 됩니다. 규칙을 어겼기 때문에 귀신을 쫓아낼 자격을 상실한 것과 같습니다. 이 책을 계속 읽으시면 귀신을 성공적으로 쫓아내기 위해 이해하고 따라야 할 영적 법칙을 알게 되실 것입니다.

다음의 세 가지 열쇠를 올바르게 사용하면 귀신은 반드시 떠나게 되어 있습니다.

1. 그리스도로부터 진정한 권세를 받으세요

> 칠십 인이 기뻐하며 돌아와 이르되 주여 주의 이름이면 귀신들도 우리에게 항복하더이다 예수께서 이르시되 사탄이 하늘로부터 번개 같이 떨어지는 것을 내가 보았노라 내가 너희에게 뱀과 전갈을 밟으며 원수의 모든 능력을 제어할 권능을 주었으니 너희를 해칠 자가 결코 없으리라
>
> —누가복음 10:17-19 개역개정

예수님은 제자 70명을 보내어 사역하게 하시고 또 귀신을 쫓아내는 능력을 주셨습니다. 귀신들은 제자들의 명령에 순종하여 축귀를 받는 사람들로부터 떠났습니다. 귀신들이 제자들에게 순

종한 이유는 제자들에게 귀신을 제어하는 권세를 주셨기 때문이라고 예수님은 설명하셨습니다. 예수님이 권세를 주실 때는 어노인팅도 주신다는 뜻입니다. 권세와 어노인팅은 함께 갑니다. 어노인팅이 있을 때 권세도 있으며, 반대로 권세가 있을 때 어노인팅도 있습니다.

한 국가의 대통령도 그 직위를 맡기 전에는 소유하지 못했던 상황, 사람, 무기, 군대에 대한 권한을 부여받습니다. 대통령은 또한 자신의 권한을 집행할 수 있는 권력을 부여받습니다. 예를 들어, 대통령은 자신이 승인한 것을 집행하기 위해 군대, 경찰, 정부에 대한 권력을 부여받습니다. 하나님이 우리에게 어노인팅을 부어주실 준비가 되셨을 때, 우리에게 하나님의 능력과 권세를 주십니다. 우리에게 귀신에 대한 권세를 주시고, 가진 권세를 집행할 수 있는 하나님의 능력을 주십니다. 귀신들이 우리가 내린 명령을 지연시키고 저항하려고 해도, 하나님의 능력이 불처럼 그들에게 임하여 그들을 쫓아낼 것입니다. 하나님이 사람에게 권세를 주시면, 귀신들은 그 권세를 진정으로 인정합니다.

> 이에 돌아다니며 마술하는 어떤 유대인들이 시험삼아 악귀 들린 자들에게 주 예수의 이름을 불러 말하되 내가 바울이 전파하는 예수를 의지하여 너희에게 명하노라 하더라 유대의 한 제사장 스게와의 일곱 아들들도 이 일을 행하더니 악귀가 대답하여 이르되 내가 예수도 알고 바울도 알거니와 너희는 누구냐 하며
> ─사도행전 19:13-15 개역개정

귀신은 이런 말을 한 것입니다. "예수와 바울은 내 위에 권세가 있다는 것을 알고 있고 영적 법칙 때문에 그들의 명령에 순종해야

해. 하지만 영적으로 볼 때, 너희는 예수와 바울이 가진 권세가 없기 때문에 우리는 너희 말을 듣지 않을 거야."

우리가 어노인팅과 권세를 받을 준비가 되어 하나님께서 신뢰할 수 있다고 판단하실 때 우리는 귀신에 대한 권세를 갖게 됩니다. 이것은 하나님께 항복하고 연단의 불을 (계속해서) 지나는 시험을 받고, 계속해서 순종하는 과정을 거친 후에 주어집니다. 하나님의 완벽한 때에 주어지며, 때로는 하나님께 항복하고 나서 수년이 지난 후일 수도 있습니다. 우리가 항복했을 때 금방 어노인팅의 작은 분량을 풀어놓아 주시고 우리가 그것을 어떻게 관리하는지 보려고 하실 때도 있습니다. 어노인팅이 우리를 통해 역사하는 것을 보더라도, 그것이 하나님이 우리를 완전히 신뢰할만 하다고 판단하신다는 의미는 아닙니다. 많은 경우, 하나님은 어느 정도 분량의 어노인팅을 주실 때 완전히 모든 것을 합격해서 주시는 것이 아니라 시험으로 주십니다.

2. 여러분에게 있는 권세에 대한 확고한 믿음을 가지세요

예수님은 이 땅의 모든 사람에게 구원의 선물을 값없이 주셨습니다. 그러나 예수님이 주님이심을 믿는 사람들만 구원을 받습니다. 예수님은 하나님의 모든 자녀들이 치유되고 자유롭게 될 수 있도록 대가를 치르셨습니다. 그러나 이 치유와 자유의 선물이 자신에게 주어진 것이라고 믿는 사람들만 받을 수 있습니다. 이 믿음의 원칙은 하나님 나라의 모든 것에 적용됩니다. 믿음으로 하나님 나라에 들어갈 수 있습니다. 믿음으로 귀신을 쫓아낼 수 있는 능력도 얻을 수 있습니다. 하나님께서 주신 권세에 대한 믿음이 없다면, 그 권세는 작용하지 않을 것입니다.

하나님은 우리에게 귀신을 쫓아내는 어노인팅과 권세를 주실 수 있지만, 귀신이 사람을 통해 거짓말을 하며 겁주려 할 때 어떻게 하실 건가요? 정말로 귀신을 쫓아내는 어노인팅과 권세를 가지고 있다고 믿을 수 있나요? 우리가 가진 권세는 정말로 그것을 가지고 있다고 믿을 때만 작동합니다. 학교 교사는 학생들에 대한 권위의 자리를 부여받습니다. 하지만 교사가 학생들이 문제를 일으킬 때 강하게 서서 훈육할 자신이 없다면, 그 권위가 작용하지 않습니다. 아이들은 교사를 마음대로 휘두를 것입니다.

귀신들은 거짓말의 아버지인 마귀에게서 옵니다. 그래서 귀신들은 거짓말을 합니다. 귀신들은 쫓겨나기를 원치 않으므로, 종종 "너는 나에 대해 권세가 없어."라거나 "나는 떠나지 않을 거야." "이 사람은 내 거야."라고 거짓말합니다. 귀신의 목적은 우리가 그들의 거짓말을 믿게 하여 물러서고 권세를 행사하지 않게 하는 것입니다.

제가 축귀 사역을 처음 시작했을 때, 귀신을 쫓아내는 사역을 시작한 지 4개월이 지났을 무렵, 저는 "Revival is Now"(부흥은 지금입니다) 집회에서 사역하고 있었습니다. 하나님의 능력이 강력하게 움직이고 있었고, 수많은 귀신들이 그 교회에 있는 사람들로부터 떠나고 있었습니다. 그런데 갑자기 한 남자를 통해 귀신이 공격적으로 소리쳤습니다. "네가 거기 있는 게 맘에 안 들어! 나한테는 무슨 말을 할 건데?" 이 귀신은 저를 겁주려고 했습니다. 마치 저를 한 번에 쓰러트릴 수 있는 거구의 복싱 선수가 싸움을 걸어오듯이 귀신이 이분을 통해 말했습니다(키가 180cm 이상이고 근육질이었습니다). 안내원들이 제 안전을 진심으로 걱정하고 있다는 것을 느낄 수 있었습니다.

하나님의 은혜로, 저는 영적 아버지인 조데이비 박사 선지자께 제자 훈련을 받았습니다. 그는 영적 세계에서 거인이자 하나님 나라의 장군이십니다. 그분의 멘토십 아래 하나님은 저를 강하고 용감하게 하셨고, "너희 안에 계신 이가 세상에 있는 자보다 크심이라"(요한일서 4:4하)라는 믿음에서 흔들리지 않도록 준비시켜 주셨습니다. 그래서 저는 그 남자의 눈을 바라보며 담대하게 말했습니다. "이리 와." 그 순간 귀신이 그 남자를 지배하고 있었기 때문에, 제가 귀신에게 오라고 말하자 귀신은 그 말에 순종하여 강대상으로 걸어왔습니다. 그 남자는 저를 향해 공격적으로 걸어오며 위협적이고 화난 목소리로 소리를 지르기 시작했습니다. 저는 흔들리지 않고 서서 침착하지만 단호하게 말했습니다. "지금 이 남자 분에게 있는 모든 저주를 끊습니다."

그러자 귀신이 그 남자를 통해 사납게 말했습니다. "그 입 다물어 당장!"

저는 말했습니다. "나는 입을 다물지 않을 거야. 이분은 예수님께 속한 사람이기 때문에 너한테 떠나라고 명령해야만 해."

또 귀신이 말했습니다. "그럴 일은 없을 겁니다, 아가씨."

귀신이 거짓말쟁이라는 것을 알고 진리 안에서 확고하게 서서 하나님 나라의 열쇠를 사용했습니다(하나님 나라의 열쇠에는 이 남자 분에게 억압으로 이어진 열린 문을 말로써 끊으라고 하는 것도 있었습니다. 말로써 끊는 것에 대해서는 나중에 더 배우게 되실 것입니다). 그리고 귀신에게 떠나라고 명령했고, 귀신은 그분을 떠났습니다!

영적인 현실이 아닌 육체적인 현실, 즉 제게 강하고 위협적인 방식으로 소리를 지르는 거구의 남자를 보았다면, 두려움에 굴복했을 것입니다. 그러나 하나님의 은혜로 영적인 진리에 시선을 고

정하고 제게 권세가 있다는 것을 계속 믿었습니다. 귀신들은 저와 함께 계신 예수님을 믿는 제 믿음을 보며 따를 수밖에 없었습니다.

수년 동안 사역을 하면서, 이런 상황이 많이 있었습니다. 귀신이 사람을 통해 "난 떠나지 않을 거야!"라고 말합니다. 어떤 귀신들은 제가 저주를 끊는다고 명령하기 시작할 때 단호하게 "아니야!"라고 말하기도 합니다. 또 어떤 경우에는 귀신이 그 사람을 지배하고, 그 사람이 집회장소 밖으로 뛰쳐나가거나 교회 뒤쪽으로 달려가게 하는 경우도 있습니다. 이런 경우, 자녀가 불순종하고 무례하게 행동하며 떠나면 부모가 "앉아!" 또는 "이리 돌아와!"라고 말하듯이, 저는 권위 있는 목소리로 "지금 당장 이리 돌아와!"라고 말했습니다. 이럴 때마다 귀신이 처음에는 아무리 강해보이더라도 그 명령에 따를 수밖에 없었고, 귀신에 사로잡힌 사람은 제게로 돌아왔습니다. 그러면 저는 다시 귀신에게 떠나라고 명령했고, 귀신은 떠나야만 했습니다.

사람이 축귀를 받으면, 보통 완전히 180도 바뀌는 모습을 볼 수 있습니다. 처음에는 귀신이 그 사람을 지배하여 엄청난 분노로 채워버립니다. 그런데 귀신이 떠나게 되면, 그 사람은 즉시 제정신으로 돌아와 울기 시작하며, 아이와 같은 기쁨과 예수님에 대한 경외심으로 가득 차게 됩니다!

3. 권세를 올바르게 사용하세요

리더는 자신이 권위를 가지고 있다는 것을 알 수 있지만, 그 권위를 올바르게 행사해야 합니다. 대부분의 학생들이 규칙을 어기고 있는 교실을 상상해보세요. 어떤 아이들은 시끄럽게 하고, 어떤 아이들은 싸우고, 또 다른 아이들은 교실 안을 뛰어다니고 있습니다. 교사는 학생들에 대한 권위를 부여받았지만, 권위의 원칙을 이해하고 엄격하게 학생들에게 즉시 멈추라고 말함으로 그 권위를 올바르게 행사해야 합니다. 질서를 회복하기 위해 징계 조치가 필요할 수 있습니다.

학생들에게 권위를 행사하는 잘못된 방법을 예로 들어보겠습니다. 교사가 모든 학생들에게 단 한 번의 엄격한 명령만으로는 충분하지 않다고 생각한다고 가정해보세요. 대신 다른 교사 몇 명을 교실로 불러들여 각 학생을 다른 교사와의 일대일 면담에 배정하고, 각 교사가 동일한 엄격한 명령을 반복하도록 합니다. 이 경우, 원래 교사는 진정한 권위의 원칙에 따라 행동하지 않는 것입니다. 그 교사는 권위가 어떻게 작동하는지 이해하지 못하고 있으며, 모든 아이들에게 권위를 부여받았다는 사실을 깨닫지 못하고 있습니다. 교사가 해야 할 일은 단순히 그것을 믿고 자신의 권위로 행하는 것입니다.

영적인 세계에서도 동일한 권세의 원칙이 적용됩니다. 이 장에서 앞서 살펴본 구절을 다시 살펴보며, 권세를 바르게 행사하는 성경적 예를 살펴보겠습니다.

> 심지어 병든 사람을 메고 거리에 나가 침대와 요 위에 누이고 베드로가 지날 때에 혹 그의 그림자라도 누구에게 덮일까 바라고, 예루살렘 부근의 수많은 사람들도 모여 병든 사람과 더러운 귀신에게 괴로움 받는 사람을 데리고 와서 다 나음을 얻으니라
> ―사도행전 5:15-16 개역개정

베드로가 사역한 모든 장소, 즉 성전이나 교회 또는 야외는 베드로가 완전한 권세를 가진 영적 영역으로 여겨졌습니다. 권세가

행해지면 귀신들은 떠나야 합니다. 따라서 천 명의 군중 속에 한 마리의 귀신이 있든, 천 명의 군중 속에 오천 마리의 귀신이 있든 (한 사람당 여러 마리의 귀신이 있든) 진정한 권세가 올바르게 행해지면 모든 귀신들은 떠나야 합니다.

베드로의 그늘 아래에 온 모든 사람들이 자유하게 되고 치유를 받은 이유는 (1) 베드로가 정사(principalities, 에베소서 6:12)도 순종해야 할 진정한 높은 수준의 권세를 가지고 있었기 때문이고, (2) 베드로가 그 권세를 올바르게 행했기 때문입니다. 사람들이 많다고 겁먹지 않았습니다. "모든 사람에게 일대일 기도를 해줘야 해."라고 생각하며 하나님을 제한하지 않았습니다. 권세가 어떻게 작용하는지 이해했습니다. 자신에게 있는 어노인팅과 권세를 확신했습니다. 그는 또한 자신이 말로 명령하기만 하면, 그를 통해 어노인팅을 받을 위치에 있는 모든 사람에게서 모든 귀신과 질병이 떠나야 한다는 것을 알고 있었습니다. 그는 다른 사역자들을 배정해서 귀신을 쫓아내고 병자를 치유하는 일을 도와달라고 하지 않았습니다. 그것은 권세의 법칙을 벗어난 행동이기 때문입니다. 한 도시의 시장이 부서를 만들어서 모든 주민의 집을 일일이 방문하여 이미 공지된 내용을 반복하게 하지 않는 것과 마찬가지입니다.

우리는 모두 권세를 행사하도록 부르심을 받았지만, 결코 자신의 영적 영역을 벗어나서는 안 됩니다. 한 도시의 시장은 자신의 영역을 가지고 있으며, 다른 도시의 시장은 다른 영역을 가지고 있습니다. 시장들은 자신의 영역에서 권위를 행사하지만, 다른 사람의 영역에서는 같은 권위를 갖지 않습니다. 예수님께 찾아온 로마의 백부장은 권위가 어떻게 작용하는지 이해했기 때문에 자신의 종을 위해 하나님이 기적을 행하시는 것을 볼 수 있었습니다.

> 예수께서 가버나움에 들어가시니 한 백부장이 나아와 간구하여 이르되 주여 내 하인이 중풍병으로 집에 누워 몹시 괴로워하나이다. 이르시되 내가 가서 고쳐 주리라. 백부장이 대답하여 이르되 주여 내 집에 들어오심을 나는 감당하지 못하겠사오니 다만 말씀으로만 하옵소서 그러면 내 하인이 낫겠사옵나이다. 나도 남의 수하에 있는 사람이요 내 아래에도 군사가 있으니 이더러 가라 하면 가고 저더러 오라 하면 오고 내 종더러 이것을 하라 하면 하나이다. 예수께서 들으시고 놀랍게 여겨 따르는 자들에게 이르시되 내가 진실로 너희에게 이르노니 이스라엘 중 아무에게서도 이만한 믿음을 보지 못하였노라 예수께서 백부장에게 이르시되 가라 네 믿은 대로 될지어다 하시니 그 즉시 하인이 나으니라
> ―마태복음 8:5-10, 13 개역개정

예수님은 직접 가서 그 종을 위해 기도해주겠다고 하셨습니다. 그러나 백부장은 군인으로서 권위가 어떻게 작용하는지 잘 알고 있었고, 영적인 영역에서도 동일한 권위의 원칙이 적용된다는 믿음을 갖고 있었습니다. 그는 귀신과 질병을 떠나가게 하는 것이 일대일 기도가 아니라는 것을 이해했습니다. 어노인팅을 받은 그릇이 권세를 행사하면 귀신들은 떠나갑니다. 멀리서 할 때도, 맨 뒷줄에 있는 사람에게도 동일합니다. 백부장이 더 큰 이해와 믿음을 가지고 있어서 예수님의 마음을 만졌습니다. 이런 믿음(하나님을 제한하지 않고 하나님이 훨씬 더 많은 일을 하실 수 있게 하는 믿음)이 있으면 더 많은 기적이 일어날 수 있다는 것을 알고 계셨기 때문입니다.

4장 귀신을 떠나가게 하는 첫 번째 열쇠: 어노인팅

대중에게 사역을 할 때 저는 하나님이 무한하고 강력한 방법으로 역사하시는 것을 보았습니다. "이 연약함의 영은 떠나야 한다."라고 선포하면, 하나님의 능력이 임하여 축귀하며 여러 사람들이 쓰러집니다. 그 순간, 귀신이 떠나갈 때 어떤 사람들은 큰 소리를 지르고(사도행전 8:7) 다른 사람들은 기침을 합니다. 또 다른 사람들은 아무런 현상도 없지만 나중에 자유하게 되었다고 간증합니다.

제가 온라인으로 사역을 할 때도 지금 설명한 것과 같은 대중 축귀가 일어납니다. 때로는 줌(Zoom) 통화에서도 그 모습을 볼 수 있습니다. 어떤 사람들은 뒤로 쓰러지고, 어떤 사람들은 기침을 하고, 어떤 사람들은 울고, 어떤 사람들은 아무런 현상이 나타나지 않지만 자유를 얻게 됩니다. 라이브 댓글이 피드를 가득 채우며, 많은 사람이 귀신들이 자신들을 떠나는 것을 어떻게 느꼈는지 간증합니다. 다른 사람들은 일대일 기도를 받지 않고도 자유를 얻고 치유되었다고 간증합니다. 그들은 단순히 '어노인팅의 그늘' 아래에 나아갔고 권세가 효과적으로 행해졌습니다. 귀신과 질병은 떠나야만 했습니다!

최근에 필리핀 마닐라의 한 경기장에서 8천 명의 사람들이 모인 가운데 사역을 했습니다. 귀신들이 떠나야 한다고 선포하자, 갑자기 경기장 곳곳에서 귀신들이 비명을 지르며 사람들을 떠나는 소리가 들렸습니다. 여기저기서 사람들이 하나님의 능력으로 쓰러지는 모습을 보았습니다. 경기장 뒤쪽까지 많은 사람들이 축귀와 치유를 받았다고 간증했습니다. 제가 권세를 행사하고 어노인팅을 풀어놓자, 하나님은 한 번에 수천 명의 사람들을 자유하게 하셨습니다.

예수님과 베드로가 귀신을 쫓아내고 병자를 고친 방법은 권세를 올바르게 행사하는 방법이며, 가장 효과적인 축귀와 치유로 이어지는 방법입니다. 하나님의 영적 법칙에 따라 행동하는 것에는 권세를 올바르게 행사하는 것이 포함됩니다. 권세를 올바르게 행사하지 않는다면, 실은 하나님의 원칙에 따르지 않는 것입니다. 하나님의 원칙을 벗어나 행동하면 귀신들이 숨어 장난을 칠 수 있습니다. 교사가 권위를 올바르게 행사하지 않을 때, 학생들이 그 사실을 알고 장난치는 것과 마찬가지입니다.

영적인 세계도 마찬가지입니다. 사역자들과 크리스천들이 귀신을 쫓아내는 데 어려움을 겪는 주된 이유는 (1) 어노인팅과 권세가 부족하거나 (2) 권세를 제대로 행사하지 못하기 때문입니다. 여기서 나눈 내용은 하나님이 이 책에서 공개하도록 인도하신 하나님 나라의 아주 중요한 열쇠 중 하나며, 제 사역이 효과적이고 축귀와 치유의 진정한 열매가 있는 이유 중 하나라고 믿습니다. 하나님께 영광 돌립니다!

영적 영역 이해하기

권세의 원칙은 권세가 있는 사람에게 권세가 유효하게 작용하는 특정 영역이나 관할구역이 있는 것입니다. 대통령이 자신의 국가에만 통치권을 행사하는 것처럼, 우리도 우리 권세가 작용하는 특정 영적 영역을 가지고 있습니다. 오중직임 지도자의 영적 영역에는 그들 교회에 출석하는 모든 사람이 포함됩니다. 그 교회에 출석하는 크리스천의 영적 영역에는 가족과 친구, 직장동료, 일상생활이나 여행 중 만나게 되는 사람들, 하나님이 그들에게 사역하도록 인도하시는 사람들(교회 밖에서 만나는 사람들) 중 예수님에 대해 듣거나 기도를 받을 마음이 열린 사람들이 포함될 수 있습니다.

여러분의 영역에서 올바르게 축귀를 하는 예시를 들어 보겠습니다. 직장에서 점심시간에 여러분이 매일 예수님의 빛을 비추고 동료들을 사랑으로 대했기 때문에 동료가 여러분에게 마음을 열게 됩니다. 그 동료는 우울증으로 고통받고 있다고 말합니다. 그 동료는 여러분이 어려운 시기를 겪을 때조차 항상 기쁨을 잃지 않는다는 것을 보았습니다. 그 동료는 여러분의 비밀이 무엇인지 묻습니다. 이는 그 사람이 마음을 열고 하나님에 대해 이야기할 수 있도록 자유의지로 허락했다는 신호입니다.

이 사람은 이제 여러분의 영적 영역에 들어섰습니다. 이분에게 여러분의 기쁨이 예수님 때문이라고 말하고, 간증을 나누고 예수님을 통해 자유하게 되는 것이 가능하다는 것을 알려주세요. 동료가 우울증에서 벗어나고 싶다고 말합니다. 그러면 예수님이 이분을 지금 바로 자유하게 해주고 싶어 하시는 것을 믿는다고 하시고, 기도해 주기를 원하는지 물어보세요. 만약 동의한다면 여러분의 권세를 행사하여 우울증의 영에게 떠나라고 명령하세요.

교회는 여러분이 각자의 영역에서 권세를 행사하기 위해 훈련과 임파테이션을 받는 곳입니다. 교회는 여러 사람들이 '베드로'(목사님)가 귀신을 쫓아내는 것을 돕는 곳이 아닙니다. 정말로 기름 부음을 받은 지도자에게는 권세와 어노인팅이 충분히 있습니다. 우리는 단순히 교회에 출석하는 크리스천들이 아닙니다. 우리는 하나님의 왕국에 속했습니다. 왕국은 정부의 한 형태이며 하나님의 왕국에는 우리가 속한 영적인 세계의 정부가 있습니다. 정부에는 국가의 비전을 이루기 위해 다양한 수준의 권위를 가진 리더들이 임명됩니다.

미국은 모든 국민에게 평화, 자유, 정의, 번영 그리고 기회를 주는 비전을 가지고 있습니다. 이 비전은 사회의 각 분야에서 자신의 위치에서 권세를 행사하는 개인들에 의해 실현됩니다. 예를 들어 대통령, 주지사, 시장, 변호사, 판사, 경찰관, 교사, 의사, 경영주 그리고 자녀에 대한 권위를 가진 부모 등이 해당됩니다. 이 모든 사람들은 각자의 영역이 있어 그 영역 안에서 권위를 행사하고 맡은 일을 해서 비전을 실현합니다.

하나님의 왕국도 동일합니다. 예수님은 하나님의 왕국의 왕이십니다. 정부나 세상의 왕국에서 사람들을 임명하는 것처럼 오중직임 사역자들을 높은 권위의 자리에 임명하시고 기름 부어 주십니다. 모든 하나님의 자녀들을 다양한 권위의 수준과 위치에서 활동하도록 임명하셨습니다. 우리가 각자의 영역에서 권위를 행사할 때, 하나님의 왕국 비전이 이루어집니다. 우리가 속한 하나님의 왕국 비전은 마귀의 일을 멸하고 하나님의 왕국을 확장하는 것입니다. 하나님의 사랑을 보지 못하는 자들의 눈을 열어주고, 병든 자들을 치유하며, 억압된 자들을 자유롭게 하는 것입니다.

부모가 교실에 들어가서 교사의 역할을 하려고 하면 문제가 발생합니다. 이는 혼란을 초래하고 해야 하는 일들을 방해합니다.

> 예수께서 그들의 생각을 아시고 이르시되 스스로 분쟁하는 나라마다 황폐하여질 것이요 스스로 분쟁하는 동네나 집마다 서지 못하리라
> ―마태복음 12:25 개역개정

하나님의 왕국이 하나님의 권세와 원칙에 있어 분열된다면, 귀

신들이 들어올 수 있는 구멍이 생기게 됩니다. 우리가 하나 될 때, 마귀의 왕국을 가장 효과적으로 파괴할 수 있게 됩니다. 또한 우리가 하나님께 순종할수록, 하나님의 방식대로 행하고 자신의 권세를 올바르게 행사할수록, 하나님은 우리에게 더 많은 어노인팅과 권세를 주실 것이며, 귀신들은 우리의 권세를 더 인정하게 될 것입니다. 앞서 귀신들이 바울의 권세를 어떻게 인정했는지 언급했습니다. 바울이 진정으로 어노인팅을 받았고, 높은 수준의 권세를 가지고 있으며, 그 권세를 올바르게 행사하고 있다는 것을 귀신들이 분명히 보았습니다. 이 때문에 귀신들은 바울의 권세를 인정했고 그가 명령할 때 장난치거나 반항할 수 없었습니다.

축귀을 받으려면 축귀가 실제로 어떻게 이루어지는지 이해하는 것이 중요합니다. 축귀를 받는 데 가장 중요한 열쇠는 사도 베드로의 시대에 사람들이 그랬듯이, 어노인팅이 풀어놓아지는 곳에 나아가는 것입니다. 또한 정말로 기름 부음이 있는 사역지, 권세가 올바르게 행사되는 곳에 나아가는 것이 정말 중요합니다. 아무 축귀 사역자에게나 가지 마세요. 이 장에서 나눈 권세의 원칙에 대한 계시 없이 사역하는 사람들도 있습니다.

정말 기름 부음이 있는 사역지를 찾기 위해서는 귀신을 내쫓는 올바른 뉴 와인(new wine, 새 포도주) 방법이 행해지고 있는지를 확인하는 것이 아주 중요합니다. 축귀를 받는 과정은 몇 시간이 걸리거나 힘든 일이 되어서는 안 됩니다. 사람을 거칠게 다루면 안 되고 사역자들이 귀신을 쫓아내기 위해 힘들게 싸워야 하는 것도 아닙니다. 마귀의 억압은 참으로 높은 수준의 어노인팅과 권세가 하나님의 종을 통해 풀어놓아지는 곳에 나아갈 때 쉽게 사라집니다. 이 어노인팅과 권세가 이 페이지들을 통해 흐르고 있습니다! 계속 읽으면서 축귀를 받을 것이며, 쉽게 받을 것입니다!

온라인이나 오프라인으로 출석할 교회를 찾고 계신 분들께 저희 교회, 5F교회를 추천합니다. 이곳으로 나아오시면 하나님의 능력을 경험하고 필요한 기적을 받으실 것입니다.

5장

귀신을 떠나가게 하는
두 번째 열쇠: 믿음

지금까지 마귀의 억압이 어떻게 일어나는지 그리고 축귀를 여는 가장 중요한 열쇠는 어노인팅(기름 부음)이라는 것을 설명했습니다. 또한 어노인팅이 풀어놓아지는 곳에 나아가는 것의 중요성에 대해서도 나누었습니다. 이제 믿음이 축귀의 또 다른 중요한 열쇠라는 것을 배워보겠습니다.

하나님 나라의 모든 것은 은혜를 인하여 믿음으로 말미암아 받습니다(에베소서 2:8). 이것이 영적인 세계에서 계시뿐만 아니라 치유와 축귀를 받는 방법입니다. 많은 사람들이 하나님의 자녀로서 온전한 유산을 누리지 못하는 이유는 단지 그것이 자신의 것이라는 믿음이 없기 때문입니다. 많은 크리스천이 영원히 지옥에 가는 것에서 해방시켜주는 하나님의 구원만을 믿기 때문에 그것만 받아들입니다. 그러나 우리가 더 많이 믿을수록 더 많은 것을 받게 됩니다. 예수님은 우리에게 풍성한 삶을 약속하셨습니다. 이 풍성한 삶을 받으려면 풍성히 믿어야 합니다. 우리는 예수님이 약속하신 이 삶을 주실 것을 믿어야 합니다.

믿음이 진짜로 무엇인지 아시나요? 부분적으로 이해하고 계실 수도 있지만, 이 장에서 진정한 믿음을 갖는 방법을 알려드리겠습니다. 믿음의 모든 측면을 이해하고 적용하면 어떤 기적도 가능합니다. 그 어떤 것도 여러분이 축귀를 받는 것을 막을 수 없을 것입니다.

치유와 자유가 내 것이라는 믿음

여러분이 가져야 할 믿음의 첫 번째 측면은 치유와 자유가 하나님의 자녀로서 여러분의 유산의 일부라는 믿음입니다. "그가 채찍에 맞으므로 우리가 나음을 받았도다"(이사야 53:5)라는 말씀은 예수님께서 채찍질을 견뎌내셨다는 뜻입니다. 이 채찍질은 예수님의 등에 줄무늬 같은 상처를 내고 귀한 피를 흘리게 했습니다. 이 피는 헛되이 흘려진 것이 아닙니다! 하나님은 특정한 목적 때문에 예수님이 이 고문을 견디도록 하셨습니다. 여러분이 마귀의 손아귀에서 벗어나 치유와 자유를 얻을 수 있도록 대가를 치르고 희생을 치르게 하신 것입니다. 축귀는 자녀의 떡(양식)입니다(마가복음 7:27). 다시 말해 어린아이와 같은 믿음의 마음으로 예수님께 나아가는 사람은 자유를 얻게 됩니다.

예수님께 삶을 드리는 순간, 우리는 하나님의 자녀로서 하나님으로부터 유산을 받게 되며, 이 유산에는 치유와 자유가 포함됩니다. 여러분의 삶에 질병과 억압을 가져온 마귀의 역사는 반드시 사라져야 합니다! 그것은 마치 영적인 세계에서 계약서에 쓰인 것과 같습니다. 이 세상의 유산은 소유물입니다. 누군가 여러분이 물려받은 집이나 돈, 보석을 훔치려고 하면 저지당할 것입니다. 법적으로 이 소유물은 여러분의 것입니다. 아무도 그것을 바꿀 수 없습니다!

영적 세계도 동일합니다. 사람들은 종종 치유와 자유가 자신의 유산이 아닌 것처럼 하나님께 간구합니다. 마치 하나님이 아직 주시지 않은 것인 것처럼 기도합니다. 하지만 엄밀히 말하면 하나님은 이미 여러분에게 치유와 자유를 주셨습니다. 여러분의 소유인 것을 믿기 원하십니다. 이런 믿음을 갖는 것이 중요합니다. 하나님의 자녀로서의 정체성과 권리를 아는 것은 치유와 자유를 받는 데 아주 중요한 부분입니다. 질병과 억압이 여러분의 몫이라고 하는 마귀의 거짓말을 거절하고 여러분의 권세로 행하는 것은 치유와 자유를 받는 데에 필수적입니다. "예수님은 나를 치유해주고 싶어 하지 않으신가 봐. 기도를 많이 했는데 치유되지 않았어."라는 마음가짐은 믿음이 아닙니다. '치유와 축귀는 나의 유산'이라는 믿음을 가질 때 기적을 받을 수 있습니다!

예수님이 여러분을 위해 크리스마스 선물을 준비하셨다고 생각해보세요. 아주 비싼 선물들입니다. 포장도 되어 있고 여러분 이름도 적혀 있습니다. 예수님이 여러분에게 선물을 건네주셨습니다. 이제 여러분의 것입니다! 하지만 실제로 선물을 받고 사용하려면 선물을 열어야 합니다. 믿음은 선물의 포장을 푸는 방법입니다. 예수님께 선물을 달라고 부탁할 필요가 없습니다. 이미 여러분에게 선물을 주셨습니다. 이제 그 선물이 정말로 여러분의 것이라는 믿음을 가지고 포장을 풀어야 합니다. 자신의 이름이 적힌 선물을 보자마자 재빨리 포장을 푸는 어린아이처럼 행동하세요.

하나님의 능력이 역사하는 교회나 집회에 오면 어떤 사람들은 기적을 받는 반면 어떤 사람들은 기적을 받지 못하는 것을 목격할 수 있습니다. 사람들이 기적을 받지 못하는 주된 이유는 예수님이 실제로 그들을 치유하고 자유하게 해주기를 원하신다는 믿음이 없기 때문입니다. 많은 사람들이 예수님이 자신의 치유를 위해 대가를 치르셨기 때문에 기적이 일어날 것이라는 올바른 믿음을 가지고 있지 않습니다. 그렇기 때문에 믿음을 갖는다는 것이 무엇을

자유를 받으세요

의미하는지에 대한 계시가 매우 중요합니다.

많은 사람들이 하나님과 하나님이 선하신 것을 믿지만 딱 거기까지만 믿습니다. "하나님이 원하시면 날 치유해주실 것이고 아니면 해주지 않으실 거야."라고 생각하며 로봇처럼 행동합니다. 이는 마치 어린아이가 "부모님이 내가 이 선물을 갖기를 원하면 포장을 풀어주실 거야."라고 말하는 것과 같습니다. 하나님이 우리를 치유하고 자유하게 해주기를 원하신다는 믿음에 있어서는 우리의 역할을 다해야 합니다. 예수님은 이미 우리의 치유와 기적을 위해 그분의 역할을 다하셨고 이미 그 대가를 치르셨습니다. 우리는 로봇과 같이 되어 아무것도 하지 않고 가만히 있을 수 없습니다. 우리는 믿음을 가져야 합니다!

군중 속에 있던 한 여인은 12년 동안 계속되는 출혈로 고통받았습니다. 많은 의사들을 만나며 고생하고 수년 동안 모든 돈을 다 들였지만 전혀 나아지지 않았습니다. 오히려 더 악화되었습니다. 예수님에 대한 소문을 듣고 군중 사이로 예수님 뒤로 다가가 그의 겉옷을 만졌습니다. "내가 그분의 옷만 만지면 나을 수 있을 거야"라고 생각했기 때문입니다. 즉시 출혈이 멈추었고, 그녀는 자신의 심각한 병이 나았다는 것을 몸으로 느낄 수 있었습니다. 예수님은 치유 능력이 자신에게서 나갔다는 것을 단번에 깨닫고 군중 속에서 돌아서서 "누가 내 겉옷을 만졌느냐?"고 물으셨습니다. 제자들이 예수님께 "주님을 둘러싸고 있는 이 군중을 보세요. 어떻게 '누가 나를 만졌느냐'고 물으십니까?"라고 말했습니다. 하지만 예수님은 누가 그런 일을 했는지 계속 주위를 둘러보셨습니다. 그러자 겁에 질린 여인이 자신에게 무슨 일이 일어났는지 깨닫고 떨면서 그 앞에 와서 무릎을 꿇고 자신이 한 일을 이야기했습니다. 그리고 예수님은 그녀에게 말했습니다. "딸아, 네 믿음이 너를 건강하게 했다. 이제 평안히 가거라. 너의 고통은 끝났다."

—마가복음 5:25-34 NLT

이 여인은 예수님에 대해 들었습니다. 예수님께 가는 모든 사람을 고쳐주셨다는 간증을 들었습니다. 그리고 "예수님께서 나를 고쳐주시기를 원하신다."고 믿었습니다. 그녀의 믿음은 단순히 "예수님이 주님이시고, 그분이 나를 고치길 원하신다면 고쳐주시겠지만 잘 모르겠어요."가 아니었습니다. 그녀는 주님 앞에 나아가면 치유 받을 수 있다는 확신을 가지고 있었습니다. "내가 그분의 옷만 만지면 나을 수 있을 거야."

'아마도'가 아니라 '확실히'(will)라고 말한 것을 주목하세요. 예수님은 자신 있게 치유를 붙잡은 여인을 이기적이거나 고집이 세다거나 교만하다고 말씀하시지 않으셨습니다. 예수님은 그것을 믿음이라고 부르셨습니다. 그리고 이 여인이 진정한 믿음을 가졌기 때문에 치유 받을 수 있었다고 말씀하셨습니다. 믿음의 능력을 보세요! 이 여인은 믿음을 가지고 와서 어노인팅이 흐르는 곳에 자리 잡았고 즉시 치유 받았습니다. 그녀의 믿음 때문에 하나님의 능력이 그녀에게 역사했습니다. 그녀의 믿음은 하나님의 능력을 끌어당겨 그녀를 만지게 했습니다. 예수님은 그녀를 향하여 "나음을 받으라."고 말씀하지 않으셨습니다. 단순히 어노인팅이 흐르는 곳에 나아갔을 때 즉시 치유가 풀어놓아졌습니다!

치유와 자유를 주시는 하나님의 방법에 대한 믿음

치유와 자유가 여러분의 유산이라는 믿음 외에도, 대부분의 경우 기적을 받기 위해 가져야 할 믿음의 또 다른 측면이 있습니다. 하나님은 치유와 축귀, 기적을 베푸실 때 어노인팅을 받은 그릇을 통해 능력으로 움직이시는 방법을 선택하십니다.

여러 가지 이유로 어떤 사람들은 그릇(사람들)을 통해 능력으로 역사하시는 하나님의 방법을 불편해합니다. 어떤 사람들은 교회에서 상처받거나 권력 남용을 목격한 경험이 있습니다. 그들은 두려움 때문에 하나님의 종들이 하나님의 능력으로 행하는 것을 보는 것을 불편하게 느낍니다. 그러나 여러 교회에서 권력 남용을 보았다고 해서 기적을 풀어놓아 주시는 하나님의 방법을 버려야 하는 것이 아닙니다. 부패한 사역자들이 있었다고 해서 모든 사역자가 부패한 것은 아닙니다.

어떤 사람들은 어노인팅 가운데 행하며 하나님의 영광을 위해 높아지는 하나님의 종들을 질투합니다. 오늘날 사도는 더 이상 존재하지 않으며 선지자는 다 가짜라고 잘못 믿는 사람들이 많습니다. 에베소서 4장 11-16절에 따르면, 그리스도께서는 그리스도의 몸 된 교회를 훈련하고 장성한 분량에 이르게 하고 임파테이션을 하게 하기 위해 사도, 선지자, 복음 전하는 자, 목사, 교사를 선물로 주셨으며 이 직분은 예수님이 재림하실 때까지 계속될 것입니다.

> [하나님께서 이렇게 하신 것은] 성도(하나님의 백성)가 하나님의 일을 하고 그리스도의 몸(교회)을 세우는 일을 하도록 온전히 훈련시키고 완벽하게 하기 위함입니다. 우리가 믿음과 하나님의 아들에 대한 지식으로 하나 되고 [영적으로 성장하여] 성숙한 신자가 되고 [그리스도의 영적인 온전함을 나타내고 연합하여 우리의 영적인

은사를 행하는] 그리스도의 온전함에 이르도록 하신 것입니다.

—에베소서 4:12-13 AMP

하나님이 능력으로 역사하시는 방법이 불편한 사람들 중에는 전통에 얽매여 있는 사람들도 있습니다. 그들은 우리가 최근에 보지 못한 일, 성령님이 하시는 하나님의 새로운 역사를 받아들이지 않으려 합니다. 그리스도의 몸 된 교회는 대부분 오늘날의 베드로와 바울을 보지 못했습니다. 대부분의 사람들이 사도행전에 나오는 오중직임 사역자들처럼 어노인팅으로 행하는 하나님의 종들을 보지 못했습니다.

너무 많은 사람들이 단순히 새롭고 독특하다는 이유로 하나님의 새로운 움직임을 쉽게 무시합니다. 어떤 사람들은 다르다는 이유만으로 다른 것을 잘못된 것으로 간주합니다. 그러나 하나님은 현재의 기독교 문화와 전통보다는 하나님의 말씀을 따르라고 하십니다. 실은, 어노인팅을 받은 그릇을 통해 움직이는 하나님의 능력은 새로운 것이 아닙니다! 사도행전은 교회가 어떤 모습이어야 하는지에 대한 청사진으로, 믿는 자들에게는 이러한 표적과 기사가 따르고(마가복음 16:17) 계속해서 흐르며 하나님 나라가 이 땅을 뒤덮고 있다는 것을 끊임없이 증명합니다!

하나님은 지금 우리 시대의 베드로와 바울을 일으키시고 기름을 붓고 계십니다. 두 사도를 통해 역사하셨던 것처럼 오늘날에도 역사하고 계십니다. 아프고 귀신에게 억압되어 있는 사람들이 진짜로 어노인팅이 있는 사도와 선지자들 아래, 어노인팅이 풀어놓아지는 곳에 몰려오고 있습니다. 어노인팅이 쉽게 역사하고 귀신을 쫓아내고 모든 종류의 질병을 치유하고 있습니다. 귀신들과 씨름하지 않습니다. 어노인팅은 진짜이며 강력해서 귀신은 명령 한 마디에, 어떤 경우에는 교회에 들어서자마자 도망칩니다.

귀신을 떠나가게 하기 위해 사람들을 거칠게 다루거나 힘으로 누르거나(물건을 올려놓는 등) 이상한 방법을 사용할 필요도 없습니다. 단순히 권세로 선포하는 것만으로도 귀신은 도망갑니다.

제가 설명한 어노인팅이 있는 치유와 축귀는 제가 목회하는 교회인 5F교회와 제가 사역하는 집회와 콘퍼런스에서 일어납니다. 하나님께 모든 영광을 돌립니다! 하나님의 은혜로 제 삶에 하나님의 소중한 어노인팅을 주시고, 그릇으로 사용하신 것에 대해 진정으로 경외심을 느낍니다. 저는 결코 사역자가 되고 싶지 않았습니다. 리더가 되고 싶었던 적도 없었습니다. 이런 삶은 전혀 상상도 할 수 없었습니다. 사람들 앞에서 말하는 것은 가장 큰 두려움이자 약점이었기 때문에 전혀 하고 싶지 않았습니다. 그리고 사람들이 하나님의 능력을 통해 하나님의 사랑을 경험하는 것을 보는 것이 가장 큰 기쁨이었지만, 귀신을 쫓아내고 싶은 마음은 전혀 없었습니다. (전에 귀신을 쫓아내는 사람을 몇 명밖에 보지 못했습니다.)

그럼에도 하나님은 저를 사도로 부르셨습니다. 하나님의 부르심에 마리아가 천사에게 이렇게 답한 것이 기억납니다. "주의 여종이오니 말씀대로 내게 이루어지이다"(누가복음 1:38). 제가 부르심을 받으면서 마음속으로 동일하게 말했습니다. 하나님이 저를 사용하여 하나님의 백성을 자유하게 하시고 도우신다는 사실에 정말 겸손해집니다. 이 시대에 그리스도의 몸 된 교회에 강력한 어노인팅을 풀어놓아 주시고 부흥이 일어나게 하신 하나님께 정말 감사드립니다.

> 너희는 너희 하나님 여호와를 신뢰하라 그리하면 견고
> 히 서리라 그의 선지자들을 신뢰하라 그리하면 형통하
> 리라 하고
> —역대하 20:20 개역개정

저는 이 성경구절이 진리인 것을 삶에서 경험했습니다. 저는 선지자이신 영적인 아버지를 믿고 신뢰하므로 제 부르심 안에서 성공하고 형통하게 되었습니다. 영적인 아버지의 예언적 지시를 따르고, 제게 선포된 말씀을 믿으면서 삶의 모든 영역에서 자유, 치유, 풍성함을 경험했습니다.

건강과 삶의 다른 모든 영역에서 형통하려면 진정한 하나님의 종들을 믿어야 합니다. 다른 오중직임 사역자와 더불어 오늘날의 참된 사도와 선지자들을 인정하고 존중하세요. 그들의 열매를 보고 알 수 있습니다.

> 그들의 열매로 그들을 알지니 가시나무에서 포도를, 또
> 는 엉겅퀴에서 무화과를 따겠느냐 이와 같이 좋은 나무
> 마다 아름다운 열매를 맺고 못된 나무가 나쁜 열매를 맺
> 나니 좋은 나무가 나쁜 열매를 맺을 수 없고 못된 나무
> 가 아름다운 열매를 맺을 수 없느니라
> —마태복음 7:16-18 개역개정

하나님은 우리에게 좋은 열매를 찾으라고 하셨습니다. 좋은 열매를 찾으면 좋은 나무, 즉 하나님의 기름 부음 받은 참된 종인 것을 알 수 있습니다. 하나님이 누가 참된 사람인지 알 수 있도록 도와주실 때, 우리에게 신뢰하고 믿으라고 하십니다. 어노인팅이 있는 하나님의 종이 사역하는 교회나 집회에 겸손히 오라고 하십니다. 하나님의 종에게 참된 어노인팅이 있고 그 어노인팅이 여러분

에게 임하여 치유하고 축귀할 것을 믿는 믿음을 가지고 오세요. 성경은 사도 베드로의(어노인팅의) 그늘 아래서 모든 사람이 나았다고 말씀합니다.

모두가 나을 수 있었던 비결 중 하나는 사람들이 베드로의 사역에 대한 신뢰와 믿음이 있었기 때문입니다. 간증을 듣고 열매를 보았기 때문입니다. 어노인팅이 있는 종들을 통해 기적을 베푸시는 하나님의 방식을 신뢰하고 믿었습니다. 베드로의 사역에 대해 의심이나 회의가 없었습니다. 베드로의 어노인팅과 그를 통해 역사하시는 하나님의 방식에 대한 믿음이 있었습니다. 로마 백부장이 예수님께 "말씀만 하옵소서"(마태복음 8:8)라고 했을 때 보여준 믿음, 권세가 어떻게 작용하는지에 대한 이해와 믿음을 가지고 있었습니다.

오늘날 어떤 사람들은 하나님의 종이 어노인팅을 받은 것은 믿지만, 하나님의 종을 통해 역사하시는 하나님의 방식은 믿지 않습니다. 많은 사람들이 일대일 기도와 전통적인 기도 방식에 대한 믿음을 가지고 있습니다. 그러나 이것만 믿으면 실제로 하나님이 나를 치료해주실 것이라는 믿음을 갖는 것이 아니라 나를 치료해줄 사람에 대한 믿음을 갖는 것입니다. 이런 사고방식을 가지면 영적인 세계에서 믿음이 부족하여 기적을 놓칠 수 있습니다. 기적은 하나님에 대한 진정한 믿음과 하나님이 주신 권세와 어노인팅으로 행하는 기름 부음 받은 그릇을 통해 능력으로 역사하시는 하나님의 방식에 대한 믿음이 있을 때 일어납니다.

기적을 베푸시는 하나님의 방식에 대한 믿음을 보이려면 교회나 집회에 직접 참석하시거나 온라인으로 시청하여 어노인팅이 흐르는 곳에 나아가시고 받을 자세를 취하세요. 치유와 축귀를 받는 방법에 대한 하나님의 원칙을 따르고 있기 때문에 치유와 축귀 반드시 받을 것이라는 믿음을 가지고 오세요! 베드로의 그늘 아래서 모든 사람이 치유 받은 것처럼 여러분도 오늘 치유 받을 것이라는 확신을 가지고 오시기만 하면 됩니다. 하나님은 하나님이 원하시는 대로 역사하실 것입니다. 어노인팅이 있는 하나님의 종과의 일대일 기도를 통해서든, 선포되는 말씀을 통해서든 원하시는 대로 여러분에게 능력으로 역사하실 것입니다. 어노인팅이 있는 종을 사용하여 권세를 행하게 하시는 하나님의 체계 때문에 모든 귀신과 질병이 떠나야만 한다는 것을 알고, 믿음으로 오세요.

모든 기적이 즉시 눈에 보이는 것은 아니지만 하나님의 말씀은 결코 헛되이 되돌아오지 않습니다(이사야 55:11). 엘리야의 종은 선지자가 가서 비구름을 보라고 말한 직후에 비구름을 보지 못했지만, 그렇다고 기적이 일어나지 않은 것은 아니었습니다. 엘리야는 계속해서 종에게 돌아가서 구름을 찾아 보라고 말했습니다. 그리고 일곱 번째 갔을 때 비구름이 나타났습니다(열왕기상 18:43-44). 왜 처음부터 비구름이 나타나지 않았을까요?

마찬가지로 엘리사는 나아만에게 일곱 번 물에 몸을 담그라고 말했습니다. 일곱 번째에 그는 문둥병에서 나았습니다(열왕기하 5:10-15). 왜 일곱 번일까요? 왜 한 번에 낫지 않았을까요?

예수님은 열 명의 나병 환자들에게 제사장들에게 가서 자신을 보이라고 말씀하셨습니다. 그들은 가는 도중 치유 받았습니다(누가복음 17:12-14). 왜 나병이 즉시 사라지지 않았을까요? 왜 나병이 낫는 데 시간이 걸렸을까요?

이 모든 질문에 대한 간단한 대답은 하나님은 때때로 이런 방식으로 치유와 축귀를 풀어놓아 주기로 선택하신다는 것입니다.

자유를 받으세요

영적인 세계에서 치유를 시작하시고 영적인 수술과 같이 사람들의 삶에서 이미 영으로 일어난 일의 결과를 보고 느끼기 시작할 때까지 일하시는 것을 선택하십니다. 때로 주님은 특별한 이유 없이 이렇게 하십니다. 그냥 그렇게 하시기로 선택하신 것입니다. 때로는 기다림의 과정이 믿음과 순종, 겸손의 시험입니다.

하나님은 다양한 상황을 통해 우리를 시험하고 연단하십니다. 어떤 사람들에게는 치유가 나타나기를 기다리는 과정을 통해 시험이 오도록 하십니다. 어떤 사람은 즉시 축귀를 받는 것이 보이는 데 여러분에게는 아무런 변화가 보이지 않는다고 해서 하나님이 그 사람을 더 사랑하시는 것이 아닙니다. 그 사람이 여러분보다 믿음이 더 크다는 뜻도 아닙니다. 많은 경우 하나님의 완벽한 목적을 위해 의도적으로 시간을 두고 치유하고 축귀하는 과정을 선택하신다는 뜻입니다.

어노인팅이 있는 하나님의 그릇으로부터 "모든 귀신은 떠나야만 한다. 모든 병은 떠나야만 한다."와 같은 선포를 받을 때, 이 말씀이 헛되이 돌아가지 않을 것이라고 믿는 것이 중요합니다. 일대일 기도든 대중 기도든 그 말씀이 선포되는 순간 기적이 일어났다고 믿어야 합니다. 그것이 바로 기적을 받는 행동입니다. 마치 하나님의 종이 공을 던지는 것과 같습니다. 손을 들고 있지 않으면 공은 여러분을 넘어 지나갈 것입니다. 그러나 손을 들고 있으면 공을 잡게 될 것입니다. "나는 받았다, 나는 치유되었다, 나는 자유하게 됐다, 내가 방금 기적을 받은 것을 믿는다."라고 믿고 고백하는 것은 손을 들어 공을 잡는 행동입니다.

집회나 예배를 떠날 때에도 여러분이 치유되고 자유롭게 되었으며 기적이 눈에 보이도록 나타날 것이라고 계속 선포하고 믿는 것이 중요합니다. 이것은 계속해서 구름을 찾고, 계속 물에 몸을 담그고, "대제사장에게 [자신을] 보이러" 순종하며 걷는 행동입니다.

공을 떨어뜨리지 마세요! 교회 예배에서 "나는 받았다."고 하고 다음날 기적이 눈에 아직 보이지 않는다고 해서 '나는 치유되지 않은 것 같아.'라고 생각하면서 공을 떨어뜨리지 마세요. 마귀의 거짓말로 인해 기적을 떨어뜨리지 마세요! 의사의 수술이 끝나기도 전에 영적 수술을 중단하지 마세요. 영적인 세계에서 진지해지고 기적을 위해 싸워야 합니다! 많은 사람들이 이 영적 지식을 갖추지 못해 기적을 버리고 있습니다. 이 말씀을 진지하게 받아들이기를 권고드립니다. 하나님이 주시는 기적을 여러분이 다시는 놓치지 않기를 원하십니다.

이러한 믿음의 모든 측면이 갖춰질 때 사도행전이 살아나는 것을 보게 될 것이며, 베드로의 그림자에서 일어났던 일을 보게 될 것이라고 믿습니다. 모든 사람들이 치유되었다고 했습니다. 하나님이 여러분을 치유해주시고 자유하게 해주기 원하신다는 사실을 계속해서 믿으면 여러분의 믿음도 성장할 것입니다. 하나님이 치유해주시고 자유하게 해주시는 방법은 완벽하다는 것을 잊지 마세요. 여러분의 과거와 상관없이, 여러분의 생각과 상관없이 여러분을 향한 예수님의 사랑은 변함없습니다.

6장
믿음을 활성화하는 방법

믿음에 관한 가장 흔한 오해는 믿음이 감정에 기반한다는 것입니다. 사실 믿음은 선택입니다. 하나님은 여러분에게 하나님의 사랑을 알게 하시고, 여러분은 하나님의 존재를 부인할 수 없다는 것을 깨닫게 됩니다. 눈으로 보거나 과학적으로 증명할 수는 없지만 마음 깊은 곳에서는 하나님이 계시다는 것을 알고 있습니다. 하나님을 주님으로 믿기로 선택하는 것은 여러분에게 달려 있습니다. 증거가 있어야만 하고 논리를 좋아하는 사람이라면, 하나님이 실재하고 그분이 주님이시라는 믿음에 반하는 생각과 감정으로 유혹을 받을 것입니다. 여러분이 선택해서 의심하는 생각을 거절해야 합니다.

여러분이 처음 예수님께 삶을 드렸을 때는 강한 믿음을 느꼈을 것입니다. 하지만 그런 감정이 항상 있어야 하는 것은 아닙니다. 진정한 믿음은 인내하는 것입니다. 진정한 믿음은 하나님을 따르기로 결심하던 날, 하나님과 맺은 언약에 자신의 생각과 감정을 복종시키기로 선택하는 것입니다. 진정한 믿음은 자신의 감정이 하나님의 진리와 일치하지 않을 때 하나님의 말씀을 믿기로 선택하는 것입니다. 믿음은 순종에 달렸습니다. 하나님의 말씀을 진리로 받아들이는 순종에 관한 것입니다.

영이 없는 [인간의] 몸은 죽은 것같이 [순종의] 행함이

> 없는 믿음은 죽은 것이니라
> ―야고보서 2:26 AMP

성경은 '감정이 없는 믿음'이 죽은 것이라고 말하지 않고, '행함이 없는 믿음'이 죽은 것이라고 말합니다. 믿음은 행동이며, 하나님의 말씀을 통해 하나님이 하시는 말씀을 진리로 받아들이는 선택입니다. 믿음은 부모님이 하는 말을 사실로 받아들이는 어린아이와 같은 것입니다. 아이는 증거가 필요하지 않습니다. 아이는 부모가 말하는 것에 의문을 제기하지 않습니다. 아이는 자신의 감정이 자신의 믿음과 일치할 때만 믿지 않습니다. 아이는 단순하게 믿습니다.

> 그 때에 제자들이 예수께 나아와 이르되 천국에서는 누가 크니이까 예수께서 한 어린 아이를 불러 그들 가운데 세우시고 이르시되 진실로 너희에게 이르노니 너희가 돌이켜 어린 아이들과 같이 되지 아니하면 결단코 천국에 들어가지 못하리라
> ―마태복음 18:1-3 개역개정

어린아이와 같이 되는 방법 중 하나는 어린아이와 같은 믿음을 갖는 것입니다. 복음서에서 예수님이 네 믿음이 너를 구원하였다고 말씀하실 때 바로 이런 믿음을 가리키는 것입니다. 예수님이 야이로의 딸이 죽은 후에 그에게 말씀하실 때 부활의 기적을 일으킬 수 있는 열쇠를 알려주셨는데, 바로 '믿기만 하라'는 것이었습니다!

예수께서 아직 말씀을 계속하시는데, 회당장의 집에서 사람이 와서 말하였다. "따님이 죽었습니다. 선생님을

> 더 괴롭히지 마십시오." 예수께서 들으시고 나서, 회당
> 장에게 말씀하셨다. "두려워하지 말고, 믿기만 하여라.
> 딸이 나을 것이다."
> ―누가복음 8:49-50 새번역

사람들이 치유 받거나 축귀가 된 후에 예수님은 여러 번 왜 그 기적이 일어났는지 말씀해주셨습니다. 그들이 믿었기 때문입니다!

> 예수께서 말씀하여 이르시되 네게 무엇을 하여 주기를
> 원하느냐 맹인이 이르되 선생님이여 보기를 원하나이
> 다. 예수께서 이르시되 가라 네 믿음이 너를 구원하였느
> 니라 하시니 그가 곧 보게 되어 예수를 길에서 따르니라
> ―마가복음 10:51-52 개역개정

> 그때 예수님이 그들의 눈을 만지시며 "너희 믿음대로 되
> 어라" 하셨다. 그러자 소경들은 눈을 떴다. 예수님은 그
> 들에게 "아무에게도 말하지 말아라" 하고 단단히 주의시
> 키셨다.
> ―마태복음 9:29-30 현대인의 성경

성경에서 그들의 '믿음대로'라고 말씀하신 것은 그들의 믿음 때문에 기적이 일어날 수 있었다는 뜻입니다.

> 그에게 이르시되 일어나 가라 네 믿음이 너를 구원하였
> 느니라 하시더라
> ―누가복음 17:19 개역개정

하나님은 여러분의 감정이 아닌 말과 행동으로 믿음을 보십니다. 이 계시가 있으면 그 어떤 것도 여러분이 큰 믿음을 갖는 것

을 막을 수 없습니다. 이 계시가 없다면 여러분은 항상 기복이 심한 믿음을 갖게 되고, 산 정상에서는 믿음이 있지만 골짜기에서는 의심하게 될 것입니다. 우리가 싸우는 영적 전쟁은 대부분 마음과 생각에서 일어납니다. 마음(mind, 정신·마음)은 우리의 생각과 감정이 있는 곳입니다. 원하지 않는 생각이 마음에 들어온 적이 있다면 그것은 여러분의 생각이 아닙니다. 그것은 마귀의 탄약입니다. 마귀는 여러분으로 하여금 그 생각이 원래 자신의 생각이라고 여기도록 속여서 그게 진실이라고 믿기를 바랐던 것입니다. 그러면 여러분은 그 생각대로 행동하고 그 생각대로 살게 될 것입니다. 이것이 모든 사람에게 사용하는 대적의 주요 전략입니다. 대적의 거짓말을 믿어주면 마귀는 실제로 여러분에게서 권세를 부여받게 되고 삶을 지배할 수 있게 됩니다.

성경에서 "모든 생각을 사로잡아 그리스도께 복종케" 하라고 (고린도후서 10:5) 말씀하는 것은 우리가 우리 생각이 아닌 대적이 주는 생각을 갖게 될 것이라는 뜻입니다. 여기에는 "나는 치유될 것 같지 않아." "하나님이 정말 나를 치유하고 싶어 하시는지 모르겠어."와 같은 의심의 생각이 포함됩니다. 이러한 생각을 우리의 생각으로 받아들일 필요가 없습니다. 예수님을 주님으로 받아들이면 예수님의 모든 방식을 받아들이는 것입니다. 하나님은 주로 하나님의 말씀을 통해 말씀하십니다. 예수님은 말씀이십니다.[1] "태초에 말씀이 계시니라 이 말씀이 하나님과 함께 계셨으니 이 말씀은 곧 하나님이시니라"(요한복음 1:1) 예수님을 주님으로 모시기로 선택하는 것은 성경 말씀을 진리로 삼기로 선택하는 것이기도 합니다. 성경에는 예수님이 채찍에 맞으심으로 우리가 나음을 입었다고 말씀합니다. 말씀은 또한 우리가 하나님으로부터 유산을 받았으며 "도둑이 오는 것은 도둑질하고 죽이고 멸망시키려는 것뿐이요 내가 온 것은 그들로 삶을 누리게 하고 삶을 [차고 넘치도록] 풍성하게 하려는 것이라"(요한복음 10:10 AMP)고 하셨습니다.

여러분이 언제 어떻게 느끼든 이 말씀은 이제 여러분의 진리입니다. 여러분의 선택은 여러분의 감정보다 더 강력합니다. 여러분에게는 감정에 대한 권세가 있습니다. 여러분의 감정은 여러분의 권세에 복종해야 합니다. 다윗은 골짜기에서 많은 영적 공격을 받았을 때 이 영적 원칙을 보여주었습니다.

> 내 혼아 왜 우울해하고 절망에 빠지는가 그냥 계속해서 구주이신 하나님을 소망하고 기다리라 주님은 나를 구원하시는 은혜이시니 무슨 일이 있어도 나는 여전히 찬양으로 노래할 것이니라
>
> ─시편 42:5 TPT

다윗은 자신을 옹호해 주시고 승리를 주실 하나님을 기다리고 또 기다렸습니다. 이 본문에서 다윗은 우울함과 절망감을 느낀다고 고백합니다. 시간이 지나고 공격이 더욱 심해지자 이런 감정에 굴복하고 싶은 유혹을 받았습니다. 그러나 자신의 감정이 자신이 믿기로 선택한 진리, 즉 하나님의 말씀과 하나님의 성품에 부합하지 않는다는 것을 알았습니다. 그래서 자신의 혼에 대한 권세를 가지고 말했습니다. 다윗이 "무슨 일이 있어도"라고 말할 때, 선택하고 있는 것입니다! 기분이 어떻든 간에 항상 계속 믿기로 선택한 것입니다.

하나님은 믿음을 갖는 것을 어렵게 만들지 않으십니다. 믿음이 느껴질 때까지 기다릴 필요가 없습니다. 마귀가 여러분의 마음을

공격하는 것을 멈출 때까지 기다릴 필요도 없습니다. 하나님이 주신 권세를 사용하여 지금 바로 행동할 수 있습니다! 마귀의 거짓말을 거절하고 하나님의 진리를 소리 내어 말함으로 하나님의 진리를 선택할 수 있습니다. 하나님께서 믿음으로 보시는 것은 여러분의 고백입니다. 치유되지 않을 것 같다는 생각이 많이 들 수 있지만, 하나님은 감정을 보지 않으십니다. 여러분이 말하는 것을 듣고 계십니다.

"예수께서 채찍에 맞으심으로 내가 나음을 입었도다."라고 선포하고 "치유가 내 유산이기 때문에 예수님이 나를 치유하기를 원하신다는 것을 알아."라고 선포할 때, 하나님은 이것을 믿음으로 보십니다. 믿음은 "저는 어노인팅이 있는 그릇을 통해 움직이시는 하나님의 방법을 믿습니다. 나는 이 그릇을 통해 움직이는 어노인팅이 진짜이며, 내가 어노인팅 아래 나아갈 때 치유와 축귀를 받을 것을 믿습니다."라고 말하는 것입니다. 여러분의 믿음과 선포가 치유하시고 자유하게 하시는 하나님의 능력을 풀어놓습니다.

믿음 없이도 치유 받을 수 있나요?

대부분의 경우 치유와 축귀의 문을 여는데 필요한 주요 열쇠는 어노인팅(어노인팅을 받는 곳에 자신을 위치시키는 것)과 믿음입니다. 그렇다고 해서 축귀와 치유가 일어나기 위해 믿음이 항상 있어야 한다는 뜻은 아닙니다.

성경에는 주인(master), 부모, 친구의 믿음으로 기적이 일어난 사례가 기록되어 있습니다. 로마의 한 백부장은 자신의 하인이 나을 것이라는 믿음이 있었습니다. 예수님은 "집으로 돌아가라 네

자유를 받으세요

가 믿었기 때문에 되어졌다라고 하시니 그 시로 하인이 나으니라"(마태복음 8:13 NLT)고 하셨습니다.

예수님은 야이로에게 "믿기만 하면 [네 딸이] 나으리라"(누가복음 8:50 NLT)고 말씀하셨습니다. 야이로는 믿었고 예수님은 소녀에게 "일어나라"(54절)고 명령하자, 소녀는 죽음에서 살아났습니다.

또 한 번은 어떤 사람들이 중풍병자를 침상에 메고 지붕에서 사람들 가운데 계신 예수님 앞으로 달아내렸습니다. "예수께서 저희 믿음을 보시고 이르시되 이 사람아 네 죄 사함을 받았느니라"(누가복음 5:20)고 말씀하셨습니다. 예수님은 그 사람의 믿음이 아니라 친구들의 믿음을 보시고 그 사람을 고치셨습니다.

이 모든 사례에서 기적을 일으킨 것은 사랑하는 사람을 위한 다른 사람들의 믿음이었습니다. 오늘날도 예수님은 동일하게 역사하십니다. 때로는 다른 사람의 믿음으로 인해 치유와 자유를 받기도 합니다. 한 번은 교회에서 한 가족을 위해 기도하기 시작했을 때 10대 아이에게서 귀신이 드러나기 시작했습니다. 그 후 귀신들이 떠나고 그는 땅에 쓰러졌습니다. 일어나자마자 아이는 안경을 벗고 놀란 표정으로 "보여요!"라고 외쳤습니다.

그의 어머니는 나중에 말씀하시기를 이 아이는 우울해서 항상 방에만 있었다고 합니다. 그날 그 아이는 교회에 가고 싶어 하지 않았지만 어머니가 가야 한다고 했습니다. 아이는 믿음으로 오지 않았지만 어머니가 믿음으로 왔고 예수님께서 어머님의 믿음에 역사하셨습니다. 아이가 축귀를 받고 난 후, 바닥에 누워있을 때 천국에서 예수님을 만나는 경험을 했다고 예배 후에 간증했습니다. 우울하고, 하나님에 대해 무관심하고, 교회에 대해 냉담했던 아이가 축귀와 치유를 받고, 예수님을 직접 대면하는 경험을 했습니다. 하나님과의 이 모든 경험은 그에게 초자연적인 불을 지펴 열정적으로 간증하게 했습니다. 이 자유와 치유와 만남은 그의 어머니가 믿었기에 가능했습니다!

간혹 믿음이 없이도 자유를 받거나 치유 받는 경우도 있지만, 그럴 가능성은 적습니다. 종종 그것은 하나님이 그 사람을 부르시는* 방식입니다. 그 사람이 하나님의 사랑을 아직 경험하지 못했기 때문에 믿음을 요구하지 않으시는 은혜를 주십니다. 우리는 하나님의 사랑을 경험해야 하나님을 사랑합니다. 하나님은 우리가 하나님을 만나고 우리의 자유의지로 하나님을 따를지 말지 선택하기를 원하십니다. 다른 사람들이 강요하고 부모님이 하라고 해서 하나님에 대해 듣고 따르는 것을 원하지 않으십니다. 많은 경우, 하나님은 능력을 통해 사랑을 보여주시며 우리의 마음 문을 두드리십니다.*

하나님께서 저도 이렇게 찾아주셔서* 하나님과 사랑에 빠지고 모든 것을 항복하게 되었습니다. 저는 평생 크리스천이었지만 스물다섯 살이 되어서야 그분의 능력을 경험했습니다. 그 전에도 하나님을 믿었고 저를 사랑하시는 것을 믿었지만, 그 사랑의 깊이를 알지 못했고 진정으로 이해하지 못했습니다. 제 신앙의 대부분은 '사람의 말'과 부모님의 믿음에 의존하고 있었습니다.

> 내 말과 내 전도함이 설득력 있는 지혜의 말로 하지 아니하고 다만 성령의 나타나심과 능력으로 하여
> ―고린도전서 2:4-5 개역개정

---

* pursue: 따라잡을 때까지 쫓아가다, 구애하며 쫓아가다

자유를 받으세요

제가 하나님을 능력으로 처음 만났을 때 진정으로 예수님을 만났고 사랑에 빠졌습니다! 이 사랑은 저로 제 삶을 그분께 내어드리도록 결심하게 했습니다. 그 후로 저는 다시는 뒤돌아보지 않았습니다. 하나님의 능력을 경험한 후 제 믿음은 하나님의 능력에 있게 되었습니다. 하나님의 능력은 하나님의 본성의 일부입니다. 하나님은 하나님 나라의 왕이시며, 이 나라는 말에 있지 아니하고 능력에 있습니다. 마치 중개자를 통해 어떤 사람에 대해 듣고 그 사람의 말을 듣는 것과 그 사람을 실제로 만나서 눈을 보고 악수나 포옹을 느끼고 목소리를 듣는 것의 차이와 같습니다.

하나님은 다양한 방법으로 능력을 통해 사람들에게 그의 사랑을 드러내십니다. 그리고 어떤 사람들에게는 자유하게 해주심으로써 하나님 자신을 소개하고 그분의 사랑을 드러내기도 하십니다. 제가 매주 목격하는 거의 모든 축귀를 보면, 자유를 얻은 사람의 얼굴에는 경외심이 가득합니다. 그들이 '예수님의 눈을 보았다'는 것을 알 수 있습니다. 이전과는 전혀 다른 주님의 사랑을 경험했다는 것을 알 수 있습니다.

제가 사역하던 한 예배에서 '긴급 축귀'가 필요하다는 한 남자가 강대상으로 밀려 올라왔지만, 이분은 여기에 있고자 하는 마음이 없다는 것을 알 수 있었습니다. 기도를 받고 자유를 얻고 싶은 마음이 없어 보였습니다. 성령님은 제게 부드럽게 "하나님께서 자유하게 해주시고 싶어 하세요. 하지만 그건 형제님께 달려 있습니다. 형제님께는 자유의지가 있습니다."라고 말하도록 하셨습니다.

그는 잠시 망설이다가 "저는 19년 동안 마약을 했어요. 나쁜 짓도 많이 했어요."라고 말했습니다.

저는 그를 위해 기도하기 시작했고, 제가 선포하자마자 귀신이 그에게서 "놓아주지 않을 거야."라고 말했습니다. 나는 귀신에게 그를 떠나라고 명령했고, 그렇게 하자마자 그 남자는 흐느끼며 머리를 손으로 잡고 울기 시작했습니다. 그는 자유하게 되었습니다! 그리고 "하나님, 죄송합니다."라고 말하며 계속해서 자백하고 회개했습니다. 그는 울었던 것에 대해 사과하며 "전 한 번도 울어본 적이 없어요. 남자는 울지 않아요."라고 말했습니다. 저는 그에게 하나님의 사랑이 너무 크시기 때문에 하나님 앞에서 울지 않는 것은 불가능하다고 말했습니다!

그는 나중에 고백하기를 하나님의 일을 막으려는 의도로 집회에 왔다고 했습니다. 하지만 하나님의 은혜는 너무나 컸습니다. 예수님은 하나님의 역사를 막으려는 사울에게 사랑을 보여주셨던 것처럼, 하나님은 이분에게도 사랑을 보여주셨습니다.

한 사탄숭배자가 제 생방송마다 와서 예수님과 저에 대해 가장 사악하고 증오스러운 말을 하곤 했습니다. 운영자가 이분의 댓글을 차단했지만, 그녀는 끊임없이 새 계정을 만들어 끔찍한 글을 계속 썼습니다. 어느 날 생방송을 보고 있던 중 하나님의 능력이 화면을 통해 이분을 만졌습니다. 그녀는 우울증과 자살 충동에서 자유하게 되었습니다(여러 번 자살을 시도했었다고 합니다). 축귀를 받은 후 그녀는 자신을 향한 하나님의 사랑을 발견하고 하나님께 삶을 드렸습니다!

구원받지 않은 사람에게서 귀신을 쫓아낼 수 있나요?

앞의 예시에서 볼 수 있듯이, 믿지 않는 사람에게서도 귀신을 쫓아낼 수 있습니다! 구원받지 못한 사람에게서 축귀를 하지 않는 것은 하나님의 사랑을 제한하는 것입니다. 예수님은 사람들에게서 귀신을 쫓아내실 때 먼저 영접기도를 따라야 한다는 전제 조건을 달지 않으셨습니다. 성경은 사람들이 예수님께 나아왔고 예수님은 그들을 고쳐주셨다고 말합니다. 그들은 호기심, 믿음, 심지어 회의적인 마음으로 예수님께 왔고, 예수님은 치유하고 축귀함으로써 사랑을 보여주셨습니다.

예수님은 겨자씨만 한 믿음이 산을 옮길 수 있다고 말씀하셨습니다(마태복음 17:20). 겨자씨만 한 믿음을 얕보지 마세요. 그것은 많은 사람들에게서 마귀의 억압과 영적 소경의 산을 없애기에 충분합니다.

어노인팅이 있는 하나님의 종이 사역하는 교회에 들어오는 사람은 그 그릇의 영적 영역에 들어오는 것입니다. 많은 사람들이 제 교회나 제가 사역하는 예배에 오지 못하게 하려는 영적 공격이 있었다고 간증했습니다. 그 사람이 교회 예배에 들어오는 순간(또는 생방송을 켜는 순간) 하나님의 뜻이 이루어지고 천국이 임해야 하는 제 영적 권세의 영역에 들어오게 된다는 것을 귀신이 알기 때문입니다. 영적인 영역에 들어오면 귀신은 떠나가야 하고 사람들은 치유됩니다. 귀신들은 자신들이 억압하는 사람들이 어노인팅에 나아갈 때 쫓겨날 것이라는 것을 압니다.

하나님의 능력이 있는 교회 예배에 참석하거나 생방송을 보는 것은 사실 그 자체로 믿음의 행위입니다. 하나님은 감정이 아닌 행동을 믿음으로 보신다는 사실을 기억하세요. 의심의 생각과 감정이 들더라도 교회 예배에 참석하시면 그것이 바로 믿음입니다!

기적이 일어나기 위해 필요한 믿음의 정도는 사람과 경우에 따라 다릅니다. 예수님에 대해 한 번도 들어본 적이 없는 사탄 숭배자는 (믿음도 없고 나쁜 의도를 가진 상태로) 생방송을 보는 것만으로도 축귀를 받을 수 있습니다. 예수님에 대해 들어본 적이 없는 사람을 축귀함으로써 그 사람에게 예수님이 누구이신지 소개하고 은혜를 보여주는 방법일 수 있습니다. 반면에 믿는 사람들에게는 하나님이 기적을 주시기 위해 더 많은 믿음을 요구하실 수도 있습니다.

> 무릇 많이 받은 자에게는 많이 요구할 것이요 많이 맡은 자에게는 많이 달라 할 것이니라
> —누가복음 12:48 개역개정

이 말씀은 우리가 게으르고 하나님을 경시해서는 안 된다는 뜻입니다. 치유와 축귀는 하나님의 자녀로서 우리에게 주어진 유산입니다. 진정한 하나님의 자녀는 하나님께 항복하고 순종합니다. 하나님께서 우리에게 마귀의 거짓말을 거절하고 하나님을 믿으라고 하실 때, 우리는 의지적으로 행동을 취해야 합니다. 하나님의 혜택을 받으려면 하나님의 참된 자녀로 살아야 합니다.

하나님으로부터 멀리 떨어져 있지만 축귀를 받는 사람에게는 여전히 더 많은 단계의 축귀가 필요할 수 있다는 것을 기억하세요. 하나님은 한 단계의 마귀의 억압에서 자유롭게 해주셔서 그 사람에게 하나님의 사랑을 드러내시고 하나님을 따를 수 있도록 하시는 경우도 있습니다. 그리고 그후에 그 사람이 믿음과 순종으로 행할 때 나머지 축귀와 치유를 받게 되는 것입니다.

항복의 열쇠

완전한 축귀와 치유를 위해서는 항복하는 것이 열쇠입니다. 마

자유를 받으세요

귀에게 문을 열어두면 귀신은 계속 들어올 것입니다. 마귀에게 문을 열어둔다는 것은 하나님과 하나님의 선물들을 소중히 여기지 않는다는 것을 하나님께 보여주며, 기적을 받는 것을 막습니다. 여러분은 시냇물에 있는 스펀지가 될지 아니면 돌이 될지 선택할 수 있습니다. 항복함으로 스펀지가 되기로 선택하면 모든 어노인팅을 흡수하고 완전히 치유되고 자유를 얻게 될 것입니다. 시냇물 속에 있는 돌은 속이 말라 있습니다. (문이 열어두고 죄 가운데 사는) 돌이 되기로 선택하면 어노인팅 가운데 기도를 아무리 받아도 아무것도 변하지 않을 것입니다. 항복하지 않고는 온전한 유산을 결코 누릴 수 없습니다. 풍성한 삶의 유산을 온전히 받는 것은 여러분에게 달려 있습니다.

7장

귀신을 떠나가게 하는
세 번째 열쇠: 말로써 끊기

앞서 설명했듯이 축귀의 문을 여는 주요 열쇠는 (1) 어노인팅 (기름 부음)이 흐르는 곳에 나아가는 것과 (2) 믿음을 갖는 것입니다. 높은 수준의 어노인팅이 하나님의 종을 통해 움직일 때, 많은 경우 그 어노인팅과 믿음만이 필요한 유일한 열쇠입니다. 그런데 '높은 수준'이란 무엇을 의미할까요?

다양한 수준의 어노인팅

> 우리의 씨름은 혈과 육에 대한 것이 아니요 정사와 권세와 이 어두움의 세상 주관자들과 하늘에 있는 악의 영들에게 대함이라
> ―에베소서 6:12 개역한글

이 구절은 다양한 수준의 악령 세력을 묘사하고 있으며, 정사는 가장 높은 수준의 세력입니다. 어둠의 왕국은 영적인 세계의 동일한 원칙을 사용하지만 선이 아닌 악을 위해 하나님 왕국을 모방하고 왜곡합니다. 하나님 왕국에도 다양한 수준의 권세와 권위가 있습니다.

오중직임 사역자는 가장 높은 수준의 어노인팅을 가지고, 사도와 선지자는 그리스도 예수께서 친히 모퉁이돌이 되신 교회의

터(기초)이므로 가장 높은 수준의 어노인팅을 받습니다(에베소서 2:20). 하나님이 이렇게 하신 데에는 두 가지 이유가 있습니다. 오중직임 사역자들은 (1) 다른 사람들을 훈련하고 사람들에게 부어주는 자들이기 때문이고 (2) 오중직임 사역자들은, 특히 사도와 선지자는 축귀 사역을 하고 마귀의 세력을 다루며 억압받는 자들을 자유하게 해줘야 하기 때문에 최고 수준의 어노인팅을 가지고 있어야 합니다.

사도행전에서 사도들은 하나님의 능력으로 기적을 주로 행하는 하나님의 종들이었습니다.

> 사도들이 행한 많은 기사와 표적에 모두가 경외심으로 가득 찼습니다.
> —사도행전 2:43 NIV

> 하나님이 바울의 손으로 놀라운* 능력을 행하게 하시니 심지어 사람들이 바울의 몸에서 손수건이나 앞치마를 가져다가 병든 사람에게 얹으면 그 병이 떠나고 악귀도 나가더라
> —사도행전 19:11-12 개역개정

하나님께서 바울을 통해 '특별한' 기적을 행하신 것은 바울에게는 보통 수준보다 더 높은 수준의 특별한 어노인팅이 있었음을을 나타냅니다.

모닥불이 클수록 더 뜨거운 열기를 느낄 수 있습니다. 어노인팅이 클수록 귀신들이 그 어노인팅의 열기를 더 느낄 것입니다. 더 낮은 수준의 어노인팅이 있으면 귀신이 동요하고 불편해할 수

---

* NIV: extraordinary, 평범한것(ordinary)에서 벗어난, 특별한

있습니다. 귀신이 드러날 수는 있지만, 어노인팅의 수준이 귀신의 능력 수준과 일치하는지 여부에 따라 귀신이 떠날 수도 있고 떠나지 않을 수도 있습니다. 어떤 사람들은 귀신을 쫓아내기 위해 많은 시간과 힘을 들이면서 고군분투합니다. 이렇게 씨름하는 주된 이유는 어노인팅이 없거나 귀신의 능력을 다룰 만큼의 어노인팅이 충분하지 않기 때문입니다.

하나님의 종이 큰 힘을 들이지 않고 많은 사람들이 한꺼번에 축귀되는 대중 축귀는 높은 수준의 어노인팅이 운행하고 있음을 나타냅니다. "그의 열매로 그들을 알지니"(마태복음 7:16). 이 구절에서 말하는 열매는 겸손, 사랑(원수에 대한 사랑 포함), 온유, 절제, 이타적인 마음과 같은 하나님의 종의 성품의 열매를 말합니다(갈라디아서 5:22-23). 열매라는 단어는 또한 치유, 축귀, 구원, 삶의 변화를 뜻합니다. 참된 간증을 보면 눈에 보인 (뒤로 넘어지고 비명을 지르고 기침을 하거나 우는 등의) 현상이 사실임을 알 수 있습니다. 현상만 보고 판단할 것이 아니라 진정한 기적에 대한 사람들의 간증과 그들의 삶에서 일어나는 변화를 바탕으로 판단해야 합니다.

우리가 개인주의적이고 자기중심적인 사역을 하는 것이 아니라 진정한 하나님 나라로서 행하는 것이 매우 중요합니다. 어떤 사람들은 높은 수준의 어노인팅 아래 나아가야만 자유로워질 수 있기 때문에 우리는 우리 시대의 베드로와 바울이 어디에 있는지 파악해야 합니다. 이러한 사람들은 높은 수준의 어노인팅만이 파괴할 수 있는 정사나 복잡한 억압에 묶여 있습니다.

우리가 들어선 이 부흥에 하나님은 우리 시대의 베드로와 바울들을 일으키셨습니다. 여러분의 눈을 뜨고 이 땅 위에 펼쳐진 하나님의 위대한 능력을 보세요. 전통적인 교회의 틀 안에 갇히지 마세요. 여러분이 완전히 자유로워지고 임파테이션을 받기 위해 하나님이 여러분에게 나아가라고 하시는 더 높은 수준의 어노인팅과 하나님 나라의 일부분에 눈을 감지 마세요.

단 한 명의 크리스천도 마귀의 억압에 갇혀 있지 않도록 그리스도의 몸 된 교회는 참된 나라로서 연합하여 행동해야 합니다. 하나님은 해결책을 내놓으셨습니다. 하나님의 어노인팅이 여기에 있습니다. 하나님의 어노인팅을 받은 종들이 강력한 어노인팅을 풀어놓고 있습니다. 많은 목회자들은 하나님께서 복음전하는 자, 목사, 교사뿐만 아니라 사도와 선지자를 그리스도의 몸 전체에 선물로 주신 것을 인식하고 양들이 필요한 어노인팅을 받도록 풀어주어 양들이 제대로 영양공급을 받도록 해야 합니다.

말로써 끊는 것의 열쇠

축귀를 열기 위해 많은 사람에게 필요한 다음 열쇠는 말로써 끊는 것*입니다. 말로써 끊는 것의 정의는 (어떤 주장, 권리, 소유를) 버린다고 공식적으로 선언하는 것입니다.¹ 하나님은 여러분의 삶에 하나님의 뜻과 몫 또는 마귀의 뜻과 몫을 받아들일 수 있는 권세를 여러분에게 주셨습니다. 여러분의 권세를 사용하여 하나님이 여러분의 삶에 원하시는 것만 받아들일 때, 하나님의 몫을 보게 되고 매일 여러분의 삶에서 하나님의 뜻이 이루어지는 것을 보게 될 것입니다. 여러분을 향한 하나님의 몫에는 치유, 자유, 풍성한 삶의 유산이 포함됩니다.

마귀가 여러분의 삶에 주고자 하는 것과 몫은 하나님의 몫과

---

* renounce 포기하다, 버리다, 단절하다, 거부하다, 끊다

반대입니다. 마귀는 죽음과 파괴, 결핍을 원합니다. 그는 여러분이 속박과 질병과 가난 속에서 살기를 원합니다. 하나님의 뜻이 여러분의 삶에 이루어지게 하기 위해 권세를 가지고 행하는 방법은 마귀의 모든 거짓말과 현실처럼 보이는 공격(공격과 속박으로 가득 찬 삶이 여러분의 몫인 것처럼 보이게 하는 것)을 거절하는 것입니다. 억압과 질병이 여러분의 삶에서 현실이 되기 전에, 먼저 영적인 세계에서 여러분을 대적하여 만들어진 무기로 시작되지만, 아직 형통하지 못한 상태입니다.

> 너를 치려고 만든 어떤 무기도 형통하지 못하리라
> —이사야 54:17 킹제임스흠정역

우리에게는 자유의지가 있다는 것을 기억하세요. 무기가 형통하지 않기를 원한다면, 하나님이 우리에게 맡기신 일을 행하고, 만들어진 무기에 대해 권세를 행사해야 합니다. 우리는 영적인 영역에서 아무 일도 하지 않은 채, 하나님께서 모든 무기가 형통하지 못하게 막아 주시기만을 바라면서 우리가 원하는 대로 살 수는 없습니다. 우리는 그 무기들이 형통하도록 허용할지 말지를 선택해야 합니다. 만약 우리가 권세 안에서 행하기로 결단한다면, 하나님의 능력을 받게 되고 하나님께서 그 무기들이 형통하지 못하게 하실 것입니다. 그러나 우리가 아무 행동도 취하지 않고 그 무기들이 우리를 치도록 내버려둔다면, 우리는 하나님의 도우심을 막고 오히려 무기가 형통하게 만드는 셈이 됩니다.

> 그런즉 너희는 하나님께 복종할지어다 마귀를 대적하라
> 그리하면 너희를 피하리라
> —야고보서 4:7(개역개정)

자유를 받으세요

영적인 세계에서 무기처럼 다가오는 마귀의 거짓말과 공격에 대적하면, 그 무기들은 형통할 수 없습니다. 우리가 마귀의 거짓말에 대적하기만 했더라면, 대부분의 억압을 막을 수 있었을 것입니다. 자신에게 주어진 권세의 능력과 그 권세 안에서 어떻게 행해야 하는지를 깨닫게 하는 이 '새 포도주(New Wine)' 교리는, 그리스도의 몸 된 교회 안에서 전해지는 많은 설교와 가르침 속에서 잃어버려졌습니다. 이 지식의 부족으로 인해, 많은 사람들이 자신도 모르는 사이에 마귀의 억압을 허용해버린 것입니다.

예를 들어, 불안증의 영은 그냥 사람에게 들어오는 것이 아니라 접근 권한을 부여받습니다. 그것은 무기로, "두려워 해!"라고 사람의 마음속에 말하는 대적의 거짓말로 시작됩니다. 이 공격을 이기는 방법은 "나는 두려움을 거절한다."라고 소리 내어 말하는 것입니다. '두려움을 꾸짖는다' 또는 '두려움을 대적한다'라고 말할 수도 있습니다. 정확한 단어는 중요하지 않고 의미만 맞으면 됩니다. 그런 다음 하나님 말씀의 진리를 말해야 합니다. 이것은 원수의 뜻이 아닌 하나님의 뜻과 몫을 받아들이고 주장하는 행동입니다. "[하나님]께서는 우리에게 두려움의 영을 주지 아니하시고 권능과 사랑과 건전한 생각의 영을 주셨느니라"(디모데후서 1:7 킹제임스흠정역)라고 소리 내어 말하세요. "예수님은 모든 상황에서 완전한 평안을 약속하셨어. 이건 하나님께 받은 내 유산이고, 누구도 빼앗을 수 없어."라고 말할 수도 있습니다(이사야 26:3 참조). 마귀의 거짓말을 거절하고 하나님의 진리를 선포함으로써 여러분은 하나님께 복종하는 행동을 하는 것입니다.

처음 공격을 받았을 때 이러한 행동을 취하면 그 무기는 형통할 수 없습니다. 우리가 마귀를 대적하고 하나님께 복종할 때 마귀는 도망쳐야 합니다. 이것은 영적인 법칙입니다.

많은 경우 질병은 육체적 영역이 아니라 영적인 세계에서 무기로 시작됩니다. 질병의 증상이 있거나 통증을 느끼거나 의사로부터 좋지 않은 진단을 받으면 즉시 영적인 행동을 취하여 하나님의 치유의 몫을 취하세요. 이 행동은 마귀가 건강을 훔치려고 하는 것을 물리치고 승리할 수 있게 해줄 것입니다. "나는 모든 질병을 거절해." 또는 "나는 이 진단을 거절해." 또는 "나는 이 통증을 거절해."라고 소리 내어 말하세요. 사람들 앞에서 바로 말해야 하는 것은 아니고 진료실을 나온 후에도 할 수 있습니다. 그런 다음 "예수께서 채찍에 맞으심으로 나는 나음을 입었도다. 예수님, 저를 고쳐주셔서 감사합니다."라고 선포할 수 있습니다. 다시 한 번 말씀드리지만, 정확한 단어는 중요하지 않으며 그 의미가 중요합니다.

마귀의 공격을 거절하고 하나님의 진리를 선포하는 이 원칙을 중독, 수면, 정신 건강, 가족, 재정 등 모든 종류의 원수의 공격에 적용하세요.

> 그리스도 예수께 속한 사람들은 육체와 함께 그 열정과 원하는 것들을 십자가에 못 박았느니라 우리가 성령으로 사니 성령님과 함께 발을 맞추자
> ―갈라디아서 5:24-25 NIV

귀신의 공격을 이기기 위한 또 다른 중요한 열쇠들은 육신을 부인하고, 성령으로 살고, 적에게 문을 닫는 것을 포함합니다(에베소서 4:27). 불안 발작이 있었다면, 그 원인이 될 수 있는 영적인 문을 연 적이 있는지 살펴보세요. 불안 발작이 있었다고 마귀

에게 열어준 문이 꼭 있는 것은 아니지만, 그런 경우가 많이 있습니다. 공포 영화를 보거나 뉴스를 너무 많이 보거나 정치에 대한 논평을 너무 많이 보셨나요? 미래에 대한 두려움을 이야기하는 잘못된 목소리에 귀를 기울이고 있지는 않나요? 인생의 불확실성과 장애물에 대해 묵상하고 있지는 않나요? 감정에 따라 움직이려는 육신의 경향을 거부하여 이러한 영역에서 원수에게 문을 열어주지 않도록 하세요.

술이나 설탕, 커피, SNS 등 여러 가지를 더 섭취하려는 유혹은 마귀가 여러분을 중독의 영으로 묶으려는 경고 신호입니다. 이러한 유혹을 느낀다면 그 유혹이 무엇이든 육신을 부인하고 금식해야 합니다. 건강에 관해서는 몸을 잘 돌보기 위해 필요한 모든 것을 잘 관리해야 합니다. 충분히 수면을 취하지 않거나 식사를 제대로 하지 않으면 마귀가 질병을 가져올 수 있는 문을 열어주는 것입니다. 항상 하나님의 진리와 일치하는 말을 하세요. 마귀의 몫과 일치하는 생각과 감정을 절대 말하지 마세요.

앞에서 언급했듯이, 때로는 본인이 아닌 이전 세대의 가족 구성원이 문을 열었기 때문에 마귀의 억압이 발생하는 경우가 있습니다. 문을 열어 마귀의 몫을 허용함으로 원수에게 권세가 주어지면 마귀의 억압이 일어납니다. 많은 사람에게 이러한 축귀를 여는 중요한 열쇠는 말로써 끊는 것입니다. 즉 억압이 발생하기 전에 여러분을 '치려고 만든 무기'의 단계에 있었을 때 했어야 하는 일을 하는 것입니다.

말로써 끊는 것은 여러분의 삶에서 마귀의 몫을 거부하는 것입니다. "나는 _____(불안증, 우울증, 질병, 불면증, 중독 등)이(가) 있다고 믿고 선포함으로 마귀의 몫을 받아들였어요. 이

제부터는 더 이상 이것을 내 몫으로 받아들이지 않습니다. 나는 _____을(를) 거부합니다. 나는 이제 내 삶에 대한 하나님의 몫만을 받아들입니다. 나는 나의 자유와 치유를 받아들이고 받습니다."라고 말하는 것과 같습니다.

> 그리고 신도가 된 많은 사람이 와서, 자기들이 한 일을 자백하고 공개하였다.
> —사도행전 19:18 새번역

이 구절은 예수님을 따르기로 선택한 사람들이 공개적으로 말로써 끊는 것을 보여줍니다. 단순히 솔직해지고 마음에 있는 것을 털어내기 위해 공개적으로 자신의 죄를 고백한 것이 아닙니다. 그들은 말로써 끊기 위해 한 것이고, 이것이 축귀를 여는 열쇠였습니다.

말로써 끊는 것은 마귀의 손아귀 힘을 약화시킵니다

말로써 끊을 때 여러분은 "나는 너희가 여기에 있는 것을 원하지 않으며, 나는 하나님의 자녀이기 때문에 너희는 여기에 있을 법적 권리가 없어. 나는 내 삶을 향한 하나님의 뜻을 선택해."라고 말함으로 귀신을 쫓아내는 것입니다. 멍에를 부수는 것은 어노인팅이라는 것을 기억하세요. 그래서 여러분을 자유하게 해줄 수 있는 어노인팅이 있을 때 죄나 열린 문을 말로써 끊어야 합니다. 이렇게 하지 않으면 말로써 끊음으로 귀신을 약화시켜 드러나게 할 수 있지만 실제로 떠나지는 않는 상황이 발생할 수 있습니다. 이러한 상황에서는 귀신이 떠나지 않고 여러분을 통해 말하고 여러 가지 현상으로 모습을 드러내는 등 여러분을 가지고 놀 수도 있습니다. 그렇기에 아무렇게나 귀신을 쫓아내는 것이 아니라 하나님의 원칙을 따르는 것이 매우 중요합니다.

성경에는 귀신으로부터 스스로를 축귀한 사람의 예가 단 한 번도 나오지 않습니다. 오히려 예수님은 제자들에게 다른 사람에게서 귀신을 쫓아내라고 말씀하셨습니다. 죄수가 감옥에 갇혀 있으면 스스로 풀려날 수 없다는 사실을 생각해보세요. 감옥에 갇혀 있지 않은 누군가가 열쇠를 가지고 있어야만 자유하게 해줄 수 있습니다.

축귀가 필요하다는 것을 알게 되면, 성령님과 함께 시간을 갖고 성령님이 말로써 끊어야 할 모든 것을 알게 해주시도록 하세요. 중독, 질병, 불안증, 우울증 등 억압의 사슬을 말로써 끊는 것 외에도 억압이 들어오게 되었을 수 있는 열린 문도 말로써 끊는 것이 중요합니다. 마귀의 몫에 동의하면서 사망의 말을 했다면 그 말을 말로써 끊으세요. 질병을 자신의 몫이라고 주장한 적이 있다면 그것을 말로써 끊으세요. 불안증이나 우울증을 유발하는 영상을 보거나 음악을 들었다면 이를 말로써 끊으세요. 학대를 당한 적이 있다면 학대를 말로써 끊으세요. 마귀의 거짓말이나 죄에 대해 묵상한 적이 있다면 그것을 말로써 끊으세요.

죄를 지었던 것은 다 말로써 끊으세요. 시간을 내서 말로써 끊어야 할 모든 것의 목록을 작성하세요. 말로써 끊어야 할 것들의 목록을 작성할 때 하나님을 경외하는 마음으로 매우 진지하게 작성하세요. 어떤 사람들에게는 특정한 것에 대한 세부적인 사항을 말로써 끊는 것이 필수적입니다. 그렇기 때문에 성령님과 함께 시간을 보내면서 말로써 끊어야 할 과거의 모든 것을 성령님이 알려주실 수 있도록 해야 합니다.

마귀의 억압의 다섯 가지 유형

마귀의 억압에는 다섯 가지 유형이 있습니다. 악령(귀신), 가계의 저주, 말의 저주, 악령적인 관계의 끈(demonic soul tie), 악령적인 언약(demonic covenant)입니다. 한 사람이 억압받으면 이중 하나, 일부 또는 전부에 억압되어 있을 수 있습니다. 억압이 더 복잡할수록 말로써 끊는 것이 더 중요합니다. 억압이 있는 사람들은 이것이 축귀 받기 위해 꼭 필요한 열쇠이든 아니든 모두 말로써 끊어야 합니다. 말로써 끊는 것은 단순히 자신의 권세로 행하고 마귀가 쥐고 있는 여러분의 삶의 부분들에 대해 마귀의 손아귀 힘을 저항하는 것입니다. 또한 회개의 일부이며 과거의 죄악된 길에서 벗어나 예수님을 따르기로 결심하는 것입니다.

가계의 저주 말로써 끊기

어떤 문제는 여러 세대에 걸쳐 반복됩니다. 예를 들어, 어떤 가족은 대를 이어 아무리 열심히 일해도 가난에 갇혀 더 나은 삶을 살지 못합니다. 어떤 가정은 아버지와 아들이 모두 중독에 빠져 있습니다. 엄마와 딸 모두 통제할 수 없는 불안증과 공황 발작을 겪는 가족도 있습니다. 또 대를 거듭해서 암이 반복적으로 발생하기도 합니다. 이러한 것들의 원인은 대개 가계의 저주입니다.

여러분은 핏줄을 통해 과거 세대와 연결되어 있습니다. 이전 세대에 열린 문이 있다면, 그 문으로 인해 대를 이어 저주가 내려왔을 수 있습니다. 대적에게 권한이 주었을 때만 우리에게 들어올 수 있는 점을 기억하세요. 가계의 저주는 이전 세대에 문이 열렸기 때문에 발생합니다.

아이들도 억압을 경험할 수 있습니다. 어떤 아이들은 어렸을 때부터 자신의 정체성으로 인해 어려움을 겪습니다. 어떤 아이들은 아주 어릴 때부터 분노, 귀신 꿈, 정신 질환 또는 불안증을 겪습니다. 이러한 경우의 대부분은 그 뿌리가 가계의 저주입니다. 여러 세대에 걸쳐 여러 가족 구성원에게 널리 퍼져있는 어려움을 보시면 그 뿌리가 가계의 저주일 가능성이 높습니다.

가계의 저주에서 벗어나는 길은 그것을 말로써 끊고, 진정한 어노인팅이 흐르는 곳에 나아가서 믿는 것입니다! 예수님이 여러분과 여러분의 가족을 위해 이 가계의 저주를 끊어주실 것입니다. 여러분이 이 가계의 저주에서 자유를 구하는 것만으로도 여러분의 자녀가 자유로워질 수 있습니다. 저는 교회 예배와 집회에서 부모가 말로써 끊기 시작하자마자 자녀 또는 여러 자녀에게서 귀신이 드러나는 것을 아주 많이 보았습니다! 때때로 아이들 속에 있는 귀신들이 비명을 지르기도 합니다. 자유하게 되며 기침을 하는 경우도 있고 또 하나님의 능력으로 인해 뒤로 쓰러지기도 합니다.

부모가 말로써 다 끊은 후, 제가 가계의 저주가 끊어질 것을 선포할 때 예수님께서 매번 그 즉시 부모뿐만 아니라 자녀들도 자유하게 해주셨습니다! 많은 가족이 저주가 끊어진 후 온 가족이 자유를 경험하고 더 이상 저주의 억압을 받지 않게 되었다고 간증했습니다.

후손이 거두게 되는 축복과 저주

여호와를 경외하고 그분의 명령에 순종하기를 기뻐하는 사람은 얼마나 기쁜가요? 그들의 자녀는 어디에서나 성공할 것이며, 경건한 백성의 세대 전체가 축복을 받을 것입니다.

—시편 112:1-2 NLT

이 구절은 심고 거두는 원칙을 묘사합니다. 하나님을 경외하고 섬기면 자녀를 위한 복을 거둘 수 있습니다. 자유의지가 있기 때문에 그 반대도 마찬가지입니다. 하나님은 인류에게 자유의지를 주셔서 각 사람이 주님을 따를지 마귀를 따를지 결정하도록 하셨습니다. 부모가 하나님을 두려워하고 섬기지 않으면 자녀를 위한 축복을 거두지 못합니다. 부모가 원수를 더 많이 섬길수록 자녀가 원수의 몫을 더 많이 거두게 됩니다.

여러분의 부모가 원수를 섬긴다고 해서 두려워하거나 절망할 것이 없습니다. 예수님께로 오면 그분은 여러분의 삶에서 마귀의 일을 멸하시고, 가계의 저주와 부모나 이전 세대의 죄 때문에 여러분의 삶에 거두게 된 악령적인 것에서 해방시켜 주십니다. 많은 크리스천들이 놓치고 있는 것은 완전한 자유를 받으려면 하나님의 방법을 따라야 한다는 것입니다. 대부분의 경우, 예수님을 주님이라고 고백하는 순간 가계의 저주가 자동으로 끊어지지 않습니다. 어노인팅이 멍에를 부수기 위해서는 어노인팅이 흐르는 곳에 나아가야 합니다. 부모님과 과거 세대의 열린 문에 대한 세부적인 것을 알고 있다면 말로써 끊는 목록에 포함하세요.

말의 저주 말로써 끊기

말의 저주는 자신이나 다른 사람이 한 말에서 오는 억압입니다.

> 혀는 사람을 죽이기도 하고 살리기도 한다. 혀를 놀리기 좋아하는 사람은 반드시 그 대가를 받는다.
>
> —잠언 18:21 현대인의 성경

이 구절의 뒷부분은 부주의하게 말하고 감정에 따라 말하는 사람은 나쁜 결과를 거둔다는 것을 의미합니다. 마귀는 때때로 생각과 감정을 주는데 이러한 부정적인 생각과 감정을 말할 때 스스로를 저주하게 될 수 있습니다. 부정적인 말을 많이 할수록 마귀가 그 말을 통해 저주를 가져올 수 있도록 더 많이 허락하는 것입니다. 여러분은 부정적인 말을 통해 여러분의 삶에 '죽음'을 가져올 수 있는 힘을 가지고 있습니다.

그리스도 안에서 자신의 정체성과 반대되는 말을 하면 잘못된 감정이 더 강해지거나 어떤 경우에는 성적으로 끌리는 것이 더 강해지고 억압으로 바뀔 수 있습니다. 절대 취직하지 못하고 항상 가난할 것이라고 말하면, 그 영역에 마귀의 억압이 들어올 수 있는 문을 열어주어 직장을 얻고 돈을 버는 것을 초자연적으로 막게 됩니다. 가족들에게 있는 병에 걸릴 것이라고 말하면 그 질병이 올 수 있는 문을 여는 것입니다. 하나님이 부르시는 일을 할 수 있는 능력이 없다고 말하면 여러분을 하나님의 뜻에서 계속해서 빼내려고 하는 초자연적인 힘을 경험하게 될 수도 있습니다.

기억이 나는 과거에 했던 사망의 말을 모두 말로써 끊으세요. 하나님의 말씀과 진리에 어긋나는 말을 했던 기억이 있다면 모두 말로써 끊어서 모든 말의 저주가 끊어지도록 해야 합니다.

다른 사람들이 여러분에게 했던 부정적인 말을 끊는 것도 중요합니다. 많은 사람에게 영적인 영역에서 부정적인 말이 붙어있는 이유는 다른 사람들이 한 사망의 말을 거절하지 않았기 때문입니다. 때때로 여러분을 치려고 만든 무기는 다른 사람들이 하는 말의 형태로 나타납니다. 이러한 무기가 형통하지 못하도록 행동을 취하고 그러한 말을 거부해야 합니다.

성령님과 시간을 가지고 다른 사람들이 여러분에게 했던 부정적인 말들 그리고 여러분과 여러분의 미래에 대한 기억나는 부정적인 말들에 대해 목록을 만들어 보세요. 잠시 멈춰서 이 목록을 작성하는 시간을 갖기를 권면합니다. 10장에서 저는 이 모든 말과 저주를 예수님의 이름으로 여러분의 삶에서 떠날 것을 선포할 것입니다. 이 목록을 작성하는 데 필요한 만큼 시간을 가진 후 계속 읽으세요.

관계의 끈이란 무엇인가

또 다른 억압의 종류는 악령적인 관계의 끈(demonic soul tie)입니다. 관계의 끈(soul tie, 소울타이)은 가까운 관계에서 생길 수 있습니다. 가까운 두 사람 사이의 영적인 연결고리(spiritual connection)입니다. 좋고 거룩한 관계의 끈도 있고 나쁜 관계의 끈도 있습니다. 거룩한 관계의 끈의 예시는 다음과 같습니다.

1. 남편과 아내

> 그러므로 남자가 부모를 떠나 자기 아내와 합하여 두 사람이 한몸이 될 것이다라고 하신 말씀을 읽지 못하였느냐? 그렇게 되면 두 몸이 아니라 한몸이다. 그러므로 하나님께서 짝지어 주신 것을 사람이 나누지 못할 것이다.
> ―마태복음 19:5-6 현대인의 성경

2. 영적인 부모와 자녀

> 이로 말미암아 내가 주 안에서 내 사랑하고 신실한 아들

> 디모데를 너희에게 보내었으니 그가 너희로 하여금 그
> 리스도 예수 안에서 나의 행사 곧 내가 각처 각 교회에
> 서 가르치는 것을 생각나게 하리라
> ―고린도전서 4:17 개역개정

바울이 디모데에 대해 쓴 글을 보면, 하나님 나라를 위한 영적인 친밀함이 있음을 볼 수 있습니다. 바울이 디모데에게 헌신적으로 부어줌으로써 보여준 사랑은 하나님의 백성에 대한 사랑이기도 합니다. 바울은 디모데에게 어노인팅을 임파테이션하고, 말씀으로 훈련시켜 그를 하나님의 능력 있는 그릇으로 세워갈 때, 그를 통해 더 많은 하나님의 백성이 세워지고 사역의 유익을 얻게 될 것을 알고 있었습니다.

3. 하나님께서 정한 친구 관계

> 다윗이 사울에게 말하기를 마치매 요나단의 혼이 다윗의
> 혼과 밀착되어 요나단이 그를 자기 혼같이 사랑하니라.
> ―사무엘상 18:1 킹제임스흠정역

요나단의 혼이 다윗에게 밀착되었습니다(AMP에서는 bonded, 본드로 붙인 것 같이 붙었다고 했습니다). 다윗을 향한 요나단의 사랑은 초자연적이었습니다. 순수한 관계였기 때문에 더욱 그렇습니다. 대부분 남편과 아내의 관계에서만 다른 사람을 자신과 같이 사랑한다는 말을 들어볼 수 있습니다. 그러나 이 관계는 초자연적이었습니다. 이 관계의 끈은 순수하고 거룩하고 강력했으며 하나님 나라의 목적을 위한 것이었습니다.

요나단이 다윗을 사랑한 것은, 다윗이 성격이 좋고 같이 있으면 즐거운 사람이었기 때문이 아니라 하나님이 인도하셨기 때문

입니다. 하나님은 요나단으로 하여금 다윗을 통해 행하고 계신 중요한 일을 알아보게 하셨고, 하나님의 눈으로 다윗을 보게 하셨습니다. 하나님이 하나님의 종을 바라보는 모습을 상상해 보세요. 하나님께 항복하고 순종함으로 그분이 원하시는 모든 일을 이루게 하며 사람들에게 하나님의 사랑을 보여주고 사람들을 자유하게 하며, 치유하는 종들을 얼마나 귀하게 여기실까요? 이것이 바로 하나님이 자신의 종들에게 가지신 특별하고도 열정적인 사랑입니다.

요나단은 다윗을 하나님의 눈으로 보았습니다. 그래서 다윗을 초자연적으로 사랑할 수 있었습니다. 하나님은 다윗을 섬기고 다윗을 향한 하나님의 임무를 완성하도록 도와줄 거룩한 사람이 옆에 필요하다는 것을 아셨습니다. 그래서 하나님의 계획을 이루기 위해 이 둘을 함께 두셨습니다. 이 관계의 끈은 정말 강력해서 마귀가 다윗과 요나단을 찢어놓지 못하게 했습니다. 하나님의 목적을 위해 이 둘을 함께하게 한 초자연적인 힘이 있었습니다.

악령적인 관계의 끈 말로써 끊기

> 속지 마십시오. 악한 친구와 사귀면 좋은 도덕성을 그르치게 됩니다.
> ―고린도전서 15:33 AMP

잘못된 사람과 친밀한 관계를 맺으면 선한 도덕이 타락하게 됩니다. 스스로에게 강한 의지가 있다고 생각하고 도덕적 기준에 대해 진지하게 생각하는 사람은 "다른 사람이 나를 타락시키지 못하도록 나는 충분히 강하다."고 말할 수 있습니다. 그러나 이 구절은 잘못된 사람을 가까이 둘 때 일어나는 영적인 세계의 초자연적 원칙에 대해 말하고 있습니다. 악령적인 관계의 끈(demonic soul tie)이 형성됩니다. 그렇게 되면 여러분은 말 그대로 그 사람과 연결되고, 그 사람의 타락한 것을 여러분의 삶에서 피할 수 없을 것입니다.

> 불신자들과 불평등하게 묶이지 마십시오[여러분의 믿음과 일치하지 않는 불일치한 동맹을 맺지 마십시오]. 의가 불법과 무슨 교제를 할 수 있습니까? 또는 빛이 어둠과 어떤 교제를 할 수 있습니까? 그리스도와 벨리알(사탄) 사이에 어떤 조화가 있을 수 있을까요? 또는 신자는 불신자와 어떤 공통점이 있습니까? 하나님의 성전과 우상 사이에는 어떤 동의가 있을까요? 우리는 살아 계신 하나님의 성전입니다. "내가 그들 가운데 거하고 그들 가운데 행하고 그들의 하나님이 되고 그들은 내 백성이 되리라. 그러므로 믿지 않는 사람들 가운데서 나와서 스스로 구별하라"고 하나님께서 말씀하셨습니다. "그리고 부정한 것을 만지지 말라 그러면 내가 너를 은혜롭게 영접하고 [은총으로] 맞이하리라"
> ―고린도후서 6:14-17 AMP

이 본문은 모든 종류의 관계에 있어, 불평등한 멍에를 메는 것의 심각성에 대해 이야기합니다. 불평등하게 멍에를 메는 관계에 있다는 것은 적에게 큰 문을 열어두는 것이며, 악령적인 관계의 끈이 형성될 수 있습니다.

하나님이 특별한 상황에서 허용하시는 불평등한 멍에의 관계는 결혼입니다. 결혼한 후 한 사람은 구원을 받고 다른 한 사람은 구원받지 못했거나 둘 다 미지근한 그리스도인으로 결혼 생활을 시작했는데 한 사람만 항복하게 되는 경우, 이러한 관계에는 하나님의 은혜가 있습니다. 크리스천 배우자는 다른 배우자의 구원을 위해 기도하고 믿을 수 있습니다.

각 상황은 다르므로 성령의 인도하심에 따라 사례별로 대처해야 합니다. 예를 들어, 남편이나 아내가 자신의 자유의지로 오랫동안 예수님을 계속 부인하는 경우, 믿는 배우자는 결혼 생활에 대해 어떤 방향으로 나아가야 할지 성령의 지혜가 필요합니다.

배우자가 구원받지 못했거나 미지근한 결혼 생활을 하고 있다면 하나님의 은혜가 여러분을 덮고 있다는 것을 알되, 동시에 영적으로 깨어있어야 합니다. 하나님께 지속적으로 순종하고 마귀의 거짓말을 거절하는 것을 확고히 하지 않으면 원수가 믿지 않는 배우자의 영향력을 통해 여러분을 억압하기 쉽습니다. 마귀의 거짓말을 계속해서 거절하고 예수님께 집중하며 그분의 말씀으로 자신을 채우는 일에 진지해야 합니다.

악령적인 관계의 끈이 있나요?

악령적인 관계의 끈이 있는 가장 큰 징후는 누군가를 통해 조종당하고 있다는 느낌을 받을 때입니다. 이 사람은 여러분을 통제하고 싶어 하기 때문에 정서적 또는 신체적 학대로 위협하면서 그 사람이 원하는 대로 행동하도록 여러분을 조종할 수 있습니다. 다른 사람들에게는 잘 보이려고 하지 않는데 어떤 사람에게만 맞추어야 할 것 같은 압박감을 느낀다면 악령적인 관계의 끈이 있다는 신호입니다.

모든 상황에서 하나님을 기쁘시게 해야 한다고 진지하게 생각하지만 이 사람과 관계된 일에는 하나님을 기쁘시게 하는 것의 우선순위가 밀릴지도 모릅니다. 이 사람이 원하는 대로 하기 위해 유혹에 굴복한 적이 있거나 그렇게 할 수도 있다는 생각이 들지도 모릅니다. 이 사람이 실망할 것이라는 생각에 불안함을 느낄 수도 있습니다. 로맨틱한 관계에서 학대하는 남자 친구나 여자 친구 또는 자신에게 좋지 않다고 생각하는 파트너에게 계속 돌아가는 이유가 종종 악령적인 관계의 끈 때문입니다.

악령적인 관계의 끈은 로맨틱한 관계, 우정, 멘토십에서 형성될 수 있습니다. 삶에 악령적인 관계의 끈이 있는 것을 인식하면 이를 말로써 끊는 것이 매우 중요합니다. 다음과 같은 선포를 소리내어 말하세요. "나는 이 사람에게 지배당하고 싶지 않아. 나는 이 사람이 어떻게 생각하는지 신경 쓰고 싶지 않아. 나는 더 이상 이 사람과 관계를 갖고 싶지 않아. 나는 이 관계의 끈을 말로써 끊는다."

때때로 어떤 물건에 악령적인 힘이 있어 악령적인 관계의 끈을 유지하도록 하는 경우가 있습니다. 여러분과 연결된 사람이 준 보석이나 장신구에는 악령적인 것이 깃들어 있을 수 있습니다. 제가 사역할 때 어떤 사람이 악령적인 관계의 끈을 말로써 끊고 반지를 벗었을 때 즉시 하나님의 능력이 임하여 자유함을 얻게 되는 것을 보았습니다. 다른 사람이 준 물건 중에서 악령적인 것이 깃들어 있을 수 있는 물건이 있다면 성령님께서 알게 해주시도록 허락하는 것이 중요합니다. 어노인팅이 흐르는 곳에 나아가서 이것들을 말로써 끊고 버려야 합니다. 이 책에서 어노인팅이 흘러나오고 있습니다. 악령적인 관계의 끈에서 자유하게 되는 것이 필요하시다면 10장에서 여러분을 위해 기도할 때 하나님께서 여러분을 자유하게 해주실 것입니다.

악령적인 것이 깃든 물건들

> 많은 마술사들도 그들의 마술책을 모아 가지고 와서 사람들이 보는 데서 불태웠는데 그 책값은 무려 50,000 드라크마나 되었다. 이렇게 해서 주님의 말씀은 힘 있게 계속 퍼져나갔다.
> —사도행전 19:19-20 현대인의 성경

앞에서 언급했듯이 일부 물건에는 악령적인 것이 깃들어 있을 수 있습니다. 타로 카드와 같은 모든 주술 용품, 뉴에이지 수행에 사용되는 물건들에는 악령적인 것이 깃들어 있습니다. 이블아이(evil eye) 같은 상징이 있는 일부 장신구에는 다른 신을 가리키는 악한 영의 뿌리가 있으며, 악령적인 것이 깃들어 있을 수 있습니다. 우상의 물건도 그 예입니다.

다시 말하지만, 조종하려는 의도로 받은 물건에도 악령적인 것이 깃들어 있을 수 있습니다. 어떤 사람이 여러분에게 선물을 주려고 하는데 뭔가 이상한 느낌이 들 때가 있을 수 있습니다. 상대방이 강압적이고 강제로 관계를 맺으려는 것일 수도 있습니다. 질투와 같은 위험 신호를 보았기 때문에 상대방이 선물이나 음식을 주는 것이 이상하게 느껴질 수도 있습니다. 이런 상황에서는 음식을 먹거나 선물을 받지 않는 것이 가장 좋습니다(대부분의 경우, 선물을 주는 사람 앞에서 선물을 받는 것은 괜찮습니다. 곧 말로써 끊고 버리면 됩니다).

악령적인 것은 다양한 물건에 깃들어 있을 수 있습니다. 성령님과 함께 시간을 보내면서 어떤 물건을 버려야 하는지, 버리거나 태우는 가장 좋은 방법을 성령님께서 알려주시도록 하세요. 이런 물건들과 쓰레기봉투를 준비하시고 제가 10장에서 기도할 때 버리세요.

악령적인 언약 말로써 끊기

언약은 그것이 경건한 것이든 악령적인 것이든 영적인 세계에서 매우 강력합니다. 경건한 언약의 예로는 평생 하나님을 섬기겠다는, 하나님이 부르시는 곳에 심기겠다는, (엘리사가 엘리야와 맺은 언약처럼) 영적 부모의 영적 아들, 딸이 되겠다는 약속이나 결단, 결혼 서약 등이 있습니다. 말로 경건한 언약을 맺을 때 하나님의 강력한 초자연적인 힘이 그 언약을 보호하고 확정합니다.

악령적인 언약도 있습니다. 주술을 행하는 것은 마귀의 종이 되기로 서약하는 행위입니다. 주술을 할 때 사람이 마귀에게 어느 정도의 봉사를 하느냐에 따라 더 높은 수준의 언약이 발생합니다. 그리고 사람들이 자신도 모르게 맺는 죽음의 언약도 있습니다. 어떤 사람이 "죽고 싶어."라고 말하거나 이와 유사한 말을 할 때, 그것은 마귀와 언약을 맺는 영적인 세계의 행동이며, 그 사람에게 귀신을 보내 그 사람이 자살하도록 영향을 줄 수 있는 권한을 부여하는 것입니다.

악령적인 언약을 맺은 적이 있다면 "나는 _____ 하겠다는 언약을 맺은 것을 말로써 끊는다."라고 말함으로 그 언약을 말로써 끊는 것이 중요합니다. 죽고 싶다고 말한 적이 있거나 자살 시도를 한 적이 있다면 "죽고 싶다고 말한 것을 말로써 끊는다. 자살에 대해 묵상한 것을 말로써 끊는다. 자살 계획을 세우고 자살을 시도한 것을 말로써 끊는다. 나는 살고 싶다. 나는 예수님을 따르기로 선택한다."라는 말을 해야 합니다.

7장 귀신을 떠나가게 하는 세 번째 열쇠: 말로써 끊기

앞서 언급했듯이, 진정한 어노인팅이 있을 때 대부분의 귀신은 빠르고 쉽게 떠납니다. 어노인팅은 너무 강력해서 많은 귀신이 싸울 수도 없기 때문에 모든 사람이 말로써 끊어야 할 필요는 없습니다. 낮은 수준의 귀신, 높은 수준의 귀신, 그리고 그 중간 수준이 있습니다. 한 사람 안에 여러 귀신이 있는 경우가 있고, 하나만 있는 경우도 있습니다. 때로는 사람이 마귀에게 많은 권세를 주어서 복잡한 억압이 있는 경우도 있습니다. 주술을 행하여 마귀를 섬긴 사람은 그렇지 않은 사람보다 일반적으로 더 복잡한 억압이 있습니다.

제가 설교하는 동안 귀신이 떠날 때도 있습니다. 설교 중에 자리에 앉아있을 때 귀신이 떠나는 것을 느꼈다는 간증을 여러 사람에게서 들었고 그분들은 자유하게 되었습니다! 또한 설교 도중에 귀신이 말을 하거나 소리를 지르거나 다른 방식으로 드러나기 시작하는 경우가 종종 있습니다. 예수님이 사역하실 때도 이런 일들이 일어났습니다.

> 갈릴리의 가버나움 동네에 내려오사 안식일에 가르치시매 그들이 그 가르치심에 놀라니 이는 그 말씀이 권위가 있음이러라 회당에 더러운 귀신 들린 사람이 있어 크게 소리 질러 이르되 아 나사렛 예수여 우리가 당신과 무슨 상관이 있나이까 우리를 멸하러 왔나이까 나는 당신이 누구인 줄 아노니 하나님의 거룩한 자니이다 예수께서 꾸짖어 이르시되 잠잠하고 그 사람에게서 나오라 하시니 귀신이 그 사람을 무리 중에 넘어뜨리고 나오되 그 사람은 상하지 아니한지라 다 놀라 서로 말하여 이르되 이 어떠한 말씀인고 권위와 능력으로 더러운 귀신을 명하매 나가는도다 하더라

자유를 받으세요

—누가복음 4:31-36 개역개정

설교하는 중에 귀신이 말하거나 소리를 지르면 저는 예수님의 본을 따릅니다. 저는 설교를 잠시 멈추고 귀신을 직면하여 귀신에게 나가라고 명령합니다. 그리고 귀신은 항상 떠납니다! 하나님께 영광을 돌립니다. 그런 다음 설교를 계속합니다.

설교가 끝나기도 전에 어쩔 줄 몰라 하는 귀신은 낮은 수준의 귀신입니다. 다른 귀신들만큼 강한 힘을 가지고 있지 않습니다. 하나님이 그릇을 통해 능력으로 움직이시는 교회 예배에 참석하는 것만으로도 기도를 받기도 전에 자유를 얻을 수 있다는 것은 놀라운 사실입니다. 또 기도 받지 않고 온라인으로 예배드려도 자유를 얻을 수도 있습니다. 어린아이처럼 와서 받아들이기만 하면 되는 하나님의 놀라운 능력입니다.

개인적이든 단체든 사람들을 위해 기도할 때 귀신은 반드시 떠나야 한다고 선포하기 시작하면 많은 귀신이 즉시 떠납니다. 이런 귀신들은 설교를 할 때는 버티다가도 말로 권세가 집행되면 힘을 잃고 쫓겨납니다. 어떤 귀신들은 더 고집이 세고 나가라고 명령해도 "싫어."라고 대답합니다. 이렇게 할 때, 어떤 경우에는 그 귀신이 강하지는 않지만 쫓겨나기 전에 한 번 더 반항하는 것일 뿐입니다. 마치 부모님이 집안일을 시킬 때 아이가 징징대는 것과 같습니다. 징징거린다고 해서 아이가 해야 할 일에서 벗어날 수 있는 것은 아니며, 단지 그 과정이 조금 더 길어질 뿐입니다.

그러나 저항을 하는 귀신들 중 실제로 더 높은 수준의 귀신도 있습니다. 또는 억압이 복잡한 경우입니다. 이럴 때는 축귀를 위해 더 많은 열쇠를 사용해야 합니다. 여기에는 악령적인 언약을 말로써 끊는 것이 포함될 수 있습니다. 귀신이 어떤 사람을 통해

7장 귀신을 떠나가게 하는 세 번째 열쇠: 말로써 끊기

"이 사람은 내 거야."라고 말할 때는 보통 그 사람이 귀신과의 언약을 맺었다는 뜻입니다. 귀신이 그런 말을 하는 이유는 그 사람이 자신을 죽일 수 있는 법적 권리를 귀신에게 주었기 때문입니다. 과거에 그 사람이 귀신에게 권한을 주기로 결정한 것입니다. 그 사람은 말로써 끊음으로 그 권한을 취소해야 귀신이 법적으로 머물 권리를 잃게 됩니다.

그러나 주의할 점은 귀신은 거짓말을 할 수 있기 때문에 귀신을 통해 영적인 통찰력을 얻으려고 하면 안 됩니다. 예수님은 가끔 귀신들에게 질문을 하셨고, 귀신들은 진실로 답했습니다. 예수님은 항상 성령님의 인도를 받고 자신의 권세로 올바르게 행하셨기 때문입니다. 자신의 권세로 행하는 것에서 벗어나 귀신에게 너무 많은 관심을 기울이기 시작하면 귀신은 거짓말을 합니다.

말로써 끊는 것이 축귀에 필요한 열쇠인 경우, 말로써 끊을 때 귀신의 손아귀 힘이 느슨해지는 것과 같습니다. 그리고 어노인팅을 받은 하나님의 종이 귀신에게 나가라고 명령할 때, 그 어노인팅은 마치 불의 폭발로 귀신을 내쫓는 것과 같습니다. 말로써 끊는 것은 여러분을 묶고 있는 쇠사슬의 자물쇠를 여는 것과 같고, 어노인팅은 무거운 쇠사슬을 풀어주는 것과 같습니다.

여러분에게 있는 억압에 대한 새로운 통찰을 통해 이제 여러분은 구체적으로 말로써 끊어 축귀의 잠금을 해제할 수 있을 것입니다. 성령님과 함께 시간을 갖고 말로써 끊는 목록을 작성하세요. 축귀를 구할 때, 한 번의 축귀로 항상 완전한 자유가 이루어지는 것은 아니라는 점을 기억하세요. 어떤 사람들에게는 성령께서 여러분이 말로써 끊어야 할 항목들을 점점 더 많이 알게 해주시고, (아직 완전히 항복하지 않았다면)완전한 항복에 가까워질수록 성

령께서 단계적으로 자유하게 해주실 것입니다. 다음 장에서는 또 다른 중요한 억압의 유형과 이러한 억압으로 이끄는 열린 문에 대해 자세히 설명하겠습니다.

8장
주술의 실체

영성에는 두 가지 종류가 있습니다. 하나님이 이끄시는 영적 삶과 마귀가 이끄는 영적 삶입니다. 초자연적인 것에 관해서는 두 가지 근원만 있습니다. 하나님의 능력 또는 마귀의 능력입니다. 중립적인 영적 삶이나 중립적인 초자연적인 힘은 존재하지 않습니다. 모든 사람은 하나님의 형상대로 만들어졌습니다. 그렇기에 어린아이들은 자연적으로 악을 원하지 않습니다. 모든 사람은 자연스럽게 선을 원합니다. 하지만 잘못된 사람들이나 미디어 등의 영향을 통해 마귀의 유혹을 받아서 선을 점점 더 원하지 않게 되는 사람들이 있습니다.

예를 들어 비행기 추락이나 총격 사건과 같은 비극이 발생하면 전 세계 대부분의 사람들은 이를 기뻐하기보다 슬퍼합니다. 진정으로 공감하고 모든 사람에게 좋은 일이 일어나기를 바라는 것이 인간의 본능입니다. 마귀는 대부분의 사람들이 악한 것을 원하지 않는다는 것을 알고 있기에 사람들이 어둠과 동조하고 있다는 사실을 모르게 '영적인 일'이라는 어둠 속으로 몰래 유인해 왔습니다.

> 이것이 이상한 일이 아니라 사단도 자기를 광명의 천사로 가장하나니
>
> —고린도후서 11:14 개역한글

이 구절은 마귀가 도덕적으로 보이는 포장으로 사람들을 악으로 이끈다는 것을 의미합니다. 마귀는 여러 가지 방법으로 자신을 광명의 천사로 위장합니다. 가장 큰 방법 중 하나는 다른 종교와 다른 영적 수행을 이용하는 것입니다. 성부, 성자(예수님), 성령 즉, 삼위일체는 하나님이시며 다른 참된 신은 존재하지 않습니다. 부처 뒤에 있는 영은 성스러운 영이 아니라 귀신의 영입니다. 다른 모든 종교의 신도 마찬가지입니다. 사람들이 예수님이 아닌 다른 신을 숭배할 때, 그들은 자동적으로 마귀에게 문을 열고 마귀가 자신의 삶에 대한 권세를 가지고 마귀의 억압을 주도록 허용하게 됩니다.

다른 신을 숭배한 적이 있다면, 그 종교에 참여했던 모든 의식과 관습을 말로써 끊고 그 종교를 버리는 것이 중요합니다. 다른 신을 상징하는 우상이나 물건(예를 들어 불상)을 가지고 있었다면 이 물건들을 가지고 했던 모든 행위를 말로써 끊으세요. 그런 다음 버리거나 소각하여 폐기하세요.

다른 신을 숭배하는 것은 대를 이어 저주를 받을 수 있는 열린 문입니다. 때때로 가계의 저주를 끊는 중요한 열쇠는 가계의 다른 신 숭배를 말로써 끊는 것, 즉 이전 세대를 대신하여 말로써 끊는 것입니다.

뉴에이지

기독교 외에 초자연적인 힘을 불러일으키는 모든 영적 관행은 마귀가 들어올 수 있도록 문을 열어주는 것입니다. 하나님을 찾으면 하나님의 영, 성령을 받아 도움을 받을 수 있습니다. 치유, 기, 미래에 대한 통찰력, '고차원 의식'(higher consciousness)과 같은 것을 구하는 사람은 이러한 능력을 주는 귀신을 받는 것입니다. 귀신의 능력은 어노인팅(기름 부음)에 대한 마귀의 위조품입니다.

역술인: 선지자의 위조품

선지자는 하나님의 능력(선지자 안에서 작용하는 어노인팅)으로부터 미래에 대한 통찰력을 얻습니다. 역술인(psychic, 심령술사)은 귀신에게서 통찰력을 얻습니다.

하나님의 방법을 따르고(어노인팅이 리더로부터 흐르는 교회에 심겨져 보호하심을 받는 것 포함) 항복한 크리스천이라면 귀신이 여러분을 따라다니며 관찰할 수 없습니다. 그러나 귀신이 있는 다른 사람들이 앞에서 공개적으로 말을 하면 귀신은 여러분이 하는 말을 들을 수 있습니다.

항복한 크리스천이 아니라면 귀신이 그 사람을 억압하고 있을 수 있습니다. 그리고 귀신들은 한 왕국에 속했기 때문에 다른 귀신에게 보고할 수 있습니다. 크리스천이 다른 크리스천들과 말하고 천사가 단독으로 활동하지 않고 하나님과 함께 일하는 것처럼, 귀신도 연합된 귀신의 왕국의 속하여 함께 활동합니다. 사람이 억압되어 있으면 귀신은 그 사람이 말하는 말을 들을 수 있습니다. 또 귀신의 억압을 받고 있지는 않지만 사망의 말(부정적인 고백)을 하면, 그것은 마치 마귀의 라디오 주파수에 맞춰 말하는 것과 같습니다. 사람이 부정적인 말을 할 때 마귀는 종종 들을 수 있습니다.

역술인들은 귀신으로부터 얻은 지식을 사용하여 초자연적인 힘 없이는 알 수 없는 것들을 말합니다. 신뢰를 쌓기 위해 역술인은 사람의 미래에 대해 무언가를 말하여 계속 오도록 유도합니다.

그들은 대적과 협력하여 그 사람의 미래에 대적이 원하는 것을 선포합니다. 회개하고 역술인이 말한 것을 말로써 끊고 그 말 위에 권세를 행사하지 않으면 그 '예측'은 실제로 일어날 수 있습니다.

때때로 역술인은 미래에 대해 '좋은' 말을 하기도 합니다. 이는 모두 악마의 유혹으로, 광명한 천사로 가장하여 사람들이 계속 역술인의 말을 듣고 돈을 지불하도록(마귀의 왕국에 씨를 심도록) 유도합니다.

타로카드 또한 영적인 통찰력과 미래에 대한 방향을 제시하기 위해 귀신의 힘을 활용합니다. 사람이 타로카드를 사용하면 귀신에게 문을 여는 것입니다. 영적 통찰력을 얻기 위해 운세를 보는 것도 이 범주에 속합니다. 별자리는 힌두, 이집트, 그리스 문화의 신과 여신을 나타냅니다. 모든 거짓 신(예수님을 제외한 모든 신)의 근원은 귀신입니다. 방향과 통찰력을 얻기 위해 운세를 본다면 실제로는 귀신을 찾고 있는 것입니다.

미래에 대한 방향과 통찰력을 얻기 위해 일부러 운세를 알아보면 귀신에게 문을 열어주는 것입니다. 뉴스 토크쇼를 보고 있는데 누군가가 오늘의 운세를 언급하는 것은 문을 여는 것이 아닙니다. 인생의 통찰력과 미래에 대한 방향을 구하기 위해 별자리를 보는 행위가 귀신이 들어오도록 허용하는 것입니다. 과거에 잡지에서 별자리를 우연히 읽었지만 마음에 새기지 않았다면 귀신에게 문을 연 것이 아닙니다. 문을 열었었는지 확실하지 않다면 혹시 모른다는 생각으로 항상 말로써 끊는 것이 좋습니다.

레이키와 크리스탈: 안수와 하나님의 능력에 의한 치유에 대한 위조품

레이키는 몸의 기 흐름을 조작하고 이완을 촉진한다고 주장하는 일본의 '치유 기법'입니다. 레이키의 '레이'(靈)는 '영'이라는 뜻이고 '키'(氣)는 '기'입니다.¹ 이 초자연적인 에너지는 귀신의 힘입니다. 레이키 치유를 하거나 받는 사람은 '치유' 받거나 하기 위해 귀신의 힘을 불러들이는 것입니다.

치유가 될 것이라는 믿음으로 크리스탈을 사용하는 것도 귀신의 힘을 불러들이는 것입니다. 하나님은 크리스탈을 만드셨지만 치유를 위한 매개체로 사용하도록 만들지는 않으셨습니다. 예수님만이 유일한 치유자이십니다. 우리는 치유를 위해 오직 하나님의 능력만을 구해야 하며, 다른 어떤 물건이나 능력도 구해서는 안 됩니다.

때로 하나님은 바울처럼 어노인팅을 받은 그릇이 손수건 같은 것에 어노인팅을 풀어놓도록 인도하실 때도 있지만(사도행전 19:11), 그것은 진정한 어노인팅을 받은 그릇이 그렇게 하는 것입니다. 이때 어노인팅을 받은 그릇은 그 물건에 하나님의 능력을 풀어놓게 됩니다. 그래서 치유를 받는 사람은 그 물건이 아니라 예수님의 능력을 구하는 것입니다. 치유를 위해 크리스탈을 구하는 사람들은 예수님의 인격이 아니라 물건을 구하는 것입니다. 예수님이 아닌 초자연적인 힘을 구하면 자동적으로 귀신에게 문을 열게 됩니다.

뉴에이지 명상과 현실화(메니페스테이션):
성경적 원칙의 위조품

> 이 율법책을 네 입에서 떠나지 말게 하며 주야로 그것을 묵상하여 그 가운데 기록한대로 다 지켜 행하라 그리하면 네 길이 평탄하게 될 것이라 네가 형통하리라
> ─여호수아 1:8 개역한글

하나님의 말씀을 묵상하는 것은 시선을 집중하고 영적으로 강해지는 중요한 방법입니다. 하나님의 말씀과 선한 것(빌립보서 4:8)을 묵상하면 예수님을 더 닮아간다는 의미에서 영적인 사람이 됩니다. 눈과 귀가 열려 하나님을 더 분명하게 듣고 볼 수 있게 됩니다. (예수님을 믿지 않고) 뉴에이지 방식으로 명상하는 사람들은 더 '영적'으로 깊어지기 위해 명상하고 '영적 이해'가 열리도록 묵상합니다. 그들은 에너지(기)가 자신을 채우도록 초대합니다. 사람들이 예수님이 아닌 '에너지' 또는 초자연적인 힘을 추구할 때, 귀신의 힘에 자신을 여는 것입니다.

긍정적인 생각을 에너지(기)로 사용하여 긍정적인 결과를 끌어내거나 만들어낸다는 뉴에이지의 현실화(메니페스테이션)[2] 역시 악령적인 것입니다. 매니페스테이션(현실화)은 마귀가 왜곡한 또 다른 성경적 원칙입니다. 하나님의 원칙의 힘을 아는 마귀는 그 원칙을 왜곡하여 사람들이 '결과'에 속도록 위조품을 만듭니다. 성경의 원리는 사람들이 예수님을 믿는 믿음 밖에서 사용할 때에도 작용합니다. 1+2=3과 같은 영적인 법칙이기 때문입니다. 그러나 예수님의 방법이 아닌 다른 방법으로 하면 귀신에게 문을 열어주게 되고 받는 '축복'은 슬픔과 함께 찾아옵니다. 그리고 받은 축복에 대한 보호를 받지 못합니다. 따라서 뉴에이지에서 받는 모든 것은 그 뿌리가 귀신에게 있으므로 언제든 없어질 수 있습니다.

자신의 꿈을 계속 믿고, 긍정적으로 말하고, 목표를 향해 노력하는 사람들은 대부분 긍정적인 결과를 보게 될 것입니다. 성경의 원리를 적용하고 있기 때문에 꿈을 이룰 가능성이 높습니다. 그러나 꿈을 이루는 축복이 하나님의 도움으로 오지 않았다면 하나님의 보호를 받지 못합니다. 현실화(메니페스테이션)를 통해 이룬 꿈은 무너지거나 그대로 남아 있을지라도 귀신에게 고통을 받기 때문에 그것을 누릴 수조차 없습니다. 반대로 하나님의 축복에는 근심이 따르지 않습니다(잠언 10:22).

요가: 예수님과 멍에를 메는 것의 위조품

요가는 귀신에게 문을 열게 될 가능성이 있는 또 다른 뉴에이지 수행법입니다. 요가는 '멍에' 또는 '결합'을 의미하는 산스크리트어에서 유래되었으며, '고대 인도에서 시작된 신체적, 정신적, 영적 수행 또는 훈련'으로서 마음을 통제하고(멍에를 씌우고) 고요히 하는 것을 목표로 합니다.[3]

요가는 힌두교에서 시작되었습니다. 요가의 기원은 단순히 문화적인 것이 아니라 거짓 신(귀신)을 숭배하는 종교적인 것입니다. 요가는 '멍에'라는 뜻이므로, "무엇과 멍에를 메는 것인가?"라는 질문을 해야 합니다. '몸과 마음을 우주적 에너지와 결합하는 것'[4]입니다. 하나님(예수님)의 능력이 아닌 에너지(기) 또는 초자연적인 힘은 귀신이라는 것을 기억하세요. 따라서 요가는 말 그대로 귀신의 힘에 자신을 묶는 것을 의미합니다. 힌두교 신들의 이름을 딴 이 자세들은 원래 이 신들을 숭배하고 그들의 기를 몸 안으로 끌어들여 평안, 에너지, 영적 통찰력을 얻기 위해 만들어졌습니다. 쿤달리니 요가는 특히 쿤달리니 정신(spirit, 영)을 불러일으키는데, 요가를 하는 사람들은 이 정신(spirit, 영)이 자신의 몸으로 들어와 움직이기를 원하고 초대하는 것입니다.[5]

기독교인으로서 다른 신을 숭배하거나 귀신의 힘을 끌어들이려는 의도가 없다면 요가 수업에 참석해도 괜찮은가요? 많은 사람들이 괜찮다고 생각하지만 솔직히 불을 가지고 노는 것과 같이 영적으로 위험합니다. 문을 잠그지 않은 채로 방치하는 것과 같습니다. 강도가 들어온다는 보장은 없지만 위험을 감수할 필요는 없습니다. 이 관행의 기원과 근원은 귀신입니다. 따라서 요가를 전혀 하지 않고 요가 자세를 취하지 않는 것이 가장 좋습니다. 운동과 건강을 위해 몸을 움직일 수 있는 스트레칭 방법과 다른 자세들이 많이 있습니다.

예수님 외에 보호를 구하는 것은 귀신을 불러들입니다

지금까지 언급한 모든 행동은 귀신들에게로 통하는 문입니다. 교회에 와서 예수님을 찾는 것은 예수님으로부터 성령과 기적을 받는 하나님 나라로 통하는 문입니다. 가짜 제단에 참여하면 귀신의 영적 세계에 접근하는 것이며, 이렇게 하면 귀신이 삶에 들어올 수 있게 됩니다.

귀신에게 문을 여는 또 다른 문은 '보호'받기 위해 세이지(Sage, 백단풀)를 태웁니다. '악한 기운을 멀리하기 위해'서라고 하지만 실제로는 귀신을 불러들이는 행위를 하는 것입니다. 보호받는다고 생각하지만 실은 귀신을 불러들이는 것들이 또 있습니다. 예를 들어, 이블아이(evil eye) 장신구를 착용하는 것입니다. 드림캐처를 걸어두면 악몽을 막고 악마로부터 사람을 보호한다는 믿음도 또 다른 관습입니다.

이러한 뉴에이지를 하신 적이 있는 경우, 이를 말로써 끊으면 예수님이 여러분을 자유하게 해주실 것입니다!

주술 행위

마귀는 사람들이 자신을 섬기도록 초대하고 설득합니다. 그리고 마녀(무당)와 마법사(박수)도 진짜로 있습니다. 마귀는 성공,

명성, 돈, 때로는 마귀가 결코 줄 수 없는 자신의 '사랑'으로 유혹합니다. 어떤 사람들은 자신의 욕망이 충족되는 대가로 마귀에게 항복합니다. 마귀는 그들에게 성공, 명성, 돈을 줄 수 있는 초자연적인 힘을 가지고 있지만, 마귀의 축복이라고 하는 것들은 항상 슬픔을 동반합니다. 이러한 소위 선물이라고 하는 것에는 귀신들에게 고통받는 것과 지옥에서 영원히 살게 되는 것이 따릅니다. 회개하고 예수님께 자신의 삶을 드리지 않는다면 이렇게 됩니다.

성공하고 돈이 있어도 괴로워하는 사람들을 보신 적이 있을 겁니다. 유명인이나 부유한 사람들이 자살하는 이유는 그들의 '축복'이 슬픔, 즉 우울증과 죽음으로 괴롭히는 귀신들과 함께 왔기 때문입니다.

마귀를 섬기면 마귀는 죽음과 멸망을 줍니다. 사람을 제물로 삼기도 합니다. 마녀(무당)와 마법사(박수)는 사람들에게 귀신을 보내고 저주를 내립니다. 귀신이 쫓겨나는 곳에서 귀신이 들어오는 것이 아닙니다. 이건 사람들이 하나님의 능력이 흐르는 곳에 가서 축귀 받지 못하게 하려는 마귀의 거짓말입니다. 귀신은 합법적인 권한(열린 문)이 있을 때 마녀(무당)와 마법사(박수)가 보냅니다. 이것이 마귀의 체계입니다.

마녀(무당)와 마법사(박수)는 누군가가 영적 세계의 문을 열 때만 귀신과 저주를 보낼 수 있는 권한이 있습니다. 마귀에게 틈을 주기로 선택하면 귀신들이 들어올 수 있도록 허락하는 것이고, 이때 마녀(무당)와 마법사(박수)는 귀신을 보냅니다. 사람이 마녀(무당)나 마법사(박수)를 찾아가서 다른 사람에게 사랑의 주문(love spell)을 해달라고 돈을 줄 때도 문이 열릴 수 있습니다. 그 저주를 받게 되는 사람이 크리스천이 아니거나 문을 열고 있는 크리스천일 때 마녀(무당)나 마법사(박수)는 그 사람에게 주문과 저주를 보낼 수 있는 권한을 갖습니다.

마법을 사용하는 소위 '치료사'라고 불리는 주술사(witch doctor)도 있습니다. 마법은 실제로 귀신의 힘입니다. 일반적으로 치유한다고 하는 주술사에게 가면 문제가 사라지지만 훨씬 더 심각한 다른 문제가 나타납니다. 다른 경우에는 문제가 잠시 사라졌다가 더 심각하게 다시 나타나기도 합니다. 이런 경우 귀신이 그 사람을 억압하기 위해 왔기 때문에 문제가 치유를 한다고 하는 주술사 또는 '치료사'에게 가기 전보다 더 나빠진 것입니다.

마녀(무당), 마법사(박수) 또는 치유를 한다고 하는 주술사에게 간 적이 있다면 그 사람을 만났던 것과 그 사람의 조언에 따라 취한 구체적인 행동을 말로써 끊는 것이 매우 중요합니다. 저는 많은 사람들이 악령적인 '치료사'를 찾아갔던 것을 말로써 끊고 자유로워지는 것을 보았고, 부모가 그러한 치료사에게 데려간 것을 말로써 끊자마자 아이들이 즉시 자유하게 되는 것을 보았습니다.

주술을 한 적이 있다면 구체적으로 말로써 끊는 것이 중요합니다. 다른 사람에게 행한 모든 저주, 주문, 귀신의 행위를 말로써 끊으세요. 마귀와 맺은 악령적인 계약을 말로써 끊으세요. 가지고 있는 모든 주술 관련된 물건과 재료를 버리세요. 주술을 행한 적이 있다면 예수님께 항복하는 것을 진지하게 받아들이는 것이 중요합니다. 그리고 축귀의 여정에서 인내심을 가져야 합니다. 주술을 행한 사람은 보통 한 겹 이상의 마귀의 억압이 있고, 하나님은 한 겹 한 겹 축귀하시는 경우가 많습니다. 원수는 자기 편에 있던 사람이 예수님께로 돌아서는 것을 기뻐하지 않습니다. 이 점을 명심하여 경계를 늦추지 말고 마귀에게 한 치의 틈도 주지 마세요.

받은 자유를 지키는 방법을 매우 진지하게 생각하세요. 뒤에 나오는 장에서는 받은 자유를 지키는 방법에 대해 설명하겠습니다.

9장

귀신을 떠나가게 하는
네 번째 열쇠: 심는 것

하나님 나라에 씨를 심는 것은 하나님의 명령이며 여러 가지 축복과 천국의 자원을 풀어놓는 원칙입니다. 매우 강력합니다. 마귀는 많은 크리스천이 하나님 나라에 심는 씨앗의 진정한 능력을 보지 못하도록 눈을 멀게 했습니다. 심는 것은 때때로 축귀와도 관련이 있을 수 있습니다. 이 장에서는 씨앗에 있는 능력과 심으면 무엇이 열리는지 여러분이 보실 수 있도록 눈을 열어줄 성령님의 계시를 나누겠습니다.

심는 것의 원칙

교회, 특히 하나님이 하나님의 종에게 기름을 부으시고 사명을 주신 종을 세워 공동체를 인도하게 위임하신 하나님의 참된 교회에 헌금하는 것은 영적으로 큰 의미가 있습니다. 많은 사람들은 교회에 드리는 헌금을 단순히 운영비를 돕기 위한 '기부'로 생각합니다. 교회가 비영리 단체이기 때문에 헌금이 교회의 재정을 감당하는 유일한 방법이라고 여기기 때문입니다. 그러나 헌금은 단순한 재정적 도움 이상의 일을 이루어냅니다. 많은 사람들이 헌금을 통해 흘러나오는 영적인 능력의 깊이를 알지 못합니다.

헌금은 하나님께서 참으로 기름 부으신 교회에 심을 때 특별한 능력을 발휘합니다. 이것이 바로 우리가 기쁨과 관대함으로 드려야 하는 중요한 이유입니다. 믿는 자로서 우리는 하나님의 일을 위해 헌신하고 동참하는 책임이 있습니다. 또한 우리의 헌금은 우리가 그 사역을 통해 거저 받은 은혜에 대한 감사의 표현이 되기도 합니다.

여인들과 다른 제자들은 예수님의 사역을 위해 자신들의 소유물을 드렸습니다(누가복음 8:1-3). 그들이 드렸기 때문에 하나님의 사역이 앞으로 나아갈 수 있었고 더 많은 사람들에게 닿을 수 있었습니다. 오늘날도 마찬가지입니다. 여러분의 씨앗은 더 많은 하나님의 일이 진행될 수 있음을 의미합니다. 여러분의 씨앗으로 사역을 통해 더 많은 사람들이 구원받고, 치유 받고, 축귀 되고, 하나님의 만져주심을 받게 됩니다. 여러분이 씨를 심을 때마다 하나님 나라를 위해 얼마나 강력한 일을 하고 있는지에 대한 계시를 붙잡으세요! 여러분의 헌금은 또한 하나님을 자랑스럽게 합니다.

동시에 우리의 씨앗이 가진 능력에는 우리가 반드시 이해해야 할 더 깊은 차원이 있습니다. 여러분이 씨앗의 능력에 대한 계시를 더 많이 깨달을수록 하나님께서 원하시는 만큼 기꺼이 드릴 수 있는 마음이 생기게 될 것입니다. 이 장의 제목이 말해주듯이, '드림'을 가장 잘 이해하는 방법은 그것을 '심음'으로 보는 것입니다.

> 자신을 속이지 마십시오. 하나님은 조롱을 당하지 않으십니다. 사람은 무엇을 심든지 심은 대로 거두는 법입니다.
> ─갈라디아서 6:7 현대인의성경

씨를 심는 것은 다양한 형태로 이루어질 수 있습니다. 예를 들어, 행동이나 말로 친절함이나 잔인함을 심을 수 있습니다. 친절을 심으면 다른 사람들로부터 친절을 거두게 됩니다. 우리가 먼저 친절하게 대했기 때문에 상대방이 감동받아 보답으로 우리에게 친절하게 대합니다. 잔인함을 심는 것도 마찬가지입니다. 잔인함을 심으면 잔인함을 거두게 됩니다. 영적인 세계에서도 친절을 심으면 일반적으로 하나님의 은총을 거두게 됩니다. 심지어 사람들에게 친절하게 대하기 전에 사람들로부터 초자연적인 호의를 경험할 수도 있습니다. 또한 하나님을 섬기면서 시간과 재능을 심으면 그 씨앗으로 인해 영적인 축복을 거둘 수 있습니다.

하나님은 우리가 거둘 수 있도록 하기 위해 하나님께서 명령하신 씨를 심는 주요한 방법 중 하나는 교회를 통해 하나님 나라에 재정적으로 드리는 것입니다. 이것이 씨를 심는 유일한 방법은 아니지만 소홀히 하거나 다른 방법으로 대체되어서는 안 됩니다. 그렇게 하면 하나님이 심는 것을 통해 여러분에게 주시고자 하는 것들을 놓치게 됩니다.

> 만군의 여호와가 이르노라 너희의 온전한 십일조를 창고에 들여 나의 집에 양식이 있게 하고 그것으로 나를 시험하여 내가 하늘 문을 열고 너희에게 복을 쌓을 곳이 없도록 붓지 아니하나 보라
> ―말라기 3:10 개역한글

이 구절은 씨를 심고 거두는 원칙을 자세히 설명합니다. 하나님은 이 구절에서 복을 너무 많이 받아서 다 저장할 공간이 부족할 것이라고 말씀하십니다. 또한 하나님은 이러한 축복이 어떻게 이루어지는지도 알려주십니다. 이러한 축복은 기도하거나 금식하거나 선행을 한다고 해서 주어지는 것이 아닙니다. 헌금을 교회에 드릴 때 (씨를 심을 때) 주어집니다. 하나님은 여러분에게 많은 축

복과 기적, 초자연적인 자원을 주시기를 원하시며 여러분이 순종할 때 부어주실 것입니다.

어떤 기적은 하나님께 순종하여 시간을 희생하고, 믿음을 높이고, (온라인 및 오프라인으로) 교회에 갈 때 일어납니다. 여러분이 희생하고 믿음으로 나아갈 때 기적이 풀어놓아집니다. 다른 축복과 기적들은 일상생활에서 하나님께 순종할 때 받게 됩니다. 하나님께 순종하고, 하나님을 찾고, 하나님의 영으로 살아갈 때 상을 주십니다. 또 다른 축복은 하나님의 일을 하며 하나님을 섬길 때 받게 됩니다.

많은 사람들이 5F교회에서 하나님을 섬기면서 억압이 삶에서 끊어지고, 갑작스러운 돌파를 경험하고, 전에는 하지 못했던 일들을 할 수 있게 되었다고 간증합니다. 또 하나님을 섬기면서 세상의 욕망이 사라지고 그리스도의 형상으로 더욱 변화되었다고 간증합니다. 또 하나님이 재정적으로 씨를 심은 것을 통해 축복과 기적을 베풀어 주셨다고 간증했습니다. 모습은 다양하지만 순종하고 항복하고 희생할 때 하나님께서 복을 주셨습니다.

하나님을 찾으면 하나님을 만나게 됩니다. 하나님을 찾고 하나님의 길을 따를 때, 하나님의 자녀가 받는 풍성한 상과 유산을 발견하게 될 것입니다.

구원은 공짜이지만, 미지근한 크리스천(신앙에 대해 뜨겁지도 차갑지도 않다는 의미, 요한계시록 3:15-16 참조)은 기적과 축복과 풍성한 삶을 누리지 못합니다. 어느 정도의 축복과 기적을 받을 수는 있지만 풍성함과 기적이 넘치는 일상을 누릴 수는 없습니다. 하나님의 자녀로서 누리는 상은 순종을 통해 받게 됩니다. 하나님의 기적은 가치가 있습니다. 값싼 것이 아닙니다.

> 그분께서 부지런히 자신을 찾는 자들에게 보상해 주시는 분이심을 믿어야 하느니라
> ―히브리서 11:6 킹제임스흠정역

잠시 멈추고 이 구절을 다시 읽어보세요. 하나님은 부지런히 하나님을 찾는 자에게 상 주시는 분이십니다. 따라서 하나님의 상은 공짜가 아닙니다. 그 값은 하나님의 말씀에 순종하는 것이며, 여기에는 하나님의 교회에 재정적으로 헌금하는 것도 포함됩니다.

> 성전의 성스러운 예배를 집례하는 사람들은 성전에서 [고기와 빵의 제사]로 먹고, 정기적으로 제단에 참석하는 사람들은 [제단에 바친 제물]에서 자기 몫을 받는다는 것을 알지 못합니까? 주님도 [같은 원칙으로] 복음을 전하는 사람들에게도 복음에서 생계를 얻으라고 지시하셨습니다.
> ―고린도전서 9:13-14 AMP

> 그 후에 예수님은 여러 도시와 마을을 다니시며 하나님의 나라를 선포하시고 기쁜 소식을 전하셨는데 열두 제자도 동행하였다. 또 악한 귀신들과 여러 가지 병에서 고침을 받은 여자들도 예수님과 동행하였다. 그들 중에는 일곱 귀신이 나간 막달라 마리아, 헤롯왕의 재산 관리인 구사의 아내 요안나, 수산나, 그 밖에 다른 여자들도 여럿 있었다. 그들은 자기들의 재산을 바쳐 예수님의 일행을 도왔다.
> ―누가복음 8:1-3 현대인의성경

위의 성경구절에 따르면 하나님은 이 사람들로 예수님의 사역에 재정적으로 기여하도록 인도하셨습니다. 헌금 덕분에 사역이

앞으로 나아갈 수 있었습니다. 하나님은 사역이 훌륭하게 진행될 수 있도록 교회에 헌금하라고 우리에게 명령하십니다. 이에 불순종한다면 하나님께 불순종하는 것입니다. 그리고 하나님 나라에 심는 것을 통해 거두는 것을 놓치게 됩니다. 나이가 어리거나 장애가 있거나 또는 다른 이유로 돈을 벌 수 없는 경우에는 예외가 있습니다. 하지만 게으름 때문에 실업 상태에 있기로 선택했다면 그 은혜는 여러분에게 미치지 않습니다.

> 그리고 우리가 여러분에게 명령한 것처럼 조용한 생활을 하고 남의 일에 간섭하지 말며 손수 일하도록 하십시오. 그러면 불신자들에게 존경을 받을 것이며 경제적으로도 부족한 것이 없을 것입니다.
> ―데살로니가전서 4:11-12 현대인의 성경

> 그러나 누가 자기 친족 특히 자기 집 사람들을 부양하지 아니하면 그는 믿음을 부인한 자요 불신자보다 나쁜 자니라.
> ―디모데전서 5:8 킹제임스흠정역

> 우리가 여러분과 함께 있을 때에 "일하기 싫은 사람은 먹지도 말라"고 가르쳤습니다.
> ―데살로니가후서 3:10 현대인의 성경

하나님은 적어도 두 가지 이유로 우리에게 하나님 나라의 일에 헌금하라고 지시하십니다. 첫째, 우리가 헌금하는 재정은 하나님의 일이 탁월하게 진행될 수 있게 합니다. 할 수 있는데도 하나님 나라에 후하게 드리지 않는 것은 하나님의 일에 관심을 갖지 않는 것입니다. 영혼이 구원받고, 복음을 듣고, 치유 받고, 축귀 받고, 마귀를 이길 수 있도록 훈련되는 일에 관심이 없는 것입니다. 교회는 이러한 일이 가장 많이 이루어지는 곳입니다. 잃어버린 자들에게 빛이 되기 위해 세상에 파송된 사람들은 교회에서 훈련받고 임파테이션을 받습니다. 교회는 그리스도의 몸 전체에 필요한 하나님 사역의 기초이자 원천입니다.

둘째, 하나님께 돈을 드리는 것은 우리의 삶 전체를 하나님께 내어드리는 것의 일부입니다. 하나님은 우리가 이기심과 모든 우상을 버리기를 원하십니다. 자신을 위해 돈을 쓰고 싶어서 하나님 일에 헌금하는 것이 어렵다면, 돈이 여러분 삶에서 우상이 된 것입니다.

마태복음 19장 21절에서 예수님은 돈을 우상으로 삼은 부자에게 구원을 얻으려면 모든 재물을 드려야 한다고 말씀하십니다. 이 말씀은 모든 부자를 위한 지침이 아닙니다. 이 사람에게는 돈이 우상 숭배의 대상이 되었기 때문에 예수님이 이 사람에게 특별히 하신 말씀이었습니다. 하나님의 일에 아낌없이 헌금하지 않는다면 돈이 여러분을 붙잡고 있는 것입니다. 하나님은 여러분이 수십만 달러(수억 원)가 있는데 그 돈을 다 내놓으라고 해도 괜찮다고 할 수 있는 경지에 이르기를 원하십니다. 돈이 여러분을 지배하지 않는다는 것을 보이는 것입니다.

실은 10퍼센트(십일조)만이 아니라 모든 돈이 하나님의 것이어야 합니다. 여러분이 직업을 가질 수 있는 것은 오직 하나님 덕분입니다. 여러분이 돈을 벌 수 있었던 모든 방법은 오직 하나님 덕분입니다. 물론 여러분도 열심히 일해서 한 몫을 했지만, 이 노력은 하나님이 하신 역할에 비하면 아주 작습니다. 하나님은 생산적인 고용을 위한 직업의 존재를 포함하여 온 우주를 창조하셨습니다. 여러분도 창조하셨고 여러분이 일어나 일을 할 수 있는 능력을 주셨습니다. 그리고 문을 여시고 일자리를 얻을 수 있도록 은총을 베풀어 주셨습니다.

이러한 진리를 생각해 보면, (교회에 기부하는 10%를 제외하고) 여러분이 번 돈을 모두 받을 자격이 있다고 생각하는 것이 얼마나 어리석은 일인지 알 수 있습니다. 하나님은 모든 돈이 그분의 것임을, 즉 여러분이 하나님 나라를 위해 맡겨주신 것을 관리하는 청지기라는 사실을 깨닫기를 원하십니다. 여러분의 마음이 이토록 이타적으로 변화될 수 있는 유일한 방법은 희생적으로, 후하게 드리는 것입니다.

> 여러분의 마음은 항상 여러분이 보물로 여기는 것을 추구할 것이기 때문입니다.
> —마태복음 6:21 TPT

이 구절은 우리가 보물을 하나님 나라에 두기로 선택하면 마음도 따라온다는 것을 보여줍니다. 하나님 나라가 아닌 물질적 소유를 보물로 여긴다면 마음도 그 방향으로 따라갈 것입니다. 하나님의 일에 재정적으로 기여함으로 하나님의 일을 소중히 여긴다는 것을 보여주어야 합니다. 하나님의 일에 후하게 헌금할 때 여러분의 마음과 보물이 모두 하나님과 하나님 나라와 일치하게 될 것입니다.

목회자가 헌금에 대해 이야기할 때 많은 사람이 불평합니다. 하지만 교회 지도자들은 말씀대로 행하도록 가르칠 책임이 있습니다. 교회에 충분한 재정이 있는 것도 중요하지만 하나님은 그

것에 대해 걱정하지 않으십니다. 하나님은 여러분의 마음을 더 신경 쓰십니다. 하나님은 여러분의 마음이 변화되어 온전히 주님께 속할 수 있도록 재정을 포함한 모든 것을 희생하고 항복하는 것에 더 관심이 있으십니다.

씨를 심는 것과 축귀의 관계

하나님의 일에 드리는 것이 중요한 또 다른 이유는 때로 심는 것과 축귀 사이에 연관성이 있기 때문입니다. 앞서 언급했듯이, 하나님 나라에 심으면 거두게 됩니다. 때로는 그저 감사함으로 하나님께 헌금하는 것이 적절할 때도 있습니다. 때로는 순종하는 마음으로 헌금하는 마음이 들 수도 있습니다. 그러나 동시에 심고 거두는 원칙을 기억하는 것이 중요합니다. 하나님 나라에 심으면 반드시 거두게 됩니다.

거두는 것은 공급과 같은 영적, 육체적 축복의 형태로 나타납니다. 말라기 3장 10절에서 하나님이 여러분의 심는 행위에 부어주실 축복에 대해 말씀하실 때, 재정적 공급에만 국한하지 않으십니다. 단순히 '축복'이라고 말씀하십니다. 그리고 하나님의 축복에는 치유와 축귀와 같은 기적이 포함될 수 있습니다. 심는 대로 거두리라(갈라디아서 6:7).

그러나 하나님을 자판기처럼 취급해서 드리거나 기적을 받는 것을 거래하는 것으로 생각해서는 안 됩니다. 또한 씨를 심는 것은 하나님께서 기적을 베푸시는 한 가지 방법일 뿐이라는 것을 아는 것도 중요합니다. 기적을 받는 방법으로 씨를 심는 영적 원칙은 하나님께서 축복을 풀어놓아 주시는 또 하나의 방법입니다.

기름 부음 받은 땅(정말로 기름 부음 받은 사역지)에 심으면 같은 땅에서 거두게 됩니다. 여러분의 삶에서 영적으로나 육체적으로 필요한 모든 것에 대해 더 많은 기름 부음(어노인팅)을 받게 될 것입니다. 다시 말하지만, 이것은 하나님이 기적을 베푸시는 방법 중 하나입니다. 오해하지 마세요. 기적을 돈으로 살 수는 없습니다! 이것은 우리가 말하는 영적인 원칙이지 육체적인 원칙이 아닙니다. 기름 부음 받은 땅에 씨를 심는 것은 항복하고, 희생하고, 하나님을 찾고, 하나님께 순종하고, 믿음을 갖는 영적인 원칙입니다.

교회에 헌금할 때는 종교적 전통이나 단순히 형식적인 절차에 따라 헌금하기보다는 영적으로 하세요. 아무 생각 없이 정해진 금액을 드리는 것이 아니라 성령님을 구하고 매번 얼마를 드리기를 원하는지 물어보세요. 그리고 의도를 가지고 헌금하세요. 의도적으로 희생하고 후하게 드려야 합니다. 때때로 순전히 하나님께 감사하는 마음을 가지고 의도적으로 헌금하세요. 추수가 필요한 곳에 의도적으로 심으세요. 예를 들어, 재정적 공급이나 축귀와 같은 것이 필요하다면 그 필요를 위해 씨앗을 심으세요. 이런 식으로 씨앗을 심는 것은 토마토가 자라서 열매를 맺을 것을 기대하며 토마토 씨앗을 땅에 심는 것과 같습니다.

씨를 심으면 씨앗은 낭비되지 않습니다. 수확하게 됩니다. 이런 종류의 씨앗을 심을 때, 구체적으로 무엇이 필요한지 소리 내어 선포하고 하나님이 거두게 하실 것을 믿고 필요를 채워주신 것에 감사를 드리세요. 씨앗은 또한 하나님이 우리에게 필요한 것을 주실 것을 믿고 앞으로 받을 기적에 감사한다는 믿음의 행동으로서 "하나님, 미리 감사드립니다."라고 말하는 것입니다. 축귀 받기 위해 씨를 심을 필요는 없습니다. 그러나 하나님께 미리 감사하는 마음으로 심고, 때가 되면 거둘 때가 올 것을 믿고 필요한 것이 있을 때에 심는 것이 현명합니다.

천국 열쇠

오랫동안 축귀 사역을 해오신 분들은 대부분 귀신을 쫓아내지 못한 경우가 몇 번, 또는 여러 번 있었던 것을 인정할 것입니다. 긴 시간 동안 또는 여러 번에 걸쳐 여러 방법으로 해봤지만 사람들이 억압에서 풀려나지 않는 것입니다. 그 이유는 (1) 사역자가 (정사와 같은) 높은 수준의 귀신을 쫓아낼 만큼 충분히 높은 수준의 어노인팅이 없었거나 (2) 마귀의 억압이 복잡하여 억압을 풀 수 있는 특정한 열쇠가 필요했기 때문입니다.

베드로에게 천국 열쇠가 주어졌다는 사실을 기억하세요.

> 내가 천국 열쇠를 네게 주리니 네가 땅에서 무엇이든지 매면 하늘에서도 매일 것이요 네가 땅에서 무엇이든지 풀면 하늘에서도 풀리리라
> —마태복음 16:19 개역개정

예수님은 모든 제자들에게 열쇠를 주지 않으셨습니다. 예수님은 베드로에게 열쇠를 맡기시고 다른 사람들에게 열쇠를 공개하고 사용하게 하셨습니다. 겸손한 사람만이 이 열쇠와 관련된 더 깊은 계시를 이해할 수 있습니다.

> 그때 예수님은 이렇게 기도하셨다. "하늘과 땅의 주인이신 아버지, 이것들을 스스로 지혜롭고 영리하게 여기는 사람들에게는 숨기시고 어린 아이와 같은 사람들에게는 나타내시니 감사합니다."
> —마태복음 11:25 NLT

예수님은 제자들이 처음으로 귀신을 쫓아내고 돌아온 직후에 이 말씀을 하셨습니다. 예수님이 "이것들"이라고 말씀하신 것은 사람들을 귀신의 속박에서 해방시킬 수 있는 영적인 세계의 열쇠(계시)를 말씀하신 것입니다. 자신을 낮추지 않으면 제가 나누는 이 열쇠를 이해할 수 없다는 점을 주의하세요.

영적인 세계의 더 깊은 것들에 대한 계시를 받는 것의 일부는 특정한 열쇠를 어떻게 적절하게 사용하는지 이해하는 것입니다. 어떤 상황에서는 믿음을 갖고, 어노인팅이 흐르는 곳에 나아가고, 죄를 말로써 끊는 기본적인 열쇠만으로는 귀신을 쫓아내는 데 충분하지 않습니다. 때로는 다른 열쇠가 필요합니다.

예수님은 매번 같은 방식으로 사역하지 않으셨습니다. 예수님은 예언적으로 본 것에 따라 사역하셨습니다. 사람마다 자유하게 되기 위해 어떤 열쇠가 필요한지 파악한 다음 구체적인 방법을 제시하셨습니다. 예를 들어, 예수님은 야이로의 딸이 치유되는 데 필요한 열쇠가 믿음임을 보시고 야이로에게 "두려워하지 말고 믿기만 하라"(누가복음 8:50중)는 예언적인 지시를 하셨습니다. 예수님은 열 명의 나병환자가 믿음을 가지고 예수님의 말씀에 순종하며 걸어갈 때 시간이 지나면 치유될 것을 보시고 그들에게 "제사장들에게 너희 몸을 보이라"고 말씀하셨고, 가는 길에 나병환자들이 치유되었습니다(누가복음 17:14). 예수님은 다른 나병환자가 자신의 치유의 기적을 받고 유지하기 위해서는 하나님의 전에 재정적인 씨앗을 심어야 한다는 것을 보셨습니다. 그래서 예수님은 그 문둥병자에게 그렇게 하라고 지시하셨습니다.

> 예수님이 그에게 손을 대시며 "내가 원한다. 깨끗이 나아라" 하고 말씀하시자 즉시 그의 문둥병이 나았다. 그

> 때 예수님은 그에게 "너는 아무에게도 말하지 말고 제사
> 장에게 가서 네 몸을 보이고 모세가 명령한 예물을 드려
> 네가 깨끗해진 것을 사람들에게 증거하여라" 하고 말씀
> 하셨다.
> ─누가복음 5:13-14 현대인의 성경

희생을 통해 움직이시는 하나님

영적인 세계의 또 다른 원칙은 하나님은 희생을 통해 움직이신다는 것입니다. 희생은 하나님의 마음을 움직입니다. 때때로 희생이 기적을 여는 열쇠입니다.

이 원칙을 성경에서 여러 번 볼 수 있습니다. 많은 사람들이 솔로몬의 이야기를 잘 알고 있습니다. 하나님은 그에게 원하는 것이 무엇인지 물으셨고, 솔로몬은 지혜를 구했습니다. 하지만 하나님께서 왜 솔로몬에게 원하는 것을 물으셨는지에 대해서는 잘 알지 못할 수도 있습니다.

> 이에 왕이 제사하러 [성막과 청동 제단이 서 있는 예루
> 살렘 근처에 있는] 기브온으로 가니 거기에 큰 산당이
> 있더라 솔로몬이 그 단에 일천 번제를 드렸더니 기브온
> 에서 밤에 여호와께서 솔로몬의 꿈에 나타나시니라 하
> 나님이 이르시되 내가 네게 무엇을 줄고 너는 구하라
> ─열왕기상 3:4-5 AMP

솔로몬은 제사(sacrifice, 희생), 즉 예물(offering, 헌금)을 드렸습니다. 그후에 주께서 감동하셔서 솔로몬을 축복하시고 그가 원하는 것을 주셨습니다.

9장 귀신을 떠나가게 하는 네 번째 열쇠: 심는 것

> 내가 네 요구대로 지혜롭고 총명한 마음을 너에게 주어 역사상에 너와 같은 자가 없도록 하겠다. 그리고 나는 또 네가 요구하지 않은 부귀와 명예도 너에게 주어 네 평생에 너와 같은 왕이 없도록 하겠다.
> —열왕기상 3:12-13 현대인의 성경

하나님은 솔로몬에게 지혜뿐 아니라 부와 명예의 축복, "더 이상 받을 곳이 없을 때까지"(말라기 3:10) 축복을 주셨습니다. 다윗의 희생도 하나님의 손을 움직였습니다.

> 그 날 갓[선지자]가 다윗에게 와서 그에게 말하기를, "올라가서 [네가 천사를 본] 이부스 사람 아라우나의 타작마당에 여호와께 제단을 쌓으라"고 했습니다. 그래서 다윗은 주님의 명령대로 갓의 말대로 올라갔습니다. 아라우나가 아래를 내려다보니, 왕과 신하들이 자기 쪽으로 건너오는 것을 보고, 그는 나가서 얼굴을 땅을 향하여 왕 앞에 절하였다. 아라우나가 말하기를, "내 주 왕이 어찌하여 신하에게로 오셨나이까?" 하였다. 다윗이 말하기를, "타작마당을 당신에게서 사서, 여호와께 제단을 쌓아, 재앙이 백성에게서 물러가게 하려고 합니다." 하였다. 아라우나가 다윗에게 말하기를, "내 주 왕이 보기에 좋다고 생각되는 것은 무엇이든지 가져다가 제사를 드리십시오. 번제로 드릴 소와 타작하는 기구와 소의 멍에가 여기 있습니다. 왕이시여, 이 모든 것을 아라우나가 왕께 바칩니다." 아라우나가 왕에게 말하기를, "왕의 주 하나님께서 왕에게 은총을 베푸시기를 바랍니다." 하였다. 그러나 왕이 아라우나에게 말했습니다. "아니요, 내가 반드시 값을 치르고 사겠습니다. 나는 내 하나님 여호와께 값을 치르지 않은 번제를 드리지 않겠습니다." 그래서 다윗은 타작 마당과 소를 은 오십 세겔에 샀습니

다. 다윗은 그곳에 여호와께 제단을 쌓고 번제와 화목제를 드렸습니다. 그래서 여호와께서는 그 땅을 위한 [다윗의] 기도로 인해 [긍휼히 여기시고] 재앙이 이스라엘에서 물러가게 하셨습니다.

—사무엘하 24:18-25 AMP

다윗은 전염병이 물러가기를 바라며 씨를 심었습니다. 그는 심고 거두는 이 원칙을 이해했습니다. 그는 하나님의 손이 제사(sacrifice 희생)로 움직인다는 원칙을 이해했습니다. 아라우나는 다윗이 제사에 쓸 수 있는 소를 기부하려고 했습니다. 그러나 다윗은 그 제사가 참되고 하나님이 받으실 만한 것이 되려면 자신이 직접 드려야 한다는 것을 알았습니다. 주님은 다윗의 제사에 감동을 받으시고 이스라엘에서 재앙이 물러가게 하셨습니다.

노아 시대에는 비가 그치고 방주가 마른 땅에 정박한 후 노아가 하나님께 제사를 드렸습니다.

> 노아는 주님께 제단을 쌓고 모든 [의식적으로] 깨끗한 짐승과 모든 깨끗한 새를 가져다가 제단 위에 번제를 드렸습니다. 여호와께서 기뻐하시는 향기[편안하고 만족스러운 향기]를 맡으시고, "사람의 마음의 생각(강한 성향, 욕망)이 젊을 때부터 악하므로, 내가 다시는 사람 때문에 땅을 저주하지 않을 것이며, 내가 다시는 모든 생물을 내가 한 것처럼 멸하지 않을 것이다."라고 말씀하셨습니다.

—창세기 8:20-21 AMP

노아의 제사는 주님을 기쁘시게 하는 향기였습니다. 하나님이 그 제사를 기뻐하셨다는 뜻입니다. 이로 인해 다시는 모든 생물을 멸망시키지 않겠다는 강력한 언약을 말씀하셨습니다.

하나님께 더 많이 항복하고 순종할수록 여러분의 삶에 더 많은 상이 주어집니다. 여러분이 하나님께 희생을 드릴 때 하나님의 마음을 감동시키시고, 하나님은 상을 주십니다.

> 아시다시피, 제가 처음 복음을 전하고 마케도니아를 떠날 때 재정적인 도움을 준 것은 여러분, 빌립보 교인들뿐이었습니다. 다른 교회는 그렇게 하지 않았습니다. 제가 데살로니가에 있을 때에도 여러분은 여러 번 도움을 보내 주셨습니다. 저는 여러분으로부터 선물을 받고 싶어서 이런 말을 하는 것이 아닙니다. 그보다는 여러분이 베푸신 친절에 대한 상을 받기를 원하기 때문입니다. 지금 저에게는 필요한 모든 것과 그 이상이 있습니다! 여러분이 에바브로디투스와 함께 보내준 선물로 넉넉합니다. 그것들은 하나님이 받으시고 기뻐하시는 달콤한 냄새가 나는 제사입니다. 그리고 저를 돌보시는 바로 그 하나님이 그리스도 예수 안에서 우리에게 주신 하나님의 영광스러운 부로 여러분의 모든 필요를 공급해 주실 것입니다.
>
> ─빌립보서 4:15-19 NLT, EMPHASIS ADDED

구약의 제사가 주님께 '향기로운 제사'였던 것처럼, 신약에서도 마찬가지입니다. 하나님 나라의 많은 원칙은 구약과 신약 모두에서 찾아볼 수 있습니다. 예를 들어, 임파테이션의 원칙은 엘리야와 엘리사를 통해 볼 수 있으며 예수님과 열두 제자, 바울과 디모데를 통해서도 볼 수 있습니다. 마찬가지로, 하나님의 손을 움직이는 희생의 원칙은 노아와 솔로몬, 다윗 그리고 빌립보 교인들을 통해 볼 수 있습니다.

축귀를 여는 열쇠: 심기

마귀의 억압이 깊고 복잡할 때, 종종 희생을 드리는 것이 축귀를 여는 열쇠 중 하나입니다. 그 큰 이유는 심고 거두는 원칙과 관련이 있습니다. 어둠의 왕국에 많이 심으면 그곳에서 크게 거두게 됩니다. 대부분의 경우, 사람이 회개한다고 해서 어둠의 왕국에서 거두게 되는 것이 자동으로 사라지지 않습니다.

예를 들어, 도박이나 쇼핑 중독으로 인해 돈을 잘못 관리하고 빚이 많은 경우, 예수님을 주님으로 영접한다고 해서 그 빚이 자동으로 사라지지 않습니다. 하나님이 기적을 행하셔서 초자연적으로 그 빚을 일부 탕감해 주실 수도 있습니다. 하지만 여전히 감당해야 할 부분이 남아 있습니다. 과거에 가족을 나쁘게 대했다면 예수님을 영접한다고 해서 그 일들이 자동적으로 잊히지 않습니다. 신뢰를 잃는 것을 거두게 됐기 때문에 그 신뢰를 되찾기 위해 노력해야 합니다. 교회 지도자가 자신의 권력을 남용한 후 회개했다고 해서 계속 그 자리에 있을 수 없습니다. 모든 행동에는 결과가 따릅니다. 신뢰를 잃는 것을 거두게 되었으므로 회개가 진정성 있는 것임을 증명하기 위해 노력해야 합니다. 또 그런 권력남용을 반복하지 않도록 하나님의 형상으로 더욱 변화되기 위해 영적인 노력을 기울여야 합니다. 이 모든 것은 자연계의 예시처럼 들릴 수 있지만 실제로는 영적인 것입니다. 이 모든 것은 영적으로 심고 거두는 것과 관련 있습니다.

마귀의 왕국에 많이 심는 것도 마찬가지입니다. 오랫동안 마귀를 섬긴 마녀(무당)나 마법사(박수)는 마귀의 왕국에 깊이 심었습니다. 그리고 그에 따라 악령적인 것을 거두게 됩니다. 전직 마법사(박수)나 마녀(무당), 또는 일반 사람이지만 마귀가 자신의 욕망

9장 귀신을 떠나가게 하는 네 번째 열쇠: 심는 것

을 충족시켜주기를 바랐던 사람은 마귀의 왕국에 희생을 한 것입니다. 마귀의 억압은 자발적으로 마귀의 왕국에 씨를 심기로 선택할 때 더 복잡해집니다.

마귀의 왕국에 많이 심었다고 해서 축귀의 과정이 꼭 오래 걸려야 하는 것은 아닙니다. 때때로 하나님은 특히 깊은 억압이 있을 때 시간에 걸쳐 단계적으로 자유하게 해주십니다. 그러나 마귀의 왕국에서 거두는 것이 끝날 때까지 기다려야 하는 것은 아닙니다. 하나님 나라에 희생을 드리면 마귀의 왕국에 희생이 무효화됩니다. 영적인 세계에서는 이렇습니다.

어떤 사람의 삶에 부정적인 말들 때문에 마귀의 억압을 받게 된 경우, 그 저주를 깨뜨리는 말을 하면 자유하게 됩니다. 영적 및 재정적인 희생을 마귀에게 바친 경우, 하나님 나라를 위해 희생하면 축귀의 잠금이 해제됩니다.

> 인색하게 뿌리는 자는 또한 인색하게 거둘 것이요, 풍성하게 뿌리는 자는 또한 풍성하게 거두리라
> —고린도후서 9:6 킹제임스흠정역

이 구절은 두 왕국에 모두 적용됩니다. 마귀의 왕국에 후하게 심으면 마귀의 왕국에서도 후하게 거둘 수 있습니다. 어둠의 왕국의 유익을 위해 희생하는 것은 자발적으로 마귀의 왕국에 심고 봉사하겠다는 깊은 헌신을 하는 것과 같습니다. 영적인 세계에서 이를 되돌리려면 지금 하고 있는 말로써 끊고 회개하는 것을 굳건히 하고 행동으로 보이기 위해 하나님 나라에 희생을 해야 합니다.

"하나님께서 내 마음을 보시고, 내 회개의 진정성을 보시고 마귀의 왕국에서 거두는 것을 그치게 해주시면 안 될까?"라는 문제

가 아닙니다. 이것은 영적인 원칙과 법칙의 문제입니다. 하나님은 하나님의 원칙을 거스르지 않으십니다. 사람들은 "왜 내가 교회에 가고 어노인팅이 흐르는 곳에 나아가야 하나요? 왜 하나님께 직접 기도하면 바로 기적을 주시지 않나요?"라고 말할 수 있습니다. 하나님은 하나님의 방법대로 하십니다. 영적인 세계에 하나님의 법과 원칙이 있습니다. 자유의지를 사용하여 마귀를 섬기고 그의 왕국에 심기로 선택했을 때 마귀의 왕국에서 거두는 것을 취소하는 원칙은 하나님 나라에 심고 하나님께 희생을 드리는 것입니다. 마귀의 나라에 공헌했다면 하나님 나라에는 더 공헌하기를 원하셔야 하지 않을까요?! "내가 이걸 왜 해야 하지?"라는 의문이 아니라 진정한 회개와 하나님을 경외하는 마음, 하나님을 사랑하는 마음으로 하나님 나라를 위해 크게 희생하기를 사모해야 합니다.

여러분이 진정으로 회개하며 예수님께 나아갈 때, 예수님은 여러분의 과거와 죄, 억압과 질병을 제거해 주십니다. 그러나 이것은 여러분이 예수님을 따르고 그분의 명령에 순종함으로 진정으로 예수님께 나아갈 때 일어납니다. 축귀를 포함하여 예수님이 주시는 모든 것은 완전히 무료입니다. 결코 돈으로 살 수 없습니다. 그러나 예수님이 주시는 모든 것을 받으려면 예수님의 말씀과 원칙을 모두 따라야 합니다. 여기에서 말씀드리는 경우들은 하나님 나라를 위해 희생하는 것이 포함됩니다.

마귀의 왕국에 심는 행위의 주요 예시는 주술을 행하고 주술을 구하는 것인데, 여기에는 역술인(psychic, 심령술사)을 찾아가서 돈을 주고 운세를 보는 것과 같은 것들이 포함됩니다. 많은 사람들이 제 사역(5F교회)을 통해 하나님 나라에 심었을 때 축귀가 일

9장 귀신을 떠나가게 하는 네 번째 열쇠: 심는 것

어났다고 간증했습니다. 씨를 심지 않고 여러 영역에서 축귀를 경험했지만 한 가지 영역에는 억압이 계속 남아있는 것을 보는 분들이 많이 있습니다. 그 필요에 따라 씨를 심었을 때 멍에를 부수는 어노인팅을 거두게 되고 자유를 얻게 되었습니다. 이런 경우는 특정한 억압에서 자유하게 되는 열쇠가 심는 것에 있었던 것입니다.

씨를 심으므로 자유를 얻게 된 가장 기억에 남는 간증 중 하나는 제가 사역했던 한 집회에서 일어났습니다. 대중 축귀가 일어나고 있을 때 한 어린 소년이 땅바닥에 있고 귀신이 그에게서 드러나고 있었습니다. 그의 어머니가 여러 축귀 사역자들에게 데려갔지만 아무도 아들에게서 귀신을 쫓아내지 못했다고 말했습니다. 매번 그 소년에게서 귀신이 드러났지만 결코 자유로워지지는 않았습니다. 다른 사람들이 축귀를 받은 간증을 들은 후, 그녀는 아들과 함께 이 집회에 참석하기로 결심했습니다. 이번에는 하나님이 아들을 자유하게 해주실 것이라는 믿음이 있었습니다.

아이에게 사역을 시작할 때 저는 그 억압이 복잡하다는 것을 예언적으로 깨달았습니다. 하나님은 그 속박이 대대로 마귀의 왕국에 심은 것과 관련이 있음을 제게 알려 주셨습니다. 저는 그 어머니께 혹시 심령술사에게 돈을 주는 등 마귀의 왕국에 씨를 심은 적이 있으신지 물었습니다.

그녀는 "네, 수백이요."라고 대답했습니다.

그런 다음 저는 하나님이 아들을 자유하게 할 수 있는 열쇠를 알려주신 대로 예언적 방법을 말씀드렸습니다. 하나님의 왕국을 위해 희생하는 열쇠를 알려드렸습니다. 저는 어느 특정한 곳이나 제 사역지에 심으라고 말하지 않고 심은 대로 거두게 되기 때문에 어노인팅(기름 부음)이 있는 땅에 심는 것의 중요성을 설명했습니다.

　이렇게 설명한 후 저는 귀신이 드러나고 있는 다른 많은 사람들을 위해 기도하기 시작했습니다. 약 20분 후, 제가 다른 사람을 위해 기도하고 있을 때 그 어머니가 저에게 다가와 아들이 방금 자유하게 됐다고 흥분하며 말했습니다. 제가 예언적 지시를 내린 후 그녀는 휴대폰으로 사역에 기부했다고 말했습니다. 그녀가 심은 직후 아들이 기침을 하기 시작했고 귀신이 떠나갔습니다! 아이가 완전히 자유롭게 되어 어머니 옆에 서있었습니다!

　그 어머니는 하나님이 행하신 일에 감사와 경외심, 기쁨으로 가득 찼습니다. 저는 그 순간을 결코 잊지 못할 것입니다. 이 귀한 소년을 위해 우리가 놓치고 있던 하나님 나라의 열쇠를 풀어놓아 주신 하나님께 정말 감사했습니다. 그 일을 계기로 제 믿음이 많이 커져서 마귀의 억압이 아무리 심하고 복잡해도 누구든지, 어떤 것에서든지 축귀되고 치유될 수 있다고 믿게 되었습니다. 어노인팅과 천국 열쇠가 있으면 어떤 기적도 일어날 수 있으며 모든 귀신은 반드시 쫓겨나게 됩니다!

　대대로 주술을 한 경우는 마귀의 억압이 깊고 복잡할 수 있는 또 다른 예입니다. 과거 세대에 부모나 다른 가족 구성원이 주술을 한 경우, 마귀는 종종 미래의 가족 구성원에게 저주를 보내는 등 다음 세대를 위해 희생을 요구합니다. 이러한 경우, 하나님 나라에 심는 것이 종종 축귀를 열고 과거세대로 인해 거두게 된 마귀의 왕국의 것들을 무효화하는 열쇠가 됩니다.

자유를 열기 위해 심는 방법

　성령님으로부터 여러분의 축귀에 필요한 열쇠가 하나님 나라

9장 귀신을 떠나가게 하는 네 번째 열쇠: 심는 것

에 심는 것이라는 말씀을 들으신다면, 제대로 심는 것이 중요합니다. 먼저, 어노인팅(기름 부음)이 있는 땅에 심어야 합니다. 이상적으로는 어노인팅이 있는 리더와 사람들을 자유하게 하고 치유하며 삶이 변하는 열매가 있는 교회에 여러분이 심겨야 합니다.

아직 하나님이 심기라고 부르시는 교회를 찾지 못했거나 멍에를 부수는 어노인팅이 없는 교회에 다니고 있다면, 오늘날의 '베드로'들이 어디에 있는지 알 수 있도록 하나님께 도움을 구하세요. 진정한 어노인팅이 있는 곳을 찾아 그곳에 심어 그 땅에서 거두고 멍에가 끊어질 수 있도록 하세요.

과거에 어둠의 왕국에 많이 심었다면 하나님의 왕국에도 많이 심으세요. 한 번 심는 것이 아니라 일정 기간에 걸쳐 지속적으로 심어야 할 수도 있습니다. 성령의 음성을 따르고 성령께서 주신 지혜를 사용하여 얼마만큼 심어야 할지 분별하세요.

현재 재정적으로 부족한 시기에 있다면 다른 방법으로 기여하고, 하나님의 일이 앞으로 나아가도록 돕고 섬김으로써 하나님 나라를 위해 희생하세요. 어떻게 해야 할지 잘 모르겠다면, 먼저 여러분이 심겨진 사역지에서 하나님이 하고 계신 일에 대한 소식을 전함으로써 하나님을 섬길 수 있습니다. 하나님 나라에 심고자 하는 마음을 키우면 하나님께서 여러분이 심을 수 있도록 공급을 받을 수 있는 문을 열어 주실 것입니다.

우리 교회들이 사도행전 교회와 같지 않고 베드로와 바울처럼 모든 사람이 치유되는 열매를 보지 못한다면, 무언가를 놓치고 있는 것입니다. 대체로 우리는 어노인팅과 많은 천국 열쇠들을 놓치고 있습니다. 그리스도의 몸은 사람들을 깊은 마귀의 억압에서 해방시키는 방법에 대한 계시를 놓치고 있었기 때문에 억압받는 사람들은 여전히 묶여 있습니다.

  스스로를 겸손히 하고 하나님이 지금 우리가 살고 있는 이 부흥의 시대에 풀어놓아 주고 계신 귀한 천국 열쇠를 받는 것이 매우 중요합니다. 하나님의 백성은 자유롭게 되어야만 합니다! 다시는 어려운 마귀의 억압으로 힘들어하는 사람들을 외면하고, 거부하고, 잊어버리는 일이 없기를 바랍니다. 대신, 우리는 그리스도의 몸 안에 너무 오랫동안 부재했던 어노인팅과 중요한 축귀의 열쇠를 받기 위해 자신을 낮추어야 합니다. 억압되어 있는 사람들은 반드시 자유롭게 되어야 합니다!

10장
자유하게 될 준비가 되셨나요?

이 장은 여러분이 읽어본 중 가장 인생이 변하는 장이 될 것이라고 저는 믿습니다. 이 장을 통해 축귀, 치유, 기적을 경험하게 될 것이기 때문입니다. 지금 여러분의 축귀를 여는 열쇠가 공개되었습니다. 하나님은 그림자, 앞치마, 손수건, 멀리서 듣는 말씀 등 수많은 방법으로 움직이셨고, 이 부흥에서 영상을 통해 수천 명의 사람들을 자유하게 해주시는 것을 보았습니다.

제가 귀신과 질병을 떠나라고 명령했을 때 전 세계의 수많은 사람들이 즉시 축귀를 받았습니다. 제가 미국 로스앤젤레스에 있는 저희 교회에서 억압과 질병은 반드시 사라져야 한다고 선포했을 때 호주, 아시아, 유럽, 남미에 있는 사람들이 자유와 치유를 받았습니다. 제가 사역했던 모든 나라에서 5F교회에서 경험한 것과 같은 기적과 축귀가 일어났습니다.

하나님이 영상을 통해 사람들을 자유하게 해주신 것처럼, 이제 이 책을 읽을 때 여러분을 자유하게 해주실 것을 저에게 계시해 주셨습니다. 이제 곧 있을 하나님과의 이 거룩한 만남을 위해 조용하고 방해받지 않는 공간과 시간을 마련하시기 바랍니다. 최소한 몇 시간이라도 하나님께서 여러분 안에서 일하시도록 하고 하나님을 찬양하며, 하나님과 함께 시간을 보내세요.

주변에 사람들이 있다면, 여러분이 곧 축귀와 치유를 받을 것이라는 사실을 알려주세요. 귀신이 드러나도 걱정하거나 귀신을 쫓아내려고 할 필요가 없다고 설명하세요. 축귀가 일어날 때 눈으로 보이는 현상이 있을 수도 있고 아닐 수도 있습니다. 억압이 더 깊을수록 더 많은 현상이 일어나기도 합니다. 귀신이 드러날 때 몸이 떨리거나 울거나 기침을 해서 영이 나가는 등의 현상이 있을 수 있습니다. 어떤 영들은 쫓겨날 때 비명을 지르기도 합니다.

축귀 받는 동안 다른 사람들이 여러분 위에 선포하고 기도하지 않고 어노인팅(기름 부음)의 그늘 아래 오는 것이 가장 좋습니다. 하나님의 올바른 질서는 많은 사람이 한꺼번에 권세를 행사하는 것이 아니라 한 명의 리더가 자신의 영적 영역에서 사역하는 것입니다. 여러분은 지금 사도 베드로의 그늘 아래로 나오는 것과 같습니다. (제 어노인팅의 그늘입니다.) 아무도 간섭하지 않을 때 귀신들은 가장 효과적으로 순종하고 떠납니다.

혼자서 방에 들어가거나 다른 사람이 함께 있기를 여러분이 원한다면 다른 사람들이 여러분을 만지거나 귀신을 쫓아내려고 하지 말라고 설명하세요. 곧 있을 선포기도를 통해 어노인팅이 임하게 하는 것이 중요합니다. 이 선포만으로 축귀가 다 되어지게 하세요. 제 유튜브 동영상 "축귀 기도: 여러분의 자유를 여세요 (Deliverance Prayer: Unlock Your Deliverance)"를 볼 준비를 하는 것이 좋습니다(한국어 번역 유튜브에서 검색하세요: youtube.com/@kathrynkrickinkorean). 다음의 축귀 기도를 읽은 후, 이 동영상을 통해 어노인팅이 여러분에게 계속 흘러가도록 하면서 계속 기도를 받으실 수 있습니다.

축귀 기도문

먼저, 악령적인 것이 깃들어 있을 수 있는 물건이 있다면 축귀 받을 방으로 가져오세요. 그리고 근처에 쓰레기봉투나 쓰레기통을 놓아두세요. 다음으로, 말로써 끊을 목록을 꺼내세요. 아직 작성하지 않았다면 성령님과 함께 필요한 만큼 시간을 내어 말로써 끊어야 할 모든 것을 생각하고 적으세요.

조용히 성령님과 교제하는 시간을 가져보세요. 예수님이 여러분을 치유해 주시고 자유하게 해주시는 분이라는 진리로 마음을 새롭게 하세요. 예수님은 매우 강력하시며 그 무엇도 예수님을 제한할 수 없습니다. 예수님은 이미 여러분의 자유를 위해 대가를 치르셨기 때문에 지금 당장 여러분이 치유되고 자유하게 되기를 원하신다는 진리로 마음을 새롭게 하세요. 하나님의 자녀로서 여러분에게 주어진 유산을 받아 누리기 위한 하나님과의 거룩한 만남의 시간임을 기억하세요. 여러분이 하나님께서 축귀하시고 치유하시는 방법을 따르고 있기 때문에 기적을 지금 받을 것을 기억하세요. 이 책에 흐르는 어노인팅은 진짜고 강력하며 진정으로 예수님이십니다. 여러분의 믿음으로 인해 여러분은 반드시 치유되고 자유롭게 될 것입니다! 소리내어 선포하세요.

> 예수님께서 채찍에 맞으심으로 내가 나음을 입었음을 믿습니다. 나는 예수님의 보혈의 능력을 믿습니다. 나는 하나님의 자녀로서 치유와 자유를 포함한 유산을 받았다는 것을 믿습니다. 예수님께서 나를 치유하고 자유하게 해주기를 원하시며 오늘 그 일이 일어날 것을 믿습니다! 나는 하나님의 어노인팅(기름 부음)을 믿습니다. 이 책을 통해 흐르는 어노인팅이 지금 나를 자유하게 하고 치유할 것을 믿습니다!

이제 잠시 시간을 가지고 예수님께 항복하세요. 여러분을 자유하게 하고 치유하는 분은 예수님이시며 강제로 하지 않으십니다.

> 주리는 자를 좋은 것으로 배불리셨으며
> ─누가복음 1:53 상반절 개역한글

예수님은 배부른 사람이 아니라 배고픈 사람을 채우십니다. 그리고 하나님은 믿음을 보시고 움직이십니다. 믿음이 클수록 더 크게 역사해 주실 것입니다. 믿음은 감정이 아니라는 사실을 기억하세요. 믿기로 선택하는 것입니다. 기분이 어떠하든 하나님의 말씀을 말할 때 믿음을 나타내는 것입니다. 예수님께 항복하고 하나님이 원하시는 방법대로 여러분을 치유하고 축귀하시도록 허락하세요. 여러분은 어쩌면 축귀 받기 위해 일대일 기도가 필요하다고 생각했을 수도 있습니다. 어쩌면 이 책을 통해 축귀를 받을 것이라고 기대하지 않았을 수도 있습니다. 다음과 같이 하나님께 기도하는 것이 중요합니다.

> 주님, 제 인생에 주님 마음대로 해주세요. 저는 축귀가 필요하다는 것을 알고 있고, 자유하게 되고 싶습니다. 저는 하나님의 뜻을 원합니다. 제가 자유로워지고 풍성한 삶을 살아서 하나님을 영화롭게 하고 길을 잃은 사람들이 돌아올 수 있도록 가장 밝게 빛나기를 원합니다. 저를 자유하게 하시는 주님의 방법에 항복합니다. 제가 있는 이곳에서 이 책을 통해 제게 역사하셔서 자유하게 해주시기를 원하고 그렇게 해주실 수 있도록 허락합니다. 제 치유와 자유를 지금 받습니다.

이제 자유하게 될 시간입니다! 말로써 끊고 버려야 할 물건이 있다면, 준비가 되면 이 내용을 소리 내어 말함으로 그 물건들을 말로써 끊으세요.

　나는 _____을(를) 말로써 끊는다.

　　캐더린 크릭 사도가 말합니다. 이 물건들과 이 물건들에 깃들어 있는 모든 악령적인 것들로부터 여러분을 분리합니다.

이제 이 물건들을 버리세요.

　　캐더린 크릭 사도가 말합니다. 이 물건들에 붙어 있는 모든 영은 이제 여러분에서 떠나갈 것을 예수님의 이름으로 선포합니다. 모든 주술과 조종하는 영은 다 떠나갈 것을 선포합니다. 이 물건들과 관련된 모든 저주는 지금 여러분에서 끊어질 것을 예수님의 이름으로 선포합니다. 이 물건들을 통해 여러분을 다른 사람과 연결하고 있던 모든 끈은 예수님의 이름으로 지금 끊어질지어다!

　이제 여러분이 말로써 끊는 목록에 적어둔 모든 것과 여러분의 삶을 억압하는 모든 것에서 자유하게 될 시간입니다.
　준비가 되면 "나는 _____ 을 말로써 끊습니다."라고 목록을 소리 내어 읽으며 말로써 끊기 시작하세요. 지금 목록 전체를 말로써 끊으세요. 자녀에게 축귀가 필요한 경우 자녀를 대신하여 말로써 끊으실 수 있습니다.

　　캐더린 크릭 사도가 말합니다. 여러분이 자유하게 될 시간이 되었음을 선포합니다! 여러분의 삶에서 모든 가계의 저주를 끊습니다. 여러분에게 보내진 모든 말의 저주와 모든 주술의 저주를 끊습니다. 모든 악령적인 관계의 끈(demonic soul tie)을 끊습니다. 악령적인 계약을 모두 취소합니다. 말로써 끊은 모든 것에서 여러분을 분리합니다. 여기에 붙어있는 모든 영은 지금 다 떠나가라! 모든 주술의 영은 떠나갈지어다. 모든 죽음의 영은 떠나갈지어다. 자살 충동은 떠나갈지어다. 불안증의 영은 떠나갈지어다. 우울증은 떠나갈지어다. 중독은 떠나갈지어다. 악령적인, 성적인 영은 떠나갈지어다. 모든 영적 배우자는 떠나갈지어다. 밤에 괴롭히는 영은 모두 떠나갈지어다. 악령적인 꿈을 보내는 모든 영은 떠나갈지어다. 모든 정신질환의 영은 떠나갈지어다. 자폐증은 떠나갈지어다. 그리스도 안에서의 여러분의 정체성에 반하는 말하는 영은 모두 떠나갈지어다. 정죄의 영은 떠나갈지어다. 종교의 영은 떠나갈지어다. 학대를 통해 들어온 모든 영은 떠나갈지어다. 가난의 영은 떠나갈지어다. 답보상태에 있게 하는 영은 떠나갈지어다. 거절의 영은 떠나갈지어다. 고아의 영은 떠나갈지어다. 쉴 새 없이 생각을 주는 영과 악령적인 목소리를 보내는 영은 모두 떠나갈지어다. 신체이형장애의 영은 모두 떠나갈지어다. 강박증(OCD)은 모두 떠나갈지어다. 연약함의 영은 모두 떠나갈지어다. 모든 질병과 통증은 모두 떠나갈지어다. 몸에 있는 모든 문제는 떠나갈지어다. 몸 안의 모든 죽은 것은 다 살아날지어다! 잃어버린 모든 감각은 지금 회복될지어다. 눈과 귀는 열릴지어다. 정신에서부터 온몸에 이르기까지, 몸 안에 부족한 모든 곳에 창조적인 기적을 선포합니다. 여러분에게 완전한 자유와 치유를 지금 예수님의 이름으로 선포합니다!

하나님을 찬양하세요! 방금 여러분을 자유하게 해주신 것을 제가 압니다!

예수님, 이 책을 통해 방금 당신의 자녀를 만져주신 주의 능력과 사랑에 대해 감사드립니다. 예수님, 마귀의 일을 멸하여 주

서서 감사합니다! 주님의 자녀에게 자유와 치유를 주셔서 감사합니다.

지금 잠시 시간을 내어 마음과 뜻과 힘을 다해 하나님을 찬양하세요.

> 내 영혼아, 여호와를 찬양하라! 내 속에 있는 것들아, 다 그의 거룩한 이름을 찬양하라. 내 영혼아, 여호와를 찬양하며 그의 모든 은혜를 잊지 말아라. 그가 너의 모든 죄를 용서하시며 너의 모든 병을 고치시고 네 생명을 파멸에서 구하시며 너에게 풍성한 사랑과 자비를 베풀고 네 삶을 좋은 것으로 만족하게 하셔서 네 젊음을 독수리처럼 새롭게 하신다.
> ―시편 103:1-5 현대인의 성경

마귀의 억압은 떠났고, 이제 성령님께서 채우고 싶어 하시는 빈자리가 생겼습니다. 하나님은 여러분을 그분의 영으로 채우기를 원하십니다. 아직 성령세례를 받지 않았다면 지금이 바로 성령세례를 받을 시간입니다. 이미 성령세례를 받으셨다면 이제 성령님께서 새롭게 채워주시는 것을 여러분의 삶에 받을 시간입니다.

성령세례

> 그래서 요한은 그들에게 이렇게 말하였다. "나는 너희에게 물로 세례를 준다. 그러나 나보다 더 능력이 많으신 분이 곧 오시는데 나는 그분의 신발끈을 풀어 드릴 자격

도 없다. 그분은 너희에게 성령과 불로 세례를 주실 것
이며"

―누가복음 3:16 현대인의성경

성령세례는 불의 세례입니다. 성령세례는 영으로 살 수 있도록, 영을 강화할 목적으로 여러분의 삶에 임하는 강력한 성령님의 분량입니다. 성령세례는 영적인 세계에서 불과 같은 성령의 채워주심으로 영적, 육체적으로 활력을 불어넣고 기쁨으로 가득하게 합니다. 더 영적으로 될수록 더 기쁨이 넘치고 믿음으로 충만하며 예수님을 더 사랑하게 됩니다. 성령세례는 여러분의 영을 불태워 더욱 영적인 사람이 되도록 도와주는 힘입니다.

이 세례는 일반적으로 구원받을 때 주어지는 성령의 채워주심과는 별개의 사건이며 더 큰 채워주심입니다. 보통 성령세례는 사람이 하나님께 온전히 항복할 준비가 되었을 때 받게 되기 때문입니다. 구원받을 때, 모든 것을 항복할 확신이 없고 단순히 예수님이 주님이라고 믿고 그분을 따르기 시작하는 경우가 많습니다. 그래서 성령세례는 두 번째로 채워주시는 사건입니다. 그러나 예수님께 삶을 드릴 때 성령과 성령세례를 동시에 받는 경우도 있을 수 있습니다.

많은 사람들이 성령세례에 대해 알지 못하여 성령의 임재와 방언 은사의 많은 부분을 놓치고 있습니다. 그러나 이 세례는 하나님의 말씀에 명확하게 설명되어 있습니다.

오직 성령이 너희에게 임하시면 너희가 권능을 받고 예루살렘과 온 유대와 사마리아와 땅 끝까지 이르러 내 증인이 되리라 하시니라

―사도행전 1:8 개역한글

성령이 임하신다는 것은 성령세례, 즉 믿는 자들에게 임하는 불을 말합니다.

> 오순절날이 이미 이르매 저희가 다 같이 한곳에 모였더니 홀연히 하늘로부터 급하고 강한 바람 같은 소리가 있어 저희 앉은 온 집에 가득하며 불의 혀 같이 갈라지는 것이 저희에게 보여 각 사람 위에 임하여 있더니 저희가 다 성령의 충만함을 받고 성령이 말하게 하심을 따라 다른 방언으로 말하기를 시작하니라
> ―사도행전 2:1-4 개역한글

불의 혀라는 표현은 성령께서 불로 임하시는 것을 말합니다. 모든 믿는 자들이 방언의 은사를 받았습니다. 방언을 말하는 능력과 성령세례는 하나님이 모든 자녀에게 주시기를 원하시는 은사입니다. 영적으로 강해지고 영으로 온전히 살기 위해 꼭 필요한 은사입니다.

> 아직 베드로가 이 말을 하고 있을 때 말씀을 듣는 모든 사람에게 성령이 내리셨다. 베드로와 함께 온 유대인 신자들은 이방인들에게도 성령을 선물로 부어 주시는 것을 보고 놀라지 않을 수 없었다. 이것은 이방인들이 방언을 말하고 하나님을 찬양하는 것을 그들이 들었기 때문이다.
> ―사도행전 10:44-46 현대인의 성경

베드로가 설교할 때 성령이 사람들에게 임하자 사람들은 방언을 말하기 시작했습니다. 성령세례를 받는 한 가지 방법은 기름 부음을 받은 하나님의 종이 "성령으로 세례를 받으라."와 같은 말씀을 선포하는 것입니다. 그러면 성령이 그 사람에게 불로 임하십

니다.

또한 어노인팅이 있는 곳에 있는 것만으로도 성령님이 사람들에게 불로 임하실 수 있습니다. 제가 사역할 때 종종 어떤 사람이 축귀를 받은 후에 하나님께서 곧 그 사람에게 성령을 풀어놓아 주십니다. 제가 안수하거나 "성령세례를 풀어놓습니다."라고 말하지 않아도 방언을 말하기 시작합니다.

성령세례가 임하는 또 다른 방법은 안수입니다.

> 그들이 듣고 주 예수의 이름으로 세례를 받으니 바울이 그들에게 안수하매 성령이 그들에게 임하시므로 방언도 하고 예언도 하니
> ―사도행전 19:5-6 개역개정

이 구절은 또한 물세례와 성령세례라는 두 가지 다른 세례가 있음을 보여줍니다.

성령세례를 받기 위한 열쇠는 예수님께 모든 것을 내어드리는 것입니다. 저는 기억하는 한 제 평생 크리스천으로 살아왔습니다. 제 가장 어릴 적 기억은 4살 때 예수님을 주님으로 영접한 것입니다. 하지만 저는 20대 중반이 되어서야 성령의 능력을 체험했습니다. 하나님의 능력을 경험했을 때 단순히 예수님에 대해 듣고 믿는 것이 아니라 진정으로 예수님을 만났습니다. 예수님을 만난 후 처음으로 형언할 수 없는 그분의 사랑에 눈을 뜨게 되었습니다.

갑자기 하나님이 항상 저와 함께하시고 저에 대해 자세히 알고 계신다는 것을 깨닫게 되었습니다. 하나님은 결코 저를 정죄하지 않으셨고 저를 향한 하나님의 생각은 항상 선하다는 것을 알게 되

었습니다. 저를 향한 계획이 너무나 선하다는 것을 알게 되었습니다. 전에는 이 모든 것을 믿었지만 이제는 그것이 사실이라는 것을 알게 되었고 온 마음으로 믿게 되었습니다.

예수님을 만난 후 저는 그분과 사랑에 빠지게 되었습니다. 그리고 거기서 저는 처음으로 모든 것을 항복하게 되었습니다. 하나님께 항복하고 하나님의 영이 저를 장악하고 그 뜻대로 하시기를 바랐을 때 성령세례가 임했습니다. 즉시 방언이 터져 나왔고 성령의 불이 충만했습니다. 성령세례는 제가 하나님께 항복하고 하나님 뜻대로 해주시기를 원할 때 임했습니다. 방언의 은사는 성령세례와 함께 옵니다. 어떤 사람들에게는 즉시 나타나지 않을 수도 있지만 은사는 이미 주어졌습니다. 여러분이 하나님께 더 가까이 다가가고 더 항복할수록 방언의 은사는 활성화되어 나타날 것입니다.

> 방언으로 말하는 사람은 스스로를 세웁니다.
> ―고린도전서 14:4 NKJV

방언은 영을 강화하고 육신의 본성을 누르는 데 도움이 되는 하나님의 은사이자 도구입니다. 따라서 성령세례는 더 이상 미지근한 삶을 살기를 원하지 않고 육신의 본성을 조금도 원하지 않는 사람들을 위한 것입니다. 성령세례는 성령의 불과 방언을 풀어놓아 (우리가 원할 때) 육신의 본성을 소멸시킵니다. 성령님께 항복하고 성령님을 소중히 여기며 방언의 은사를 귀히 여기면 성령님이 여러분의 삶을 강력하게 장악해 주신다는 뜻입니다.

성령의 불을 받았을 때 제 안에 성령님을 온전히 받아들였습니다. 제 삶이 매일, 매 순간, 하나님의 뜻 안에 있기를 간절히 바랐습니다. 더 이상 이 세상의 것들을 원하지 않았습니다. 영적으로 불타오르는 것을 느꼈습니다. 이전에는 한 번도 경험하지 못한 주체할 수 없는 기쁨과 힘을 느꼈습니다. 그 어느 때보다 더 예수님과 함께 시간을 보내고 싶은 열망이 생겼습니다. 오직 예수님만 기쁘시게 하는 일을 하고 싶다는 강한 소망이 생겼습니다. 이러한 열망들은 모두 성령께서 그분의 소중한 불을 통해 제게 주신 것입니다. 저는 새로운 제게 "예"와 "아멘"으로 응답했습니다. 그리고 완전히 항복하고 하나님을 향해 불 타오르는 이 새로운 삶에서 성령님을 계속해서 의지하고 따라갔습니다.

성령세례는 우리가 성령님을 소중히 여기고 사용할 때 임합니다. 이 세례는 우연히 주어지는 것이 아니며 헛되이 사용되어서는 안 됩니다. 모든 것을 삼키는 불이 여러분의 삶을 덮는 것을 받을 준비가 될 때 성령께서 임하실 것입니다.

평생 한 번도 항복한 적이 없다면 지금 하나님께 항복하세요! 마음에서 우러나오는 말로 항복하세요. 하나님의 뜻을 위해 여러분의 꿈을 희생하더라도 하나님의 뜻을 온전히 원한다고 하나님께 고백하세요. 하나님의 영으로 세례를 받기를 원하고 준비가 되었다고 말하세요.

캐더린 크릭 사도가 말합니다. 지금 여러분에게 성령의 세례가 임하도록 풀어놓습니다. 성령의 불로 채워지고 넘쳐 흐를지어다. 예수님의 이름으로! 기쁨과 평안으로 충만할지어다. 하나님의 사랑으로 감싸질지어다! 지금부터 예수님을 위해 불타오를지어다! 여러분의 마음이 매일 예수님을 위해 불타오를지어다. 하나님을 경외하는 마음이 임하여 항상 하나님의 뜻 안에 머물고 하나님을 기쁘시게 하게 될지어다. 예수님을 위한 이

10장 자유하게 될 준비가 되셨나요?

불이 매일 더 커질지어다!

소리내어 하나님을 찬양하세요. 하나님이 여러분의 혀를 포함하여 여러분의 모든 부분을 지배하시도록 하세요. 하나님의 임재 안에서 시간을 보내고 성령으로 기도하세요.

> *예수님, 방금 해주신 일에 감사드립니다. 기적을 행해 주셔서 감사합니다. 소중하고 강력한 주님의 영에 감사드립니다. 주님의 영을 더 많이 풀어놓아 주시고 주린 자들을 채워주셔서 감사합니다!*

뒤에 이어지는 세 장은 시간이 많이 흐르기 전에 곧바로 읽으실 것을 권고드립니다. 여기에서는 여러분의 자유를 지키는 방법을 배우게 될 것입니다. 이제 막 자유하게 되었기 때문에, 대적의 계략을 파악할 수 있도록 바로 훈련되는 것이 중요합니다. 적의 전술을 파악하면 적의 사악한 전략에 맞서 승리하고 자유를 지킬 수 있습니다.

11장
받은 자유를 지키는 방법: 항복하기

이 책을 읽기 전에 축귀가 필요하셨다면, 이 책을 읽으면서 하나님의 능력이 여러분을 자유롭게 해주신 것을 믿습니다. 모든 사람의 영적 상황은 다릅니다. 이 책을 읽는 분들 중에는 완전한 자유를 받은 분도 있을 것입니다. 다른 분들은 좀 더 복잡한 억압에 있으시거나 하나님이 단계적으로 자유하게 해주기를 원하실 수도 있습니다.

하나님은 왜 때때로 단계적으로 자유하게 해주실까요? 그것은 하나님의 지혜와 주권과 관련 있습니다. 종종 하나님은 지혜로 사람이 완전히 항복하고 변화되기 전에 즉시 완전한 자유를 받으면 그 사람이 하나님을 진지하게 받아들이지 않고 원수의 함정에 굴복하고 다시 세상으로 돌아갈 수 있음을 알고 계십니다. 예수님이 하신 일을 귀하게 생각하고 자신의 생활 방식을 바꾸고 예수님께 모든 것을 항복하기보다는 축귀(자유하게 되는 것)를 병원 방문이나 임시방편(quick fix, 빠르게 해결받고 가는 것)으로 취급할 수 있습니다.

때로는 하나님이 그렇게 결정하셨기 때문에 단계적으로 축귀하시는 경우도 있습니다. 만약 여러분이 일부 억압에서 자유하게 되었지만 더 자유하게 될 부분이 있으시다면, 유튜브 채널의 생방송과 게시된 동영상을 시청하시기를 권합니다. 어노인팅(기름부음)이 흐르는 곳에 계속해서 나아가시면 하나님은 계속해서 단계적으로 축귀해 주실 것입니다. 그리고 5F교회 주일예배, 집회, 콘퍼런스에 참석해 보세요. 자세한 내용은 5fchurch.org 또는 apostlekathrynkrick.com을 참조하세요.

이제 여러분은 자유를 얻었으니 매우 중요한 일을 해야 합니다: 그것은 바로 받은 자유를 지키는 것입니다. 이것은 한 번으로 끝나는 일이 아니라 생활 습관입니다. 받은 자유를 소중히 여기고 받은 자유를 지키고 싶다면 자유를 지키는 것을 매우 중요하게 생각해야 합니다.

> 더러운 귀신이 사람에게서 나갔을 때에 물 없는 곳으로 다니며 쉬기를 구하되 쉴 곳을 얻지 못하고 이에 이르되 내가 나온 내 집으로 돌아가리라 하고 와 보니 그 집이 비고 청소되고 수리되었거늘 이에 가서 저보다 더 악한 귀신 일곱을 데리고 들어가서 거하니 그 사람의 나중 형편이 전보다 더욱 심하게 되느니라 이 악한 세대가 또한 이렇게 되리라
> —마태복음 12:43-45 개역개정

마귀는 완전히 악합니다. 마귀는 은혜나 자비가 없습니다. 그는 도둑질하고, 죽이고, 파괴하기를 원하며 사람을 존중하지 않습니다. 그는 남녀노소 모두에게 고통을 주기를 원합니다. 언젠가 우리는 마귀가 없는 천국에서 살게 될 것입니다. 하지만 지금은 원수가 '공중의 권세 잡은 자'(에베소서 2:2)로 있는 땅에서 우리가 살고 있습니다. The Passion Translation에는 이렇게 말씀합니다.

> 얼마 전까지만 해도 여러분은 이 세상의 종교, 관습, 가치에 따라 살았고, 이 땅의 어둠의 통치자를 따랐습니

> 다. 그는 자신의 권세로 공중을 지배하며, 하나님의 진
> 리에 불순종하는 사람들의 마음속에서 부지런히 일하고
> 있습니다.
>
> ―에베소서 2:2 TPT

우리가 이 땅에 사는 한, 우리는 날마다 '이 땅의 어둠의 통치자'(사탄)와 맞서 믿음의 선한 싸움을 싸워야 합니다. 하나님의 도움으로 우리는 언제나 쉽게 승리할 것입니다. 그러나 우리는 하나님께 순종하고 계속해서 항복함으로 우리의 역할을 다해야 합니다. 여러분이 하나님께 순종하며 나아갈수록 영적으로 더 강해지고 마귀는 여러분을 공격하는 것이 시간 낭비라는 것을 알게 됩니다. 여러분이 하나님께 더 많이 순종할수록 마귀가 전과 같이 많이 공격할 수 없게 되는 상을 받게 됩니다. 여러분이 순종하는 만큼 하나님의 은혜와 보호도 증가합니다.

여러분이 속박되어 있던 땅이 이집트(애굽)라고 상상해 보세요. 이제 이집트 해안에서 출항하여 자유의 순간을 맞이했습니다. 풍성한 생명이 있는 약속의 땅은 그저 배로 조금만 가면 닿을 수 있습니다. 배를 타본 적이 있다면 아시겠지만, 처음 항구를 떠날 때는 아직도 그 도시의 소리를 들을 수 있고 도시의 불빛도 볼 수 있습니다. 그래서 막 항해를 시작했을 때는 비록 이집트 땅을 떠났더라도 여전히 그곳과 아주 가까이 있습니다. 그러나 멀리 항해할수록 도시의 소리는 점점 잦아들고 불빛도 점점 희미해집니다. 결국에는 그 땅의 소리와 빛이 사라지게 될 것입니다.

영적인 세계도 이렇습니다. 여러분이 속박의 땅을 처음 떠날 때, 대적은 아직 손이 닿는 쉬운 표적으로 여깁니다. 그리고 여러분이 자유하게 되면 대적은 자신에게 생긴 손실 때문에 매우 화

가 납니다. 마귀는 자신의 덫에 걸릴 가능성이 높은 사람에게 더 많은 노력을 기울이는 경향이 있습니다. 그는 주님 안에서 강하고 은총이 증가한 사람들은 유혹해도 하나님에 대한 순종으로 계속 저항하기 때문에 시간 낭비라는 것을 알고 있습니다. 그렇다고 영적으로 강하고 오랫동안 순종해 온 사람들을 공격하지 않는다는 말은 아닙니다. 하지만 예수님께 일어났던 일과 같습니다. 광야에서 마귀가 예수님을 시험한 후 "좋은 기회가 생길 때까지 얼마동안 떠났다고"(누가복음 4:13, until an opportune time) 쓰여 있습니다. 반면에 원수는 "이집트와 가까이 있는" 사람들을 더 많이 공격하는 경향이 있습니다. 마태복음 12장 43-45절에 대한 확장된 계시입니다.

귀신들은 마귀에게서 오며 마귀와 연합되어 있습니다. 그들은 마귀의 지시에 따라 그들의 일을 수행합니다. 귀신이 쫓겨나면 그 임무에 실패한 것이며 형벌이 기다리고 있습니다. 귀신은 자신이 살았던 사람에게 다시 돌아가고 싶어 하고 복수를 위해 더 많은 귀신을 데려가고 싶어 합니다. 사람이 자유하게 됐을 때 귀신의 목표는 돌아가서 더 많은 억압을 하는 것입니다. 그러나 여러분이 받은 자유를 지키는 것을 진지하게 생각하면 어떤 귀신도 다시 돌아올 수 없습니다! 아직 이집트에 가까이 있기 때문에 마귀가 돌아오려고 할지라도 하나님이 여러분 편에 계시면 그는 무력합니다. 그리고 여러분이 받은 자유를 지키는 것을 진지하게 생각하면, 마귀가 공격하려고 할 때마다 하나님께서 마귀를 물리쳐 주실 것입니다.

따라서 여러분이 방금 축귀를 받았다면 두려워할 것이 전혀 없습니다. 그러나 그 어느 때보다 더 하나님을 경외하는 마음을 갖는 것이 중요합니다. 지금은 게으르게 신앙생활을 할 때가 아닙니다. 여러분은 헌신적인 하나님의 자녀이자 예수님의 군인이 되어야 합니다. 이것이 기본적인 기독교 신앙이어야 합니다. 그러나 미지근한 기독교가 일반화되고 그리스도의 몸 안에 하나님을 경외하는 마음이 부족한 사람들이 많은 오늘날, 저는 하나님을 경외하는 진지한 제자가 되는 것이 중요하다는 것을 강조하지 않을 수 없습니다.

마귀가 그토록 다시 억압하고 싶어 하는 이유 중 하나는 여러분이 자유하게 될 때 그의 왕국에 큰 손실을 입기 때문입니다. 사슬이 끊어졌을 때 그의 왕국의 일부가 파괴되고 패배했습니다! 그가 다시 억압하려는 두 번째 이유는 어노인팅이 있는 하나님의 종들의 이름에 먹칠을 하고 싶어 하기 때문입니다. 그는 사람들이 여러분이 축귀 받은 사역지에서 실제로 축귀가 일어나지 않는다고 생각하기를 원합니다. 그는 사람들을 속여 축귀가 주술이라거나 사람들이 연기하는 것이라고 생각하게 만들고 싶어 합니다.

어노인팅이 있는 사역자들과 그 사역을 향한 마귀의 가장 큰 계략은 오늘날의 의심하는 사람들과 바리새인들을 통해 거짓을 퍼뜨려 사람들이 이러한 사역이 가짜라고 생각하도록 영향을 미치는 것입니다. 마귀는 어노인팅이 있는 사역지에 간 후에 사람들의 억압이 더 깊어진 것처럼 보이게 하기를 원합니다. 나쁜 간증이 나오기를 바라면서 억압을 더욱 악화시키려고 합니다. 이제 막 축귀 받은 사람들에 대한 공격은 참된 하나님의 종들과 그들의 사역 그리고 하나님 나라 전체에 대한 공격이기도 합니다.

다시 한 번 강조하지만, 여러분은 받은 자유를 지키는 것을 막중한 책임으로 여기고 진지하게 생각해야 합니다. 사역자가 귀신을 쫓아낸 후 여러분이 받은 자유를 지킬 책임은 그 사역자에게 있지 않습니다. 오직 여러분만이 지킬 수 있습니다. 사역자들은 여러분이 승리 가운데 행할 수 있는 성숙한 제자로 성장할 수 있도록 가르치고 훈련시켜야 할 책임이 있습니다. 하지만 그 가르침을 듣고 읽는 것은 여러분께 달렸습니다. 그리고 그 가르침을 소중히 여기고 실제로 적용하는 것은 여러분의 책임입니다. 예수님께 항복하는 삶을 사는 것은 여러분에게 달려 있습니다.

모든 상황에서 승리할 수 있도록 다음 세 장에서는 여러분을 다시 억압하려고 하는 마귀의 계략을 밝히겠습니다.

항복

받은 자유를 지키는 가장 중요한 방법은 예수님께 항복하는 것, 우리 삶의 모든 것을 하나님의 권위와 능력에 내어드리는 것입니다. 사실 받은 자유를 지키는 다른 모든 측면은 항복의 토대 위에 세워집니다. "누구든지 목숨을 붙잡으려고 하면 잃을 것이요 누구든지 나를 위하여 제 목숨을 잃으면 찾으리라"(마태복음 16:25 NLT).

예수님께 모든 것을 항복하지 않으면 마귀를 절대 이길 수 없습니다. 받은 자유를 잃고 예수님과 함께하는 이 땅에서 천국의 삶을 잃게 될 것입니다. 그러나 매일 예수님을 따르기 위해 자신의 삶을 포기하면 인생을 구하게 될 것입니다. 원수의 손아귀에서 구원받을 것입니다. 예수님께 항복하지 않으면 하나님께서 도와주시지 못하게 하는 것입니다. 90%만 항복한 삶으로는 충분하지 않습니다. 집에 있는 대부분의 문을 잠그고 한 개는 열어두는 것과 같습니다.

예수님께 모든 것을 항복하는 것은 여러분이 내릴 수 있는 최고의 결정입니다. 저에게도 삶의 최고의 결정이었습니다. 저는 사도 바울의 말에 전적으로 동의합니다.

> 한때는 이런 것들이 가치 있다고 생각했지만, 지금은 그리스도께서 하신 일 때문에 무가치하다고 생각합니다. 그렇습니다. 다른 모든 것은 내 주 그리스도 예수를 아는 무한한 가치와 비교할 때 무가치합니다. 그를 위하여 나는 그리스도를 얻고자 다른 모든 것을 쓰레기로 여기고 버렸습니다.
>
> —빌립보서 3:7-8 NLT

예수님을 따르기 위해 모든 것을 포기한 것은 정말 가치 있는 일이었습니다. 하나님을 위해 포기한 꿈은 비록 그것이 좋은 꿈이었다고 해도 제 삶을 향한 하나님의 뜻이 아니었습니다. 그리고 하나님의 뜻에서 벗어난 것은 모두 쓰레기입니다. 저는 그것을 원하지 않습니다! 진정한 만족과 평안과 기쁨을 주는 유일한 분이신 예수님의 사랑을 맛보면 세상적인 쾌락의 삶은 더 이상 매력적이지 않습니다.

하나님과의 관계 속에서 하나님의 뜻대로 살아가는 삶은 온 우주에서 가장 큰 즐거움입니다. 그 무엇과도 비교할 수 없습니다. 마귀는 사람들을 속이고 있습니다. 사람들이 마귀의 속임수를 알아차리기만 한다면, 대부분 기꺼이 세상적인 삶을 포기하고 예수님을 따를 것입니다. 예수님께 모든 것을 항복하는 것이 망설여지더라도 그냥 항복하시기를 권고합니다. 결코 후회하지 않을 것입니다.

세상 친구들, 술, 파티, 결혼 외의 성관계, 이기심, 어두운 영화

11장 받은 자유를 지키는 방법: 항복하기

와 음악을 보고 듣는 것 등 무언가를 포기하고 싶지 않은 분들은 다시 생각해 보시기를 강력히 권합니다. 이 모든 세상의 것들은 그만한 가치가 없습니다. 여러분이 이런 것들을 하고 싶다고 느끼는 욕망은 원수로부터 오는 것입니다. 그는 여러분의 감정과 생각에 영향을 미치고 있습니다. 그는 거짓말의 아버지이며, 여러분에게 "별거 아니야. 해롭지 않아."라고 말합니다. 여러분이 지금 하고 있거나 참여하고 있는 일이 큰 행복의 원천이라고 느끼도록 영향을 주는 것은 거짓말입니다.

원수의 이러한 유혹을 행동으로 옮길 때 문이 열리게 됩니다. 이런 것들이 주는 육체적 쾌락은 동반되는 마귀의 억압을 받을 만큼 가치가 있지 않습니다. 또 예수님께 순종하지 않는다고 마귀가 여러분을 정죄하는 생각으로 채우게 되는데, 이런 정죄를 받을 만큼 가치 있는 일이 아닙니다. 저는 한때 이 사실에 대해 눈이 가리워져 있었지만 이제는 눈이 열렸습니다.

10대 시절의 제 자신에게 이런 말을 해주고 싶습니다. 여러분이 마치 제 자녀인 것과 같은 마음으로 하나님의 사랑으로 말합니다. 이 글을 쓰면서 여러분을 향한 하나님의 마음이 아주 강하게 느껴집니다. 하나님은 여러분이 하나님의 품 안에서 안전하기를 원하십니다. 하나님은 여러분과의 친밀함을 원하시고 관계를 원하십니다. 하나님은 여러분에게 다 담을 공간이 없을 정도로 많은 축복을 부어주기를 원하십니다. 하나님은 여러분이 이 땅에서 여러분의 목적을 이루기를 원하시며, 여러분을 통해 세상을 변화시키기를 원하십니다. 하나님은 여러분을 통해 영혼을 구원하고 사람들의 삶에서 마귀의 지배를 파괴하기를 원하십니다.

이것이 가장 좋은 삶입니다. 소중한 '이 땅에서 누리는 천국'(heaven on earth)의 삶은 오직 여러분의 삶 전체를 예수님께 온전히 내어드릴 때 찾을 수 있습니다. 저는 장담할 수 없는 것은 약속하지 않지만, 이 한 가지는 진심으로 약속할 수 있습니다. 예수님께 온전히 항복하지 않고는 참된 만족을 얻을 수 없습니다. 이것만은 확실합니다. 우리는 오직 예수님만이 채울 수 있는 빈자리를 가진 존재로 창조되었습니다. 그 공허가 사랑과 만족을 찾게 만들고, 삶의 목적을 추구하게 합니다. 예수님께 항복할 때만 그 빈자리가 채워지고, 가장 큰 사랑과 만족, 목적을 경험하게 됩니다. 아직 예수님께 삶을 내어드리지 않았다면, 지금이 바로 삶의 모든 부분을 예수님께 항복할 때입니다. 잠시 시간을 내어 예수님과 시간을 가지시고 예수님께 항복하세요.

모든 문을 닫으세요

> 마귀에게 틈을 주지 말라
> ―에베소서 4:27 개역개정

엄밀히 말하면 사람이 죄를 지으면 문을 여는 것입니다. 그리고 죄를 지속적으로 반복하면 문이 더 크게 열립니다. 죄는 단지 세상적으로 명백한 악한 행위들만을 의미하지 않습니다. 성경에 기록된 하나님의 명령과 그분의 '레마 말씀'(지금 이 순간 하나님의 종들을 통해 주어지는 말씀)에 거스르는 모든 행동도 죄입니다. 하나님의 명령에 대한 불이행도 죄에 포함될 수 있습니다. 하나님의 말씀을 규칙적으로 읽지 않는 것도 죄입니다. 잘못된 친구(하나님께 항복하지 않은 친구)를 가까이 두는 것도 죄입니다(여기에는 지금 시기에 함께 살아야 하는 항복하지 않은 가족 구성원은 해당되지 않습니다). 경솔하게 부정적인 말을 하는 것도 죄입니다. 영적 지도자를 무시하는 것도 죄입니다. 무엇이 죄로 간주되는지를 분명히 아는 것은 매우 중요합니다. 그래야 무엇이 적에게 문을 열어주게 되는지 분별할 수 있기 때문입니다.

고의든 아니든 실수하고 죄를 지었다고 해서 귀신이 자동으로 들어오는 것은 아닙니다. 절대 실수할 수 없다는 스트레스에 빠져 살면 안 됩니다. 하나님의 은혜가 여러분을 덮고 있습니다. 죄의 영적인 위험은 진정한 회개 없이 계속해서 그 죄를 짓는 데 있습니다. 죄는 특히 하나님을 경외하지 않고 하나님에 대한 순종을 아무렇지도 않은 선택 사항으로 여기며 살 때 파괴적입니다.

> 여러분이 당한 시험*은 모든 사람들이 다 당하는 시험입니다. 하나님은 신실하신 분이시므로 여러분이 감당할 수 없는 시험*당하는 것을 허락하지 않으시고 여러분이 시험*을 당할 때에 피할 길을 마련해 주셔서 감당할 수 있게 하실 것입니다.
> —고린도전서 10:13 현대인의 성경

이 구절은 하나님께서 가끔 또는 대부분 감당할 수 없는 시험 당하는 것을 허락하지 않는다고 말씀하지 않습니다. 하나님이 이것을 허용하지 않으실 것이라고 단정하여 말씀하십니다. 어떤 상황에서도 하나님은 신실하시며 여러분이 견딜 수 있는 능력을 넘어서는 유혹을 허용하지 않으십니다. 유혹을 받는 모든 상황에서 하나님은 여러분이 견딜 수 있도록 탈출구를 보여주실 것입니다. 핵심은 항복입니다. 그것이 바로 탈출구를 보여주시는 하나님의 도우심을 활성화하는 것입니다.

---

* NIV: temptation, 유혹

많은 경우 열린 문을 닫는 것으로 인해 자유하게 됩니다. 문을 닫는다는 것은 원수에게 주었던 여러분의 권세를 하나님께 드리는 행동입니다. 축귀를 받으면 그 문을 계속 닫아두는 것이 중요합니다. 때로는 하나님의 은혜로 문을 닫기도 전에 하나님이 여러분을 축귀하실 수도 있습니다. 그런 경우에는 즉시 그 문을 닫는 것이 매우 중요합니다. 중독에서 축귀되었다면 마약, 술, 포르노 등을 버리세요. 온라인에서 특정 사람을 팔로우할 때 죄의 유혹을 받는다면 그 사람을 언팔로우하세요. 하나님께 항복하지 않은 친한 친구가 있다면 성령의 인도하심에 따라 관계를 끊거나 경계를 세우는 것이 중요합니다.

잘못된 사람들을 가까이 두는 것은 적에게 큰 문을 열어주는 것입니다. 이것은 마귀가 사람들, 특히 크리스천들을 속이는 가장 큰 방법 중 하나입니다. 크리스천들은 사람들을 사랑하고 그들에게 빛이 되고 있다고 스스로에게 말함으로써 잘못된 사람들을 가까이 두는 것을 정당화합니다. 그러나 예수님은 열두 제자만 어느 정도 가까이 두셨고, 그 제자들은 모두 하나님께 항복했습니다. 그런 다음 하나님께 가장 많이 항복한 세 제자를 아주 가까이 두셨습니다. 예수님은 야고보, 요한, 베드로를 변형산과 겟세마네 동산과 같이 친밀하고 연약한 순간에 함께 하기로 선택하셨습니다(마태복음 17:1-13, 26:36-38). 우리는 영적 안전을 위해 예수님의 모범을 따라야 합니다.

"속지 마십시오. 악한 친구와 사귀면 좋은 도덕성을 그르치게 됩니다"(고린도전서 15:33 AMP). 적에게 문을 열어놓은 사람과 친밀한 관계를 유지하는 것은 적에게 그 사람을 통해 여러분에게 말할 수 있는 권한을 부여하는 것입니다. 이 원칙 때문에 그 사람의 행동이 여러분에게 영향을 미치게 됩니다. 아무리 노력해도 그 사람은 여러분의 선한 도덕성을 타락시킬 것이며, 대적의 억압을 받게 될 수 있습니다.

이 개념에서 함께 살아야만 하는 가족은 제외됩니다. 이런 상황에서는 가족들이 여러분과 가까이 있는 것을 스스로 통제할 수 없기에 특별한 은혜가 여러분을 덮습니다. 하나님은 원수가 가족들을 통해 시도하는 모든 공격을 여러분의 믿음을 강화하고 하나님의 형상을 닮아가기 위한 연단의 불로 사용하실 것입니다. 그러나 여러분은 믿음의 선한 싸움을 열심히 싸우는 것에 대한 심각성을 이해하고 여러분을 영적으로 강하게 만드는 영적 훈련을 계속해야 합니다. 우리는 모두 영적 전쟁에서 깨어 있으라는 부름을 받았지만, 각자의 고유한 상황을 알고 그것이 연단의 불로 사용될 수 있음을 이해하면서 더욱 깨어 있어야 합니다.

여러분이 닫아야 할 또 다른 중요한 문은 부정적인 말의 문입니다. 어떤 사람들에게는 생활을 완전히 바꾸는 일일 수도 있습니다.

내뱉는 말로 문을 절대로 열지 않으려면 매일 아침 하루 동안 생명의 말만 하기로 결심하세요. 말하기 전에 생각하기로 결심하세요. 의지가 없이는 변화가 일어나지 않습니다. 이 영역에서 변화하기로 결심해야 합니다. 날마다 의도를 가지고 말하다 보면 언젠가는 말할 때 예수님을 더 닮은 모습으로 변화하게 될 것입니다. 여러분의 언어에서 비속어, 저주하는 말, 부정적인 단어가 사라질 것입니다.

성령으로 여러분을 채우세요

이 구절을 다시 한 번 살펴봅시다.

> 더러운 귀신이 사람에게서 나갔을 때에 물 없는 곳으로 다니며 쉬기를 구하되 쉴 곳을 얻지 못하고 이에 이르되 내가 나온 내 집으로 돌아가리라 하고 와 보니 그 집이 비고 청소되고 수리되었거늘 이에 가서 저보다 더 악한 귀신 일곱을 데리고 들어가서 거하니 그 사람의 나중 형편이 전보다 더욱 심하게 되느니라 이 악한 세대가 또한 이렇게 되리라
> ―마태복음 12:43-45 개역개정

집이 비고 청소되고 수리된 것을 발견했다는 것은 귀신이 그 사람에게 성령이 없음을 발견했다는 뜻입니다. 귀신이 떠난 후 성령님으로 채워져야 하는 자리가 비어있으면 귀신이 보고 다시 돌아올 수 있는 권세가 있는 것을 알게 됩니다. 성령으로 자신을 채우는 것은 한 번으로 끝나는 것이 아니라 매일 실천하는 행동이 수반되어야 합니다.

> 술 취하지 마십시오. 이것 때문에 방탕하게 됩니다. 오히려 여러분은 성령으로 충만하십시오. 시와 찬미와 영적인 노래로 서로 이야기하고 마음으로 주님께 노래하고 찬송하십시오.
> ―에베소서 5:18-19 현대인의 성경

이제 성령으로 충만해진다는 것이 무엇을 의미하는지 살펴봅시다.

1. 성령님께 항복하세요. 성령께서 여러분을 채우시고 성령으로 세례를 베푸시도록 허용하세요. 10장에서 말씀드린 것처럼 성령세례는 믿는 자가 성령이 이끄는 삶을 살고 육체적 본성보다 영이 더 강해지는 데 매우 중요합니다. 성령세례와 함께 오는 성령의 불을 받으면 마귀를 대적하고 육신을 십자가에 못 박을 수 있는 힘과 능력을 얻게 됩니다.

2. 하나님과 관계 맺으세요. 이것은 선택일 뿐만 아니라 훈련이기도 합니다. 하나님과의 관계가 감정에 기초한다면 매우 변덕스러울 것입니다. 하나님과의 관계는 믿음을 기반으로 해야 하는데, 하나님 나라의 모든 것이 믿음에 기초하기 때문입니다. 청소년은 부모님과 많은 시간을 보내고 싶어 하지 않을 수 있습니다. 대신 친구들과 시간을 보내거나 혼자 있고 싶어 할 수도 있습니다. 하지만 장성한 자녀가 엄마, 아빠와 함께 시간을 보내는 것을 선택하는 것은 부모님에 대한 사랑 때문입니다.

기도하거나 말씀을 읽는 데 시간을 보내고 싶지 않은 날이 있을 수 있습니다. 그렇다고 해서 하나님을 사랑하지 않거나 부끄러워해야 한다는 뜻은 아닙니다. 하나님과의 관계는 감정에 근거한 것이 아니라 매일 하나님을 사랑하기로 한 여러분의 선택에 근거한다는 것을 이해하는 것이 중요합니다. 그렇지 않으면 하나님과의 관계를 소홀히 하거나 말씀이나 기도에 시간을 보내고 싶지 않을 때마다 마귀가 주는 정죄의 거짓말을 믿게 될 것입니다.

하나님과의 관계란 무엇인가요?

하나님과의 관계는 기도, 성경 읽기, 경배, 순종으로 이루어집니다. 이 모든 것은 감정이 아닌 선택과 행동에 기반합니다.

기도

많은 크리스천이 실제로 어떻게 기도해야 하는지 모릅니다. 방에서 혼자 몇 시간 동안 기도해야 한다고 생각하며, 킹제임스성경의 고어나 부자연스러운 단어로 기도해야 한다고 생각합니다. 많은 사람들은 또한 기도라는 종교의식과 종교적인 단어들이 하나님이 자신의 기도를 듣고 자신을 위하여 움직이도록 설득한다고 믿습니다.

기도는 진정한 친밀감이 있는 하나님과의 진정한 관계에서 비롯되어야 합니다. 마치 하나님이 나의 자연스러운 말투를 이해하지 못하는 먼 나라에 있는 서로 이해할 수 없는 분인 것처럼 기도하면 관계나 친밀감을 형성할 수 없습니다. 하나님과 관계 맺는다는 것은 하나님을 가장 친한 친구이자 아버지이자 동시에 주님으로 삼기로 선택하는 것입니다.

때로는 가장 친한 친구에게 말하듯이 하나님과 대화해야 하며, 일상적인 말투로 존중과 사랑, 솔직함으로 하루를 살아가며 많은 일들을 공유해야 합니다. 매일 어디를 가든지 의식적으로 의도적으로 하나님과 함께해야 합니다. 하나님이 항상 나와 함께하신다는 사실로 마음을 새롭게 함으로써 친밀함을 형성하세요. 하나님을 생각 속으로 모셔 오세요. 아름다운 노을을 볼 때 하나님께 감사하세요! 하나님의 은총을 경험할 때 하나님께 감사하세요! 여러분의 마음이 축복받을 때 하나님께 감사하세요!

하나님의 약속을 깊이 생각할 때 이렇게 말씀하세요.

> 주님, 앞으로 이루어질 약속들에 대해 감사합니다. 주님을 신뢰합니다. 주님의 타이밍을 신뢰합니다. 제가 겪은 모든 일들을 겪게 주셔서 감사합니다. 주님은 저를 변화시키고 다듬는 가

장 좋은 방법을 알고 계십니다. 예수님, 사랑합니다.

어려운 시기를 지나고 있을 때 주님께 이렇게 말씀하세요,

> 주님, 주님의 도움이 필요합니다. 저를 위해 싸워주시고 제가 이것을 지나갈 수 있도록 도와주셔서 감사합니다. 주님께서 저에게 허락하신 모든 일에는 목적이 있다는 것을 압니다. 주님, 저와 함께하시고 저를 도와주셔서 감사합니다.

하나님은 여러분이 하나님을 가장 친한 친구로 대하기를 원하시지만, 그렇다고 여러분이 느끼는 모든 것을 털어놓기를 원하시는 것은 아닙니다. 하나님과 대화할 때도 여러분의 말에는 힘이 있습니다. 하나님은 여러분이 감정이 아닌 믿음으로 살기를 원하십니다. 감정을 내뱉는 것으로 하나님을 기쁘시게 하는 것이 아니라 믿음으로 하나님을 기쁘시게 합니다. 하나님을 사랑한다는 것을 보여주는 한 가지 방법은 영적으로 성숙해지기로 선택하고 하나님의 말씀에 부합하는 말만 하며 순종하는 것입니다. 하나님을 가장 친한 친구로 대하되, 습관대로 감정에 따라 말하지 말고 영적으로 성숙한 모습으로 대하세요.

하나님은 여러분이 하나님을 아버지이자 주님으로도 대하기를 원하십니다. 항상 하나님을 존중하는 마음으로 말씀하세요. 하나님을 가장 친한 친구로 대할 때, 하나님은 여러분의 아버지이자 주님이시기도 하다는 사실을 기억하세요.

기도의 또 다른 측면은 하나님과 협력하여 하나님의 뜻을 이 땅에 실현하는 것입니다. 여러분은 이 땅에서 권세를 가지고 행하도록 부름 받았습니다. 여러분은 병든 자를 고치고, 귀신을 쫓

아내고, 산을 옮기도록 부름 받았습니다. 이 모든 것은 우리가 하나님과 동역할 때 하나님의 능력으로 이루어집니다. 그러나 하나님은 우리에게 권세로 행하고 말씀을 선포하라고 부르십니다. 많은 믿는 자들이 잘못된 기도를 하고 있으며, 그래서 결과를 보지 못하고 있습니다. "하나님, 이 사람을 고쳐주세요."라고 기도합니다. 올바른 기도 방법은 여러분의 영적인 영역일 때 성령의 인도하심에 따라 하나님의 질서 안에서 아픈 사람에게 "나으라."고 선포하거나 귀신에게 떠나라고 명령하는 것입니다.

> 내가 진실로 너희에게 이르노니 누구든지 이 산더러 들리어 바다에 던져지라 하며 [하나님의 무한한 능력을] 마음에 의심하지 않고 말하는 것이 이루어질 것을 믿으면 [하나님의 뜻에 따라] 되어지리라
> —마가복음 11:23 AMP

하나님께 요청하는 기도의 대부분은 오히려 산을 향해 선포하는 말이어야 합니다. 선포할 때 여러분은 혼자 행동하는 것이 아닙니다. 이것이 기도입니다. 하나님의 뜻을 이루기 위한 하나님과의 동역입니다.

또한 기도할 때 요청이 이루어질 때까지 계속해서 반복할 필요는 없습니다. 기도를 반복하는 것은 하나님이 여러분의 기도를 들으셨다는 믿음이 부족하다는 것을 나타냅니다. 한 번만 기도하고 그다음부터는 기적이 나타날 것을 하나님께 감사하는 것이 더 좋습니다.

하나님의 능력이 역사하는 교회에 심겼다면 예배 중에도 기도가 여러분에게 풀어놓아질 것입니다. 그 기도는 헛되이 돌아갈 수 없습니다. 하나님은 여러분이 이해와 믿음을 가지고 기도하기를

원하십니다. 아직 기적이 나타나지 않았지만 어노인팅이 있는 교회에 심기었다면, 하나님의 종의 선포(기도)를 통해 기적을 풀어놓아 주신 하나님께 감사하고 하나님의 때에 기적이 분명히 눈에 보일 것이라는 믿음을 갖기 바랍니다. 아직 기적이 눈에 보이지 않았다고 해서 기도가 이루어지지 않은 것처럼 행동하기보다는 하나님의 종을 통해 하나님이 풀어놓아 주신 것을 받아들이는 것이 중요합니다.

하나님께 겸손히 요청을 드려야 할 때도 있습니다. 어디로 나아가야 할 지 방향성을 구할 때 하나님의 뜻과 타이밍을 잘 모르겠다면 하나님께 권한을 드리세요. 어린아이와 같은 마음으로 하나님께 나아가서 순수한 마음의 소망을 하나님께 나누세요.

> 여러분이 원하는 것을 얻지 못하는 이유는 하나님께 구하지 않기 때문입니다. 그리고 구해도 얻지 못하는 이유는 동기가 다 잘못되었기 때문입니다. 여러분은 자신에게 즐거움을 줄 수 있는 것만 원하기 때문입니다.
> ―야고보서 4:2-3 NLT

하나님께 구할 때에는 이기심이 아니라 순수한 동기를 가지고 정중하게 해야 합니다. 이기적인 이유로 무언가를 원하고 있다는 것을 깨달으면 하나님께 더 겸손하고 이타적인 사람이 될 수 있도록 도와달라고 하세요.

하나님께 "감사합니다."라고 말하는 것이 가장 많이 하는 기도가 되어야 합니다. 이것이 바로 '쉬지 말고 기도하는' 방법입니다(데살로니가전서 5:17-18). 많은 사람은 쉬지 않고 기도하는 것이 하나님께 끊임없이 간구하는 것이라고 생각하며, 어떤 사람들은 몇 분 만에 하나님께 구할 것이 떨어져서 하나님과의 관계에 불안감을 느낄 수 있습니다. 하지만 하나님께 끊임없이 무언가를 구한다면, 하나님이 내 기도를 들어주신다는 믿음이 없거나 너무 많은 것을 원하고 있기 때문에 더 이타적이 되어야 합니다. 구하는 것이 많지 않다면 그것은 나쁜 것이 아니라 좋은 것입니다. 하나님이 일하고 계시고 하나님이 기적을 주시는 타이밍에 만족하고 있다는 뜻입니다. 여러분에게 없는 것을 신경 쓰기보다는 하나님을 섬기고 다른 사람들에게 사랑을 베푸는 데 더 집중하고 있다는 뜻입니다.

친구나 사랑하는 사람과 함께 휴가를 떠난다면 아마도 둘 사이에 침묵의 시간이 있을 것입니다. 문제 될 것이 없습니다. 말이 오가지 않더라도 친밀한 것은 똑같습니다. 예수님과의 관계도 마찬가지입니다. 하나님과의 관계에서 가장 중요한 부분은 어디를 가든 마음과 생각과 기도에 하나님을 포함시키고 하나님께 지속적으로 감사하는 것입니다.

하나님과의 관계는 복잡해서는 안 됩니다. 그러나 종교는 모든 것을 복잡하게 만드는 경향이 있습니다. 종교의 영을 통한 원수의 계략은 하나님 나라의 모든 것을 우리가 할 수 없는 것처럼 보이게 만드는 것입니다. 이제 종교의 영에서 벗어나 하나님과의 소중하고 친밀한 관계로 들어가야 할 때입니다. 지금 바로 시작할 수 있습니다!

말씀 읽기

> 태초에 말씀이 계시니라 이 말씀이 하나님과 함께 계셨으니 이 말씀은 곧 하나님이시니라
>
> ─요한복음 1:1 개역개정

하나님은 말씀이십니다. 말씀을 읽지 않으면 하나님과 진정한 관계를 맺는 것이 아닙니다. 말씀은 하나님의 성품을 드러냅니다. 말씀 안에서 하나님은 말씀하십니다. 말씀을 읽으면 하나님을 알게 됩니다. 하나님의 마음과 신실하심, 선하심, 순결하심, 형언할 수 없는 사랑과 같은 하나님의 성품에 대해 알게 됩니다. 말씀을 더 많이 읽을수록 하나님을 더 많이 알게 됩니다. 말씀을 더 많이 읽을수록 하나님의 목소리를 더 알게 되고, 매일 여러분을 인도하고 교정하며 말씀하시는 그 세미한 음성을 들을 수 있게 됩니다. 말씀을 더 많이 읽을수록 마귀의 목소리와 하나님의 목소리를 더 잘 분별할 수 있게 됩니다. 말씀을 읽는 것은 하나님과 함께 시간을 보내고 하나님의 음성을 듣는 데에 있어 큰 부분입니다.

하지만 바리새인과 예수님은 같은 하나님의 말씀을 읽었지만, 그 해석은 완전히 달랐다는 사실을 명심하세요. 하나님의 마음과 하나님의 방법, 하나님의 명령을 따르는 방법에 대한 바리새인들의 계시는 여러 측면에서 예수님과 정반대였습니다. 그렇다면 바리새인들의 계시가 아닌 진정한 계시, 즉 하나님의 새 포도주와 예수님의 계시를 받으려면 어떻게 해야 할까요? 제자 훈련을 받아야 합니다.

> 그러므로 너희는 가서 모든 민족을 제자로 삼아 아버지와 아들과 성령의 이름으로 세례를 베풀고 내가 너희에게 분부한 모든 것을 가르쳐 지키게 하라 볼지어다 내가 세상 끝날까지 너희와 항상 함께 있으리라 하시니라
> ―마태복음 28:19-20 개역개정

여러분은 제자로 부름을 받았으며, 이는 제자 훈련을 받아야 한다는 것을 의미합니다. 어노인팅이 있는(기름 부음을 받은) 오

자유를 받으세요

중직임 사역자의 가르침을 받고 훈련받는 것도 여기에 포함이 됩니다. 이러한 가르침과 훈련의 대부분은 영적인 어머니나 아버지로부터 받게 됩니다. 마태복음 28장 20절에 따르면, 예수님은 여러분을 인도하고 하나님께서 명하신 것을 가르치기 위해 기름 부음 받은 하나님의 종들을 보내셨습니다. 오중직임 사역자들은 참된 새 포도주 계시로 성경의 의미를 가르치기 위해 기름 부음을 받았습니다. 이러한 가르침을 받을 때 여러분에게 어노인팅이 임파테이션되어 하나님의 말씀을 읽을 때 하나님의 음성을 들을 수 있도록 도와줍니다.

예를 들어, 하나님께서 '그냥' 명령을 따르기를 원하신다고 잘못 배웠을 수 있습니다. 이렇게 되면 성경을 읽을 때 우리가 따라야만 하는 법 조항처럼 읽게 될 수 있습니다. 그러나 하나님의 말씀을 풍성한 삶으로 가는 지도이자 마귀를 이기기 위한 전투 계획으로 주셨다는 것을 제대로 배우면 경외심을 가지고 신나는 마음과 기쁨으로 말씀을 읽게 될 것입니다! 말씀을 마음에 새기고 그 명령을 따르고 싶은 마음이 생기게 될 것입니다.

잘못 배운 말씀에 은혜와 자비, 긍휼이라는 하나님의 마음이 없다면 '정죄'라는 안경을 끼고 말씀을 읽게 될 것입니다. 하나님이 요구하시는 모든 것을 행하는 것이 너무 어렵게 느껴질 것입니다. 그러나 하나님의 사랑에 대한 계시를 전하는 기름 부음 받은 선생님이 있다면, 하나님의 말씀에서 말씀하시는 내용을 통해 하나님의 사랑을 인식하면서 말씀을 나에게 보내는 연애편지로 읽게 될 것입니다.

무엇보다도 하나님의 말씀에 대한 올바른 계시를 받으려면 성령님의 도움이 필요합니다. 성령님의 도움을 받는 방법 중 하나는 하나님이 정하신 영적인 어머니 또는 아버지 아래에 심기고 주님의 뜻을 여러분의 삶에 이루시도록 성령님을 초청하고 지속적으로 성령님께 항복하는 것입니다.

> 그러므로 여러분은 온갖 더러운 것과 악을 버리고 마음에 심겨진 하나님의 말씀을 겸손히 받아들이십시오. 그 말씀에는 여러분의 영혼을 구원할 수 있는 능력이 있습니다. 여러분은 말씀을 듣기만 하여 자신을 속이지 말고 말씀을 실천하는 사람이 되십시오. 말씀을 듣고도 실천하지 않는 사람은 거울에 자기 얼굴을 들여다보는 사람과 같습니다. 그는 자기 모양을 보고도 거울 앞에서 떠나면 곧 제 모습을 잊어버립니다. 그러나 자유를 주는 완전한 그리스도의 법을 마음속에 새기고 그것을 지키는 사람은 듣고 잊어버리는 사람이 아니라 실천하는 사람입니다. 이런 사람은 그가 하는 일에 복을 받을 것입니다.
>
> —야고보서 1:21-25 현대인의성경

매일 하나님의 말씀을 읽고 영적인 어머니나 아버지의 리더십 아래 어노인팅이 있는 사역지에 심길 때 하나님의 말씀이 여러분 안에 심기게 됩니다. 어떤 사람들은 어노인팅이 있는 교회에 있는데 교회에 와서 설교만 들으면 된다고 생각하면서 자신의 영적인 생활을 게을리합니다. 그러나 설교를 통해 말씀을 듣는 것과 하나님의 말씀을 직접 읽는 것은 똑같이 중요합니다.

여러분은 직접 하나님과의 관계 맺고 말씀 안에서 하나님과 함께 시간을 보내야 합니다. 그렇게 할 때 매우 강력하고 초자연적인 일이 일어나며, 원수를 이길 뿐만 아니라 받은 자유를 지킬 수 있도록 도움을 받게 됩니다.

매일 성경을 얼마나 읽어야 하는지에 대해서는 성령의 인도를 받으세요. 말씀을 읽는 것은 훈련이 되어야 하지만, 그것이 종교(옛 포도주 의식)로 변질되지 않도록 해야 합니다. 일반적인 지침은 하루에 적어도 한 장 이상의 말씀을 읽는 습관을 들이는 것입니다. 그러나 어느 날 너무 바빠서 한 구절만 읽더라도 큰 문제가 되지 않습니다. 한 장 전체를 읽지 못했다고 해서 정죄를 느낄 필요는 없습니다. 무엇보다도 말씀 안에서 시간을 보내는 것이 하루의 주요 우선순위 중 하나가 되어야 합니다. 하나님을 경외하는 동시에 하나님의 은혜 안에서 사는 것이 중요합니다. 말씀 읽기를 훈련하되 종교적으로 생각하지 마세요. 어디를 읽을지, 얼마나 읽어야 할지는 성령의 인도하심에 맡겨야 합니다.

새신자라면 요한복음부터 시작하는 것이 좋습니다. 오랫동안 믿었더라도 최근에 축귀를 받았다면, 이제 막 뉴 와인(새 포도주)을 경험하기 시작한, 새롭게 자유하게 된 어린 신자로 겸손하게 생각하세요.

여러분 안에 말씀을 심고 말씀대로 사는 것이 받은 자유를 지키는 가장 중요한 두 가지 방법입니다. 사람들이 자유하게 된 후 앞으로 나아가지 못하거나 다시 억압받는 주된 이유는 말씀으로 자신을 채우지 않고 말씀을 적용하지 않기 때문입니다.

다시 말하지만, 말씀으로 자신을 채우는 것은 말씀을 읽는 것과 어노인팅이 있는 말씀을 듣는 것을 통해 이루어집니다. 야고보서 1장 21절은 말씀이 여러분을 구원할 수 있다고 말합니다! 매일 진정으로 자유를 가져다주는 말씀을 열심히 들여다보세요. 그 말씀을 날마다 삶에 적용하면 마귀를 이기는 지속적인 승리의 삶을 살며 영원히 자유를 지키는 축복을 받게 될 것입니다!

경배

> 시와 찬미와 영적인 노래로 서로 이야기하고 마음으로
> 주님께 노래하고 찬송하십시오.
> ─에베소서 5:19 현대인의성경

모든 것 위에 하나님을 높이는 것이 중요합니다. 주님이신 하나님과의 관계에서 정기적으로 하나님을 찬양하고 만주의 주로 대접해야 합니다. 경배는 노래와 춤, 말 등 경배와 찬양을 표현하는 다양한 방법을 통해 이루어질 수 있습니다. 경배는 또한 삶의 모든 측면을 통해 이루어질 수 있습니다. 여러분이 하는 모든 일은 주님을 위한 것이어야 합니다. "무슨 일을 하든지 마음을 다하여 주께 하듯 하고 사람에게 하듯 하지 말라"(골로새서 3:23)

일할 때는 탁월함과 성실함으로 하세요. 직장의 모든 사람을 존중과 사랑으로 대하세요. 정시에 도착하고 책임감 있고 정직하게 행동하세요. 자녀를 돌보든, 육체를 돌보든, 집안 청소를 하든, 어떤 일을 하든 최선을 다해 탁월하게 하세요. 이 모든 일을 하나님께 순종하기 위한 목적으로 할 때, 여러분은 하나님께 경배하는 것입니다. 하나님이 여러분에게 요구하시는 모든 일을 하나님이 강요 때문이 아니라 여러분이 하나님을 경외하고 순종하기를 원하기 때문에 하나님께 경배하기 위해서 하세요. 하나님은 주님이시며 가장 잘 아시기 때문에 모든 것을 탁월하게 하세요.

순종

저는 순종을 하나님의 '사랑의 언어'라고 표현하고 싶습니다. 순종하는 것이 하나님의 마음을 가장 감동시킨다는 뜻입니다. 많은 사람이 반복적이거나 열정적인 기도, 전통에 따른 일상적인 금

식 등의 종교적 의식이 하나님을 영적으로 감동시키거나 하나님의 마음에 이르는 길이라고 잘못 생각합니다.

> 사무엘이 이르되 여호와께서 번제와 다른 제사를 그의 목소리를 청종하는 것을 좋아하심 같이 좋아하시겠나이까 순종이 제사보다 낫고 듣는 것이 숫양의 기름보다 나으니
> ―사무엘상 15:22 개역개정

사울은 종교적 제사(희생)를 드리는 것이 하나님을 기쁘시게 하는 가장 중요한 일이라고 생각했지만, 사실은 순종하는 것이 하나님을 기쁘시게 하는 가장 중요한 일이었습니다. 하나님께 순종할 때 희생은 필수적입니다. 그러나 어떤 사람들은 하나님께 순종하는 것이 아니라 다른 기독교인들로부터 의롭다고 여김을 받거나 존경을 받기 위해 연기하듯이 기도, 금식 및 기타 영적 활동의 희생을 하고 있습니다. 매일 성경을 읽고 기도한다고 하면서도 말을 함부로 하고 마음속에 질투와 교만을 품고 있는 사람들도 있습니다. 그들은 하나님과의 관계에서 가장 중요한 부분이 말씀 읽기와 기도와 같은 영적 활동 목록을 체크하는 것이라고 생각하기 때문에 영적으로 덜 중요해 보이는 삶의 측면을 소홀히 합니다.

하지만 하나님과의 관계에서 가장 중요한 부분은 매일 매 순간 순종하는 것입니다. 하나님이 여러분의 자녀와 함께 시간을 보내라고 요청하실 때 그렇게 하면 그 순간 하나님께 순종하는 것이고 그것이야말로 가장 영적인 일입니다. 하나님이 집 청소를 하라고 하실 때 그 일에 순종하면 청소야말로 그 순간 여러분이 할 수 있는 가장 영적인 일입니다.

하나님의 마음을 닮는 사람(사도행전 13:22)이 된다는 것은 하

11장 받은 자유를 지키는 방법: 항복하기

나님의 뜻과 하나님이 내게 요구하시는 모든 것을 행하는 데 가장 열정적으로 임하고, 그 일을 실행에 옮기는 것을 의미합니다. 하나님의 온 마음은 자녀들이 하나님의 사랑을 발견하고 하나님의 치유와 자유를 받는 것입니다.

하나님이 사랑과 능력으로 하나님의 백성에게 다가가는 주된 방법은 하나님의 종들을 통해서입니다. 그러므로 하나님의 기름 부음을 받은 교회와 사역지에서 일어나는 하나님의 일은 세상에서 가장 중요한 일입니다. 하나님은 믿는 자들을 사회의 여러 측면에서 하나님의 그릇으로 부르시지만, 믿는 자들이 능력 있는 그릇으로 준비되는 곳은 교회입니다. 또한 교회는 교회의 지도자들에게 맡겨진 높은 수준의 어노인팅으로 인해 가장 강력한 표적과 기사, 기적이 일어나는 곳이기도 합니다(사도행전 2:43).

섬기고, 간증하고, 교회에서 하나님이 하시는 일에 대한 좋은 소식을 전하고, 씨를 심는 것을 통해 하나님의 일에 기여함으로 하나님께 순종하는 것은 하나님과의 관계에서 매우 중요한 부분입니다. 여러분이 하나님의 일에 기여할 때, 여러분은 하나님이 가장 열정적으로 생각하시는 일에 하나님과 동역하는 것입니다. 그것이 바로 친밀함입니다! 하나님과의 친밀함은 기도와 말씀 읽는 것에만 있는 것이 아닙니다. 하나님께 순종하여 하는 모든 일에 하나님과의 친밀함이 있습니다. 왜 그럴까요? 여러분이 하나님께 순종할 때, 여러분은 하나님과 동역하고 하나님의 마음을 만지기 때문입니다.

12장
받은 자유를 지키는 방법: 심기기

모든 믿는 자들에게 요구되는 하나님 나라의 중요한 원칙 중 하나는 하나님이 부르시는 어노인팅(기름 부음)이 있는 교회에 심기는 것입니다.

> 그리고 그는 시냇가에 굳게 심겨져 [물을 먹고] 때가 되면 열매를 맺고, 잎사귀가 시들지 않으며, 무엇을 하든지 번성하여 [성숙하게 되는] 나무와 같을 것입니다.
> —시편 1:3 AMP

이 구절의 의미는 분명합니다. 어노인팅이 있는 교회에 심기면 철마다 열매를 맺고 번성하며 원수의 계략을 끊임없이 이겨낼 수 있게 됩니다. 즉, 풍성한 삶을 누리고 대적을 계속해서 이기는 것의 아주 큰 열쇠는 계속해서 심기어 있는 것입니다.

어노인팅이 있는 교회는 사람이 아닌 하나님이 세우신 교회며, 그 교회의 리더는 사람이 아닌 하나님께 기름 부음을 받은 사람입니다. 많은 기독교인이 모르거나 그 중요성을 인식하지 못하는 뉴 와인(new wine, 새 포도주) 원칙 중 하나가 심기는 것입니다. 심긴다는 것은 한 교회에서 심기고 한 곳에 머무르는 것을 의미합니다.

> 그리스도 안에서 [여러분을 인도할] 스승이 만 명이라 할지라도 [여러분을 그리스도께로 인도하고 책임질] 아

버지가 많지 않으니, 이는 내가 [구원의] 좋은 소식을 통해 그리스도 예수 안에서 여러분의 아버지가 되었기 때문입니다. 그러므로 나는 여러분에게 [자녀가 아버지를 본받는 것처럼] 나를 본받는 자가 되라고 권합니다. 이런 이유로 나는 주 안에서 나의 사랑하고 충실한 자녀인 디모데를 여러분에게 보냈으며, 그는 내가 모든 교회에서 가르치는 것처럼 그리스도 안에서 나의 삶의 방식[경건한 삶을 위한 나의 행동과 교훈]을 여러분에게 상기시켜 줄 것입니다.

—고린도전서 4:15-17 AMP

이 구절은 한 곳에, 한 리더(영적인 어머니 또는 아버지) 아래 심기는 원칙에 대해 가르칩니다. 이 원칙은 오늘날 대부분의 사람들이 따르는 '뷔페 문화'와는 상반됩니다. TV를 시청하는 많은 사람들은 하나의 스트리밍 서비스 이용하는 것이 아니라 여러 개의 스트리밍 서비스를 함께 이용합니다. 하나의 소셜 미디어 플랫폼만 사용하는 것이 아니라 여러 개를 동시에 사용합니다. 또한 수많은 가게와 음식점 중에서 원하는 대로 선택할 수 있습니다.

많은 사람들은 이러한 뷔페 문화가 가장 이상적인 삶의 방식이라고 생각합니다. 하지만 영적인 영역에서는 그 반대입니다. 우리는 일상생활에서의 뷔페식 생활방식을 영적인 삶에 그대로 끌고 들어와서는 안 됩니다. 위의 말씀에서 바울은 고린도 교인들에게 많은 스승이 있지만 자신만이 그들의 유일한 영적인 부모라고 말했습니다. 때때로 다른 교사들의 말씀을 듣는 것은 괜찮지만, 여러분의 초점은 자신이 심겨진 곳에 두어야 합니다. 여러분의 영적 GPS가 바로 그곳에 있기 때문입니다. 그곳에서 하나님의 뜻 안에서 인도받고, 목적을 향해 나아가고, 이 땅에서 소명을 이룰 수 있도록 훈련받게 될 것입니다.

각 사역에는 비전이 있습니다. 어디에 심기도록 부르심을 받았는지는 여러분의 목적과 관련이 있습니다. 여러분의 부르심은 하나님이 여러분에게 심기라고 인도하시는 사역지의 부르심과 일치합니다.

예를 들어, 제가 목회하는 교회인 5F교회는 그리스도의 몸과 모든 민족에게 부흥을 가져오는 비전을 가지고 있습니다. 온전한 복음을 전하도록 부름 받았습니다. 온전한 복음에는 회복되어야 할 부분이 포함됩니다. 즉 예수님이 바로 지금 마귀의 일을 멸하기 위해 오셨고, 억눌린 자를 자유하게 하고, 병든 자를 고칠 수 있는 예수님의 능력이 여기에 있다는 것입니다.

우리는 하나님이 하나님의 어노인팅을 부어주실 수 있도록 신뢰할 만한 항복한 그릇이 되는 부르심이 있습니다. 우리는 주님께 나아오는 모든 사람에게 하나님의 어노인팅을 풀어놓고, 병든 자를 고치고, 귀신을 쫓아내며, 죽은 자를 살리는 부르심을 받았습니다. 우리는 사람들에게 하나님의 사랑과 은혜를 나누는 뉴 와인(새 포도주)을 풀어놓아 영적 실명과 종교의 속박에서 벗어나게 하라는 부름을 받았습니다.

우리는 받은 것을 거저 주도록 부르심을 받았습니다. 그러므로 다른 사람들에게 어노인팅이 임파테이션 되어야 합니다. 우리는 모든 민족을 제자로 삼고, 지도자들과 모든 믿는 자들이 하나님의 강력한 그릇으로 세워지도록 준비시키는 부르심을 받았습니다. 하나님은 우리를 부르셔서 그분과 동역하게 하셨습니다. 초대교회에서는 있었으나 지금은 잃어버린 모든 것, 즉 어노인팅, 오중직임 사역, 사도, 선지자, 교회의 순결과 겸손, 새 포도주에 담긴 하나님의 원칙과 방식, 예를 들어 사람이 아닌 하나님의 선택에 따라 '약하고 어리석은' 그릇을 사용하시는(고린도전서 1:27) 하나님의 방법을 회복하는 일에 하나님과 함께 일하라고 부르셨습니다.

각 사람의 부르심에 맞게 특별히 훈련되어야 하고 여러분이 심긴 곳에 여러분의 미래를 위한 영적 GPS가 있기 때문에 올바른 곳에 심겨져 있지 않으면 부르심을 이룰 수 없습니다. 그러므로 하나님이 부르시는 곳에 심기는 것이 중요합니다. 저는 5F 교회를 예로 들었습니다. 5F 교회든 다른 교회든 하나님께서 여러분을 어디로 인도하시는지 분별할 때 이 예시를 여러분 자신의 삶에 적용해 보세요. 여러분의 열정이 이 비전과 일치한다면, 하나님이 여러분을 5F 교회에 심기도록 부르시는 것일 수 있습니다.

훈련되기 위해 심기기

이것이 그리스도께서 교회에 주신 선물이니 곧 사도, 선지자, 복음 전하는 자, 목사, 교사라 이들의 책임은 하나님의 사람들로 하나님의 일을 하도록 훈련하고 그리스도의 몸 된 교회를 세우는 것이라 이것은 우리가 하나님의 아들에 대한 믿음과 지식으로 연합되고 주 안에서 성숙하게 되고 완전하고 완벽한 그리스도의 수준에 이를 때까지 계속될 것이라 그러면 우리는 더 이상 철없는 아이 같지 않고 새로운 가르침의 바람이 불 때마다 이리저리 흔들리지 않고 사람들이 교묘하게 진짜처럼 얘기하는 거짓말로 속이려 할 때 영향을 받지 않고 도리어 사랑으로 진리를 말하고 모든 면에서 더 그리스도를 닮아 가게 될 것이라 그리스도는 그의 몸 된 교회의 머리시라

> 그리스도께서 온몸의 지체가 서로 완벽하게 결합되도록
> 하시느니라 각 지체가 각자의 특별한 일을 할 때 서로가
> 성장하도록 돕게 되어 온몸이 건강하게 성장하고 사랑
> 이 가득하게 되느니라
> ─에베소서 4:11-16 NLT

"이들의 책임은 하나님의 사람들로 하나님의 일을 하도록 훈련하고"(12절) 훈련되지 않으면 영적으로 눈이 멀어 적을 물리칠 준비가 되지 못합니다. 영적 전쟁은 가장 격렬한 전쟁입니다. "우리의 씨름은 혈과 육에 대한 것이 아니요 정사와 권세와 이 어두움의 세상 주관자들과 하늘에 있는 악의 영들에게 대함이라"(에베소서 6:12)

영적 전쟁은 악한 영들의 권세와 세력과의 싸움을 포함합니다. 이 세상의 군사들은 신병 훈련소에서 강도 높은 훈련을 받습니다. 영적 전투를 위해 우리는 얼마나 더 훈련해야 할까요? 우리는 영적 훈련을 사실상 매일 받아야 합니다! 여러분의 리더(들)를 통해 역사하는 어노인팅, 즉 마귀의 교활한 계략을 실시간으로 드러내는 예언적인 어노인팅이 필요합니다.

저는 저희 교회에 심겨진 사람들이 그 주의 설교 말씀이 필요했다고 간증할 때마다 늘 놀랍고 또 겸손해집니다. 많은 이들이 매주 받은 영적 훈련과 말씀을 통해 원수의 공격을 이기게 되었다고 계속해서 간증합니다. 여러분이 심긴 곳에서 받게 되는 훈련은 적의 공격으로부터 여러분을 구원하기 위해 하나님이 주시는 것입니다. 또한 그것은 여러분의 영적인 눈을 열어, 사탄이 교묘한 꾀로 당신을 속이거나 함정에 빠뜨리지 못하도록 하기 위함입니다. "뱀은 여호와 하나님이 지으신 들의 모든 생물보다 더 간교

하고(교묘하고, 속임수에 능숙하고)"(창세기 3:1 AMP). 여러분이 마귀를 이기는 것의 많은 부분은 여러분이 심겨진 곳에서의 가르침을 통해 얻는 영적 근육과 통찰력에서 비롯됩니다.

"이들의 책임은 하나님의 사람들로 하나님의 일을 하도록 훈련하고"(에베소서 4:12 NLT). 오중직임 사역자들은 또한 여러분이 하나님의 일을 할 수 있도록, 하나님을 위한 강력한 그릇이 될 수 있도록, 여러분의 목적을 이룰 수 있도록 성도들을 훈련시킵니다. 이 훈련의 한 부분에는 임파테이션이 포함됩니다. 어노인팅의 임파테이션은 한 영적 아버지나 어머니 아래에 심겨질 때 일어납니다. 엘리사가 엘리야, 여호수아가 모세, 디모데가 바울 아래 심겼던 것처럼 한 영적인 어머니 또는 아버지 밑에 심길 때 받게 됩니다. 여러분의 사명을 완전히 이룰 수 있도록 온전히 훈련되려면 계시와 지식은 물론 하나님의 능력이 필요합니다.

보호

> 여러분은 지도자들의 말을 잘 듣고 그들에게 복종하십시오. 그들은 자기들이 한 일을 하나님께 보고해야 할 사람들이므로 정신을 바짝 차리고 여러분의 영혼을 보살핍니다. 그러므로 그들이 이 일을 괴로운 마음으로 하지 않고 기쁨으로 하게 하십시오. 그렇게 하지 않으면 여러분에게 유익이 없습니다.
> ―히브리서 13:17 현대인의 성경

여러분의 영적 부모가 여러분을 보살핀다는 사실을 알고 계셨나요? 하나님은 그들에게 여러분의 영적 건강과 보호를 돌보도록 맡기십니다. 하나님이 여러분을 위해 행하시는 일의 많은 부분은

자유를 받으세요

사람이라는 그릇을 통해 이루어집니다. 저를 예로 들어보겠습니다. 제가 받은 영적 성장의 대부분은 하나님이 제 영적 아버지를 통해 역사하심으로 이루어진 것입니다. 제가 하나님께 받은 인도와 방향 또한 대부분 제 영적 아버지를 통해 주어졌습니다. 제가 제 부르심을 발견하게 된 것도 하나님이 영적인 아버지인 선지자를 통해 말씀하셨기 때문입니다. 그리고 제가 받은 교정의 대부분도 하나님께서 제 영적 아버지를 통해 역사하심으로 이루어졌습니다.

여러분이 심긴 교회에서는 가르침과 훈련뿐 아니라 보호도 받습니다. 여러분이 받은 자유를 지키려면 보호받는 것이 중요합니다. 하나님이 여러분을 보호하시는 주된 방법은 여러분의 영적 지도자와 여러분이 심긴 교회를 통해서입니다.

이러한 보호는 두 가지 방식으로 이루어집니다. 첫째, 심긴다는 것은 영적인 원칙입니다. 영적인 원칙에 순종할 때 초자연적인 유익의 문이 열립니다. 초자연적인 보호는 여러분이 하나님의 부르심에 따라 심기기로 언약을 맺을 때 문이 열립니다. 단순히 하나님께서 여러분에게 하라고 하시는 것에 응답함으로 이 언약을 맺으세요. 소리내어 "나는 ＿＿＿＿＿＿＿ 사역지에 나를 심습니다. ＿＿＿＿＿＿＿ 은 나의 영적 어머니/아버지입니다. 저는 하나님께서 저에게 지시하신 대로 겸손함과 충성함으로 이곳에 계속해서 심겨 있겠습니다."라고 말하세요.

영적 지도자에게서 흐르는 어노인팅은 단순히 귀신을 쫓아내기 위한 것만이 아닙니다. 여러분을 보호하기 위한 것이기도 합니다. 리더로부터 흐르는 어노인팅은 여러분의 삶에 지속적인 영적 보호막으로 작용합니다. 여러분을 덮고 보호하는 어노인팅을 보고 귀신들이 도망갑니다! 여러분이 심겨 있고 귀신들이 들어올 수 있는 문을 닫고 사람들이 하는 나쁜 말을 거부하는 한, 마녀(무당)나 마법사(박수)조차도 여러분에게 저주를 내릴 수 없습니다. 하지만 이 영적 원칙을 따르지 않으면 이 초자연적인 보호를 받지 못합니다. 어떤 사람들은 단순히 심기지 않았기 때문에 삶에서 저주와 억압을 받습니다. 하나님이 주고자 하시는 온전한 보호를 받지 못하고 있습니다.

둘째, 영적 지도자의 가르침과 예언적인 말씀 그리고 교정해주고 인도해주는 것을 통해 보호받게 됩니다. 하나님은 마귀의 계략을 알고 계십니다. 하나님은 여러분의 리더로 예언적인 경고를 주시고 올바르게 인도하게 하시고 마귀의 계략을 이겨낼 수 있는 훈련을 하게 하셔서 궁극적으로 여러분을 안전하게 인도하실 것입니다.

아직 어디에 심길지 잘 모르시거나 현재 하나님의 능력이 없는 교회에 속해 있더라도 무방비 상태로 방치되어 있다고 걱정할 필요가 없습니다. 하나님의 은혜가 여러분을 덮고 있습니다. 하지만 이 중요한 진리를 깨닫고 나면 행동을 취하는 것이 중요합니다. 하나님께서 여러분을 부르시는 곳에 하나님의 은혜가 있습니다. 하나님의 은혜 안에 머물려면 순종해야 합니다. 하나님은 모든 자녀가 교회에서 교회로 계속 떠돌아다니지 않고 한 곳에 심기기를 원하십니다. 여러분이 겸손하고 여러분을 인도하는 하나님의 음성을 듣기 위한 열린 마음이 있다면 하나님께서 여러분이 심기기 원하시는 곳으로 신실하게 인도해 주실 것입니다.

> 내 안에 거하면 나도 너희 안에 거하리라. 포도나무에 붙어있지 않고는 가지가 스스로 열매를 맺을 수 없듯

> 이, 너희도 내 안에 머물지 않으면 [믿음의 증거인 열매를 맺을 수 없다]. 나는 포도나무이고 너희는 가지이다. 내 안에 머물고 내가 그 안에 머무는 사람은 많은 열매를 맺는다. [그렇지 않고] 나를 떠나 [즉, 나와의 중요한 연합에서 단절되면] 너희는 아무것도 할 수 없다. 누구든지 내 안에 머물러 있지 않으면 그는 [잘린] 가지처럼 버려져 시들어 죽고, 그런 가지는 모아 불에 던져져 타 버린다. 너희가 내 안에 머무르고 내 말이 너희 안에 머무르면 [즉, 우리가 연합하고 내 말이 너희 마음에 있으면], 무엇이든지 원하는 대로 구하면 이루어질 것이다. 너희가 많은 열매를 맺고 너희가 나의 [참] 제자임을 증명할 때 내 아버지께서는 이것으로 영광과 존귀를 받으실 것이다.
>
> ─요한복음 15:4-8 AMP

하나님 안에 거하기 위해서는, 하나님이 주신 보호와 훈련, 그리고 임파테이션 하시는 방식을 존중하고 따르며 살아가야 합니다. 여러분은 계속해서 심겨 있고 심기는 원칙을 따라야 안전하게 있을 수 있고 좋은 열매를 맺을 수 있습니다. 하나님의 방법을 따라 하나님 안에 머물지 않으면 영적인 위험과 해를 입을 수 있습니다.

어디에 심겨야 하는지 어떻게 아나요?

성령님의 인도하심에 온전히 순종하면 성령님이 심길 곳으로 인도해주실 것입니다. 하나님께서 여러분에게 심기라고 부르시는 곳은 하나님의 능력이 있는 곳입니다. 그렇기에 전통이나 사람들에게 이해받기 원하고 사람들이 좋아해주기를 바라는 마음, 핍박을 피하고 싶은 마음, 고정관념을 버려야 합니다. 왜냐하면 하나님이 심기기를 원하시는 곳에는 하나님의 능력이 있을 것이고 하나님의 능력이 있는 곳에는 핍박도 있기 때문입니다.

마귀는 자신의 왕국을 실제로 무너뜨리는 사역을 가장 두려워하기 때문에 하나님의 능력이 있는 사역이 가장 많은 핍박을 받습니다. 하나님은 또한 약하고 어리석은 그릇을 사용하시는데, 이는 사람들이 생각하지 않는 뜻밖의 사람들인 경우가 많습니다. 전통적으로 나이가 있는 사람이 아닌 젊은 사람이거나 남자가 아닌 여자이거나 전통적인 신학대학을 나오지 않고 기름 부음 받은 영적 부모로부터 훈련을 받았을 수도 있습니다. 유명하지 않고, 전통적인 목회자의 외모를 가지고 있지 않으며, 가장 유창한 연설가가 아닐 수도 있습니다.

여러분은 고정관념을 벗어나는 하나님의 방법에 항복해야 합니다. 그렇게 해야만 어디에 심기라고 인도하시는 하나님의 음성을 들을 수 있습니다. 하나님은 하나님의 말씀을 적용할 수 있도록 도와주셔서 어떤 사역이 하나님께로 온 것인지 분별할 수 있도록 지혜를 통해 말씀하실 것입니다.

> 그들의 열매로 그들을 알지니 가시나무에서 포도를, 또는 엉겅퀴에서 무화과를 따겠느냐 이와 같이 좋은 나무마다 아름다운 열매를 맺고 못된 나무가 나쁜 열매를 맺나니 좋은 나무가 나쁜 열매를 맺을 수 없고 못된 나무가 아름다운 열매를 맺을 수 없느니라 아름다운 열매를 맺지 아니하는 나무마다 찍혀 불에 던져지느니라 이러므로 그들의 열매로 그들을 알리라
> —마태복음 7:16-20 개역개정

이 구절을 적용하면 하나님이 여러분을 어떤 사역지로 부르시

는지 알 수 있습니다. 교회가 열매를 맺는다면 그 교회가 기름 부음을 받았고 그 지도자가 진정으로 하나님이 보내신 사람이라는 것을 알 수 있습니다. '열매'는 성품과 사역에 관련이 있습니다.

성품을 볼 때, 리더의 말과 행동에 성령의 열매(갈라디아서 5:22-23)가 있나요? 진정으로 겸손한가요? 핍박이 오고 사람들이 반대하는 말을 할 때에도 여전히 겸손하게 행동하나요, 아니면 자신을 증명하려고 하나요? 사람들이 자신을 잘못 보는 것에 대해 상당히 불쾌하고 화가 나 보이나요? 진정으로 사랑하나요? 불신자들도 자신에게 잘 해주는 사람을 사랑하기 때문에(마태복음 5:46-47), 적을 대하는 태도를 통해 이를 시험해 볼 수 있습니다. 이타적인가요? 하나님께 영광을 돌리나요, 아니면 자신에게 시선을 돌리게 하나요?

사역의 열매 측면에서, 리더가 진정으로 예수님이 맡기신 일을 하고 있나요? 예수님은 제자들에게 "가면서 전파하여 말하되 천국이 가까이 왔다 하고 병든 자를 고치며 죽은 자를 살리며 나병환자를 깨끗하게 하며 귀신을 쫓아내되 너희가 거저 받았으니 거저 주라"(마태복음 10:7-8)고 말씀하셨습니다.

천국이 가까이 왔다고 설교하나요? 죽은 후에 지옥에 가지 않도록 구원하시기 위해 예수님이 대가를 치르셨다는 것뿐만 아니라 지금 마귀의 손아귀에서 자유하게 하시려고 대가를 치르셨다는 것도 천국이 가까이 왔다고 설교하는 것에 포함됩니다. 치유하고 자유하게 하는 하나님의 능력을 지금 받을 수 있다는 것을 말하는 것입니다. 귀신에 대한 사실을 말하고 어떠한 악한 세력에게서도 자유하게 하실 수 있다는 것을 두려워하지 않고 부끄러워하지 않고 말하는 것입니다. 하나님 나라에 대해 가르치는 것, 즉 사

12장 받은 자유를 지키는 방법: 심기기

도와 선지자들의 기초 위에 그리스도 예수께서 모퉁이 돌이 되신 것(에베소서 2:20)을 가르치는 것입니다. 귀신이 쫓겨나는 것을 경험하거나 목격할 때 하나님 나라가 임했음을 확실히 알 수 있다고 설명하는 것입니다. 예수님은 "내가 만일 하나님의 손을 힘입어 귀신을 쫓아낸다면 하나님의 나라가 이미 너희에게 임하였느니라"(누가복음 11:20)고 말씀하셨습니다.

병든 자가 치유되고 억눌린 자가 자유를 얻나요? 이러한 열매는 어떠한 현상이 아니라 사람들의 간증을 통해 분별할 수 있습니다. 간증이 많으면 귀신을 떨게 하고 사람들을 강력하게 만지시고 영으로 일어나는 일에 육체적인 반응이 나타나는 것이 참으로 하나님의 능력임을 알 수 있습니다.

사람들이 구원받고 진정으로 항복하고 있나요? 아니면 영접기도에 몇 명이 손을 드는지에 더 중점을 두고 있나요? 하나님의 능력을 체험해서 사람들의 삶이 실제로 변화되고 있나요? 사람들이 예수님을 더 닮아가고 있나요? 말씀을 들으며 영적으로 변화하고 있나요? 여러분의 삶에서 변화가 일어나고, (멍에가 부서지는 것이 필요하셨다면) 여러분의 삶에서 멍에가 부서지는 것을 보셨나요? 이 사역지를 통해 하나님과 더 가까워지고 영적인 눈을 뜨는데 도움이 되었나요? 원수를 이길 수 있도록 영적으로 훈련되고 있나요? 그렇다면 여러분은 진정한 열매를 경험하고 있는 것입니다! 하나님의 사랑을 드러내고, 변화를 가져오고, 영적인 눈을 뜨게 하고, 승리할 수 있도록 훈련시키는 것은 어노인팅입니다. 이런 것들을 보면 좋은 열매가 있는지 알 수 있습니다.

어노인팅이 있고 좋은 열매를 맺는 사역 중에서 내가 어디에 심겨야 하는지 어떻게 알 수 있을까요? 성령께서 여러분의 영에 말씀하시고 확증해주실 것입니다. 사역의 비전과 사명에 대해 신나고 열정이 느껴진다면 이곳이 여러분이 심겨야 할 곳이라는 신호입니다. 또한 말로 표현하기는 어렵지만 어노인팅이 있는 사역지 중 한 곳과 연결되어 있는 느낌이 들고 평안을 느낀다면, 알아진다면, 하나님이 이곳에 심기라고 부르시는 것입니다.

여러분이 그곳에 심기는 것에서 방해하는 영적 전쟁이 있다면 낙담하는 것이 아니라 확신해야 합니다. 마귀는 하나님이 부르시는 곳에 심기는 것의 힘을 알고 있습니다. 하나님이 예비하신 교회에 심길 때 여러분이 마귀의 왕국을 가장 효과적으로 멸하게 된다는 것을 마귀는 알고 있습니다.

하나님이 심기라고 부르시는 교회가 반드시 여러분이 살고 있는 도시나 국가에 있을 필요는 없다는 점을 이해하셔야 합니다. 심긴다는 것은 물리적인 것이 아니라 영적인 원칙입니다. 온라인을 통해서도 대면하는 것과 마찬가지로, 훈련과 임파테이션, 영적 보호를 받을 수 있습니다. 그럼에도 하나님이 인도하시는 대로, 여건이 허락하는 한 가능한 한 자주 직접 행사나 예배에 참석하는 것은 매우 중요합니다.

이 글을 쓰는 지금 시점에서 우리는 이 마지막 때 부흥의 시작 단계에 있습니다. 이 단계에서는 어노인팅과 뉴 와인(새 포도주) 그리고 기름 부음이 있는 교회가 흔하지 않습니다. 올바른 교회에 심기는 것이 중요하기 때문에 하나님은 많은 사람들을 자신의 도시나 국가에 있지 않은 어노인팅이 있는 교회에 심기도록 부르고 계십니다. 여러분이 살고 있는 도시에서 '가장 좋은' 교회라고 할지라도 충분하지 않습니다. 여러분의 도시에 있는 교회든 아니든 진정으로 기름 부음이 있는 교회여야 하고, 여러분에게 맞는 교회여야 합니다.

5F교회에 심겨진 사람들은 150개국 이상에서 오고 있습니다 (온라인으로 심겨진 사람들도 많습니다)! 여러 나라에서 수천 명이 이 사역을 통해 훈련받고, 치유되고, 자유하게 되었다고 간증했습니다. 영적으로 성장하고, 임파테이션을 받으며, 예수님과 더 가까워졌습니다. 그들은 보호받고, 이제 원수를 이기고 승리 가운데 행하고 있습니다. 5F교회가 위치한 미국 로스앤젤레스에 사는 사람들 못지않게 멀리서 심긴 사람들도 하나님의 축복을 받고 하나님이 만져주시는 것을 받고 있습니다. 온라인 생방송, 재방송 및 기타 5F교회 동영상을 시청하면서 영상을 통해 수많은 기적을 경험하고 하나님을 경험하게 된 것에 대해 매주 사람들이 간증하고 있습니다. 하나님께 모든 영광을 돌립니다! 세계 곳곳에서 하나님의 무한한 능력으로 움직이고 있는 곳 중 한 곳의 예를 보여 드리기 위해 5F교회에 대한 간증을 나누었습니다. 하나님이 얼마나 강력하게 움직이시는지 아는 것이 정말 중요합니다. 이것을 알면 영적으로 공급받지 못하고 치유 받지 못하는 곳에 머물면서 스스로를 제한하지 않게 됩니다.

심기는 방법

심긴다는 것은 단순히 매주 한 교회에 출석하는 것만이 아닙니다. 진정한 제자가 되어야 합니다. "그러고서 예수님은 제자들에게 이렇게 말씀하셨다. '너희 중 누구든지 나를 따라오려거든 자기의 길을 포기하고 자기 십자가를 지고 나를 따를 것이니라'"(마태복음 16:24 NLT). 자신의 길을 포기해야 합니다! 옛 포도주, 옛 종교적인 방식을 포기해야 합니다. 자신을 낮추고 배울 자세가 된 어린아이처럼 되어야 하나님이 여러분에게 뉴 와인(새 포도주)을 부어주시고 새로운 것을 가르쳐 주실 수 있습니다.

신앙생활을 한 지 오래된 분들과 사역자에까지 이르러 등 모든 사람에게 적용됩니다. 여러분의 비전을 내려놓고 여러분이 심겨진 사역의 비전을 받아들여야 합니다. 스스로를 겸손히 하고 옳다고 생각했던 잘못된 교리를 버릴 준비가 되어야 합니다. 마음을 열고 잘못된 것에 대해 교정을 받을 준비가 되어야 합니다. 그리스도인이 되고 사역을 하는 여러분의 방식을 포기하고 대신 여러분이 심겨진 곳에서 가르치는 방식을 따르세요. 가르침을 소중히 여기고, 그 가르침을 소중한 보물이자 생명의 원천으로 여기세요. 가능한 한 주일 예배와 주중 예배, 생방송을 꼭 보세요. 말씀을 묵상하고, 노트 필기를 하고, 다시 듣고, 마음을 정하여 말씀을 삶에 적용하세요.

심기는 것의 또 다른 측면은 여러분이 심겨진 사역지에서 하나님을 섬기는 것입니다. 단순히 받기만 하는 것이 아니라 하나님의 일에 기여하는 것이 중요합니다. 영적 아버지 엘리야를 섬긴 엘리사의 예에서 볼 수 있듯이 이것은 또한 임파테이션을 받는 데 있어 매우 중요한 부분입니다(열왕기상 19:21). 교회가 있는 도시에 거주하는 경우, 섬길 수 기회가 더 많습니다. 하지만 다른 도시에 거주하는 경우, 섬길 수 있는 한 가지 방법은 교회에서 하나님이 하시는 일을 최선을 다해 나누는 것입니다. 하나님의 영광을 위해 SNS를 사용하고 게시물, 동영상, 간증, 기적, 설교 그리고 말씀 영상을 공유하세요. 여러분의 간증도 공유하세요. 가족들, 친구들, 직장 동료들 및 주변 사람들과도 나누세요.

심기는 것의 마지막 부분은 십일조와 심는 것입니다.

> 너희는 온전한 십일조를 창고에 들여 놓아, 내 집에 먹을거리가 넉넉하게 하여라. 이렇게 바치는 일로 나를 시험하여, 내가 하늘 문을 열고서, 너희가 쌓을 곳이 없도록 복을 붓지 않나 보아라. 나 만군의 주의 말이다.
> ―말라기 3:10 새번역

오늘날 창고라는 단어는 여러분이 심긴 교회를 뜻합니다. 여러분이 영적 양식을 공급받는 곳에 십일조(수입의 10%)를 드리는데 자신의 역할을 다해야 할 책임이 있습니다. 모두가 각자의 역할을 할 때 하나님의 역사가 계속되고 탁월하게 진행될 수 있는 충분한 공급이 이루어질 것입니다. 또한 할 수 있을 때 기꺼이, 후히 10% 이상을 드리는 것도 중요합니다.

만약 여러분이 교회에 심기는 원칙 중 하나라도 놓치고 있다면, 아직 완전히 뿌리를 내리지 못한 것입니다. 하나님이 능력으로 역사하시는 교회에 심기는 것을 우선순위로 삼고 무슨 일이 일어나는지 지켜보세요!

13장
받은 자유를 지키는 방법: 소중히 여기기

우리는 소중히 여기는 것을 지킵니다. 무언가를 소중히 여길수록 그것을 지키기 위해 더 노력합니다. 비싼 물건이라면 보험에 가입하기 위해 많은 비용을 지불할 것입니다. 집에 귀중품이 많을수록 보안을 위해 더 많은 조치를 취하게 됩니다. 중요한 물건을 가지고 다니는 경우 다른 물건에 비해 잃어버리지 않기 위해 얼마나 더 신경 쓰게 되는지 아시나요?

하나님이 주신 자유와 축복을 지키려면 받은 것을 소중히 여겨야 합니다. 그렇지 않으면 잃어버릴 수 있습니다. 이 장에서는 하나님이 주신 자유와 축복에 대해 '보험을 가입'하고 '보안 시스템을 설치'하는 방법을 정확하게 배우게 되실 것입니다.

이전 장에서 여러분은 받은 자유를 지키는 것과 심기는 것의 연관성을 배웠습니다. 여러분은 영적 양식과 인도하심 그리고 보호하심을 받는 원천인 이 귀중한 선물을 보호해야 합니다. 마귀는 심기는 것의 능력을 알기 때문에 여러분이 스스로 뿌리를 뽑게 하려고 할 것입니다. 마귀의 계략 중 하나는 교회 내 다른 사람들을 통해 여러분에게 상처를 주거나 불쾌감을 주거나 성가시게 하는 것입니다. 이 계략을 극복하려면 모든 교인이 완벽한 교회는 단 한 곳도 없다는 사실을 이해해야 합니다.

하나님이 여러분을 부르신 교회의 리더십을 신뢰하는 것은 매우 중요합니다. 하나님이 여러분에게 말씀하시고, 인도하시고, 보호하시는 주요한 방법이기 때문입니다(히브리서 13:17). 하지만 교회의 모든 사람 또는 대부분의 사람들이 영적으로 성숙하기를 기대할 수는 없습니다.

모든 사람은 각자의 여정에서 다른 단계에 있습니다. 어떤 이들은 세상에서 살다가 갓 나온 그리스도 안의 아기입니다. 미지근한 사람도 있습니다. 그리고 소수에 속하지만 늑대인 사람들도 있습니다(마태복음 7:15). 모든 교회에는 잘못된 의도를 가지고 출석하고 참여하는 사람들이 있습니다. 그리고 어떤 사람들은 고의적으로 또는 무의식적으로 원수에게 이용당하여 하나님이 심기라고 하신 교회에서 사람들을 빼내려고 합니다.

교회에서 누군가에게 상처받았거나 어떤 일로 인해 기분이 상했다면, 영적으로 실제로 무슨 일이 일어나고 있는지에 대한 진실로 마음을 새롭게 하고, 이러한 영적 공격이 여러분이 심겨진 곳에서 멀어지게 하기 위한 것임을 인식하는 것이 매우 중요합니다.

여러분에게 상처를 준 사람이 교회의 리더십을 대변하지 않는다는 진리로 마음을 새롭게 하세요. 원수의 함정에 속지 마세요. "사람의 지혜는 인내를 낳고, 기분을 상하게 하는 일을 너그럽게 넘기는 것은 그 사람의 영광이다"(잠언 19:11 NIV).

하나님은 여러분이 기분 나빠하는 것을 결코 원하지 않으십니다. 여러분이 기분 나빠지게 하려는 유혹을 거절할 때 하나님께 순종하는 것입니다. 우리는 종으로 부름을 받았으며 우리보다 "다른 사람을 더 중요하게 여기도록" 부름 받았습니다(빌립보서 2:3 AMP). 이는 우리가 당연히 존중받아야 한다고 생각하면 안 된다는 뜻입니다. 불쾌한 마음을 품는다는 것은 자기중심적인 태

도며, 바로 마귀가 원하는 것입니다. 누군가에 대해 기분이 나쁜 생각이 떠오르면 그 생각을 거절하세요. 그래서 그 사람을 축복하고 위해 기도할 수 있도록 하세요. 교인들로부터 받은 상처로 인해 교회에 가는 것을 두려워하거나 가고 싶지 않은 마음이 든다면, 여러분을 교회에서 끌어내리는 마귀의 계략이라는 진리로 마음을 새롭게 하세요. 그 사람을 용서하고, 하나님이 여러분에게 완전한 치유를 주실 때 마음을 열어 평안과 기쁨이 회복될 수 있도록 하세요.

"네 보물 있는 그 곳에는 네 마음도 있느니라"(마태복음 6:21) 결단하지 않으면 축복을 당연한 것으로 여기게 됩니다. 하나님이 주신 축복을 정기적으로 묵상하고 하나님께 감사하는 습관을 기르세요. 여러분이 심긴 교회에서 강력한 축귀와 치유, 삶의 변화를 받았을 수도 있습니다. 시간이 지나면서 상당한 축복을 받았을 수도 있습니다. 하지만 몇 년이 지나면서 이 교회에 다니기 전의 삶이 어땠는지 잊어버리기 쉽습니다. 이 특별하고 비범한 삶이 평범하고 일상적인 삶이 되었다면, 의도적으로 마음을 새롭게 하고 이전의 삶이 어땠는지 기억하세요. 예수님, 특히 여러분이 심긴 교회를 통해 역사하시는 예수님으로 인해 여러분의 삶이 큰 축복을 받았다는 것을 기억하며 마음을 새롭게 하세요.

마귀는 '형제들을 참소하는 자'로 묘사됩니다(요한계시록 12:10). 그의 가장 큰 계략 중 하나는 하나님의 종들과 그들의 사역에 대해 거짓 모함을 해서 사람들로 교회를 떠나게 하는 것입니다. 지도자와 사역에 대한 비난하는 말을 들을 때, 마귀는 참된 하나님의 종들과 그들의 사역을 거짓으로 고발한다는 사실을 기억하는 것이 매우 중요합니다. 그러므로 여러분이 듣는 모든 것을

13장 받은 자유를 지키는 방법: 소중히 여기기

섣불리 믿어서는 안 됩니다.

사역자를 거짓으로 폭로하는 많은 사람에게는 나쁜 열매들이 분명하게 있습니다. 그들이 말하는 것을 보면 그들이 비판적이고, 종교적이며(옛 포도주에 갇혀 있고), 교만하고, 질투심이 많고, 증오심이 많다는 것을 알 수 있습니다. 이러한 면을 보이는 사람은 여러분에게 영적으로 어디로 나아갈지 가르쳐 줄 자격을 상실합니다. 나쁜 열매를 맺지 않은 것처럼 보이더라도 그 사람이 어떤 사람인지 생각해보세요. 하나님이 여러분에게 영적으로 어디로 나아갈 바를 알기 위해 그들의 말을 들으라고 부르시나요? 대부분의 경우 대답은 '아니오'입니다. 이러한 원수의 계략을 알고, 거짓말로 여러분을 교회에서 끌어내려는 마귀의 덫에 걸리지 않도록 지혜롭게 행해야 합니다.

여러분의 삶에 흐르는 참된 어노인팅을 소중히 여기는 것이 중요합니다. 여러분이 어노인팅 아래 있고 하나님의 종이 여러분의 삶 위에 "나으라" 또는 "이 영은 떠나야 한다"와 같은 말씀을 선포할 때, 그 어노인팅이 있는 말씀을 소중히 여기세요! 로마 백부장은 자기 하인의 치유를 구할 때 예수님과 예수님이 선포하신 말씀을 소중히 여겼습니다. 그는 예수님이 말씀만 하시면 그의 하인이 고침을 받을 수 있다는 것을 알았습니다! 백부장의 믿음이 기적을 풀어놓았습니다(마태복음 8:5-13). 이사야 55장 11절에서는 이렇게 말씀합니다. "내 입에서 나가는 말도 이와 같이 헛되이 내게로 되돌아오지 아니하고 나의 기뻐하는 뜻을 이루며 내가 보낸 일에 형통함이니라"

어노인팅이 있는 하나님의 종이 말할 때 그 말씀은 반드시 이루어집니다! 많은 사람이 영적인 세계에서 육적인 세계로 기적이

자유를 받으세요

나타나기 전에 기적을 잃어버리고 있습니다. 하나님의 종이 "암은 떠나야만 한다" 또는 "이 영은 떠나야만 한다"와 같은 말을 할 때 듣는 사람이 그 말씀을 완전히 무시합니다. 그들은 그 말에 아무런 힘이 없는 것처럼 행동합니다. 그들은 일대일 기도를 요구하기 시작합니다. 예배가 끝나면 많은 사람에게 자신들을 위해 기도해달라고 요청합니다. 그들은 아무 일도 없었다고 생각하고 교회를 떠납니다.

말씀을 통해 기적이 일어났지만, 그들은 그것을 놓쳤으니 정말 안타까운 일입니다! 사람이 공을 던지면 팔을 들고 손을 벌려서 잡아야 합니다. 팔을 내리고 있으면 공이 머리 위로 지나가거나 튕겨 나가 버립니다. 공을 잡을 수 있는 쉬운 기회가 있었지만 공을 완전히 놓치기로 선택한 것입니다. 어노인팅이 있는 하나님의 종이 있는 곳에서 기적을 받는 것도 마찬가지입니다. 하나님의 종은 말씀으로 기적을 '던지고' 있지만, 여러분이 기적을 받으려면 손을 들어 기적을 '잡아야' 합니다!

'기적을 잡는' 행동은 선포된 말씀을 믿고 소중히 여기기로 선택하는 것입니다. 참으로 어노인팅이 있는 하나님의 종들의 사역에서 기적이 일어난 것에 대해 간증이 많이 있습니다. 예를 들어, 제 사역에서 많은 사람들이 제가 일대일로 기도하지 않고도 전 세계에서 온라인으로 시청하는 것만으로 기적을 받았다고 간증했습니다! 이런 간증들을 들으시고 여러분이 기적을 잡지 못할 이유가 무엇입니까? 선포된 말씀을 소중히 여기지 않을 이유가 무엇입니까? 이 부분을 믿는 데 도움이 필요하다면 제 유튜브 채널(@ApostleKathrynKrick 한국어 유튜브 채널 @kathrynkrickinkorean)에 가서 간증 재생목록을 시청해보세요.

13장 받은 자유를 지키는 방법: 소중히 여기기

어노인팅이 있는 종이 선포하면 영적인 세계에서 즉시 기적이 여러분에게 주어집니다. 어떤 사람들에게는 기적이 즉시 눈으로 보이게 나타납니다. 다른 사람들에게는 시간이 걸릴 수도 있습니다.

> 예수님이 예루살렘으로 가시는 길에 사마리아와 갈릴리 사이로 지나가시게 되었다. 예수님이 어떤 마을에 들어가시자 문둥병자 열 사람이 예수님을 만나 멀리 서서 큰 소리로 "예수 선생님, 우리를 불쌍히 여겨 주십시오" 하고 외쳤다. 예수님은 그들을 보시고 "제사장들에게 가서 너희 몸을 보여라" 하고 말씀하셨다. 그들은 가는 도중에 몸이 깨끗하게 되었다.
> 누가복음 17:11-14 현대인의성경

선포된 말씀을 받으면 즉시 기적을 지키기 위한 행동을 의도적으로 취하는 것이 중요합니다. 현재 눈에 보이지 않는 기적이 물리적 영역에서 나타나기 전에 낙태되지 않도록 기적을 보호해야 합니다. 기적을 믿음으로 마음속으로 받아들이고 "나는 치유를 받는다." 또는 "나는 그 말씀을 받는다." 또는 "나는 치유되었다고 믿는다!"라고 소리 내어 말함으로 기적을 지킬 수 있습니다.

또한 즉시 하나님께 감사하세요. 다음과 같이 기도할 수 있습니다.

> 예수님, 저를 자유하게 주셔서 감사합니다! 하나님의 종이 말씀을 선포했을 때 영적인 세계에서 방금 일어난 것을 믿습니다. 이것이 곧 눈에 보이게 될 것을 믿습니다. 방금 저를 치유해주신 주님의 어노인팅에 감사드립니다!

기적이 완전히 눈에 보일 때까지 계속해서 치유되었음을 선포하고 예수님께 감사하세요. 기적이 완전히 나타나면 이 축복에 대해 계속 하나님께 감사하세요.

기적이 바로 눈에 보이지 않을 때 원수는 다음과 같은 의심의 생각으로 여러분의 마음을 공격하려고 시도할 수 있습니다. "아무 일도 일어나지 않았어." "넌 믿음이 부족해." "네 문제는 희망이 없어." (특히 른 사람들이 느끼고, 뒤로 넘어지고, 울 때) "넌 아무것도 느끼지 못했으니 아무 일도 일어나지 않은 거야." 또는 "너는 일대일 기도가 필요해." 이런 생각이 든다면, 예수님이 방금 행하신 기적을 훔치려는 마귀의 거짓말임을 상기하며 마음을 새롭게 하세요. 여러분은 전사의 자세로 나아가 예수님께 받은 이 귀한 기적을 치열하게 지켜야 합니다.

이 공격으로부터 기적을 지키는 방법은 하나님의 진리에 복종하고, 마귀를 대적하고, 말로 마귀의 거짓말을 거절하는 것입니다(야고보서 4:7). 다음과 같이 선포하세요. "나는 자유와 치유를 받지 못했다는 거짓말을 거절한다. 나는 방금 자유와 치유를 받았으며 곧 기적이 완전히 나타나는 것을 보게 될 것이다. 나는 하나님께서 방금 나에게 주신 이 기적을 소중히 여긴다. 저를 치유해주셔서 감사합니다. 예수님!" 마귀는 이런 거짓말을 반복적으로 할 수도 있습니다. 여러분은 경계를 늦추지 말고 계속해서 마귀를 거절하고 진실을 선포하며 하나님께 감사해야 합니다. 여러분이 계속 마귀를 대적하고 하나님의 진리에 복종할 때 마귀는 도망가고 여러분은 승리를 보게 될 것입니다! 기적을 눈으로 보게 될 것입니다!

13장 받은 자유를 지키는 방법: 소중히 여기기

우리의 자유를 뺏기 위한 가장 큰 계략

우리의 자유를 뺏기 위해 원수가 가장 많이 사용하는 계략은 귀신이 다시 돌아왔다고 생각하게 하거나 축귀가 일어나지 않았다고 믿게 하는 것입니다. 마귀의 억압에서 자유하게 되면, 여러분 안에(혼이나 몸에) 있던 귀신들은 더 이상 거기에 있지 않습니다. 더 이상 귀신의 사슬에 억압되어 있지 않습니다. 그러나 영적 전쟁에서 해방된 것은 아닙니다. 마귀는 완전히 사라지지 않습니다. 우리 중 누구도 천국에 가기 전까지는 영적 전쟁에서 자유롭지 않습니다. 하지만 이제 우리는 자유하게 되었기 때문에 발목에 무거운 사슬이 없이 경주를 달릴 수 있습니다. 이제 여러분이 계속해서 승리하는 것을 방해할 것이 더 이상 없습니다.

> 이 모든 것에서 우리는 승리자보다 더 큰 승리자가 되며, 우리를 사랑하셔서 [우리를 위해 죽으신 분]을 통해 압도적인 승리를 얻습니다.
> 로마서 8:37 AMP

솔직히 말해서, 여러분이 자유로워지기 전에는 마귀가 여러분의 삶의 한 부분에서 승리하고 있었기 때문에 '압도적인 승리'를 거두지 못했습니다. 하지만 이제 여러분이 자유로워졌기 때문에, 예수님은 여러분을 전투를 거듭하며 압도적인 승리를 거두는 챔피언으로 만드셨습니다! 이것은 하나님의 자녀로서 여러분이 받은 유산의 일부며, 하나님이 주신 약속입니다. 여러분이 하나님을 순종하고 행하는 믿음(야고보서 2:14 참조)을 가지고 있는 한, 여러분은 압도적인 승리를 거둘 것입니다. 여러분 안에 계신 이[예수님]가 세상에 있는 이[마귀]보다 더 크시기 때문입니다(요한일서 4:4).

  마귀는 여러분이 자유롭지 않다고 말하거나 귀신이 다시 돌아왔다고 말하는 거짓말로 공격을 할 수 있습니다. 이러한 거짓말은 과거에 여러분이 억압을 받았을 때 마귀가 가한 공격과 똑같게 느껴질 수 있습니다. 그러나 실제로는 다릅니다. 이것들은 내면의 귀신이 아닌 외부의 영적 공격입니다. 이것들은 여러분을 치려고 위해 만들어진 무기며, 단순히 하나님의 진리에 순종하고 마음을 새롭게 하고 마귀의 거짓말에 저항하기만 하면 그 무기가 형통하지 못하게 할 수 있습니다.

> 사랑하는 여러분, 여러분을 시험하려고 오는 불 같은 시련을 당할 때 마치 이상한 일이나 일어난 것처럼 놀라지 마십시오.
> 베드로전서 4:12 현대인의 성경

  하나님은 때때로 목적을 위해 마귀가 여러분을 공격하도록 허용하십니다! 항상 목적이 있으며, 여러분의 유익을 위한 것입니다. "형님들은 저를 해칠 생각으로 그렇게 하였습니다. 그러나 하나님께서는 오히려 좋은 일을 이루시려고 그렇게 하셨습니다. 오늘날 이처럼 많은 사람의 생명을 구하게 하려고 하신 일입니다"(창세기 50:20 읽기쉬운성경). 하나님은 우리 믿음을 단련시키고 우리 성품을 하나님과 더 닮도록 하는 연단의 불로 사용하실 수 있는 것을 아실 때에만 대적의 공격을 허락하십니다. 하나님은 이 땅에 길을 잃은 사람들, 억압된 사람들, 병든 사람들을 구원하기 위해 여러분을 사용하시기를 원하십니다. 이것은 오직 하나님이 여러분으로 연단의 불을 지나게 하셔서 하나님이 주려고 하시

13장 받은 자유를 지키는 방법: 소중히 여기기

는 어노인팅을 바르게 간수할 수 있는 깨끗한 그릇으로 만드실 때만 가능합니다.

대적이 여러분이 받은 자유에 대해 거짓말을 하며 공격한다면, 하나님이 여러분의 믿음을 시험하고 계시다는 것을 알아야 합니다. 하나님은 여러분의 믿음이 스트레칭 되기를 원하십니다. 믿음 없이는 하나님을 기쁘시게 할 수 없습니다(히브리서 11:6 현대인의 성경). 믿음이 있어야만 하나님을 기쁘시게 할 수 있으며, 믿음이 클수록 하나님은 여러분을 통해 더 많은 일을 하실 수 있습니다. 이것이 하나님이 가장 기뻐하시는 일입니다.

마귀가 밖에서 하는 공격은 여러분이 예전에 겪었던 마귀의 억압의 모습과 느낌과 같아 보일 수 있지만 그 모든 것이 거짓말이고 허울뿐이라는 것을 깨달아야 합니다. 믿음으로 굳건히 서서 마귀의 거짓말을 거부하면, 마귀는 도망가야 합니다! 공격은 멈출 수밖에 없습니다!

마귀가 귀신의 억압을 흉내 내는 몇 가지 예가 있습니다. 과거에 자살 충동이나 여러 가지 영역에서 귀신의 목소리를 듣는 등 정신적 고통을 겪었을 수도 있습니다. 여러분이 그 거짓말을 몇 번이나 거부했던, 여러분이 축귀 받기 전까지는 그 거짓말은 멈추지 않았을 것입니다. 일단 여러분이 자유를 얻고 시간이 지나면, 마귀는 똑같은 거짓말을 밖에서 말할 수 있으며, 여러분이 귀신에 억압받던 때와 똑같은 느낌일 수 있습니다. 하지만 이번에는 그 목소리를 거절하면 그 목소리는 멈추어야 합니다. 어떤 경우에는 그 목소리가 즉시 멈추지 않을 수도 있지만, 계속 거절해야 합니다. 결국 그 목소리는 사라져야 합니다.

질병에서 치유된 경우, 마귀는 그 질병을 모방하여 여러분이 다시 병에 걸린 것처럼 생각하게 할 수 있습니다. 통증이나 증상이 나타날 수도 있습니다. 이것은 영적인 무기이며, 이 무기가 형통하게 두고 질병으로 변하게 둘 필요가 없다는 것을 알아야 합니다! 마귀는 온갖 교활한 방법으로 접근할 수 있습니다. 제 영적 아버지는 한 남자가 교회에 와서 질병을 치유 받은 후 엑스레이를 찍은 이야기를 들려주셨습니다. 엑스레이에는 질병이 여전히 남아 있거나 더 심각한 문제가 있는 것처럼 보였습니다. 그분이 다른 병원에서 엑스레이를 다시 찍었는데, 이번에는 아무 이상도 보이지 않았습니다! 알고 보니 첫 번째 엑스레이에는 카메라를 막는 물체가 있어 몸 안에 무언가가 있는 것처럼 보였던 것입니다.

마귀는 온갖 속임수를 써서 질병이나 억압이 다시 돌아왔다고 여러분을 속이려고 할 수 있습니다. 이러한 계략을 알고 여러분이 받은 기적의 현실을 기억해야 합니다. 또한 여러분은 하나님의 자녀이기 때문에 마귀는 하나님이 여러분에게 주신 것을 훔칠 수 있는 권한이 없다는 것을 기억하세요! "그러므로 내 사랑 하는 형제들아 견고하며 흔들리지 말며"(고린도전서 15:58상) 그리고 마지막으로 "[악과의 싸움에서] 믿음의 선한 싸움을 싸우라"(디모데전서 6:12 AMP).

마귀의 이러한 거짓말을 거절하는 것은 매우 중요합니다. 그렇지 않으면, "나는 치유되지 않았나 봐." 또는 "귀신이 다시 돌아온 것 같아."와 같은 말을 하면, 원수가 질병이나 억압을 다시 가져올 수 있는 문을 열어주는 것이 됩니다. 무기를 저항하는 것과는 정반대입니다. 이런 말을 함으로써, 여러분은 그 무기가 형통하도록 허용하는 것이 될 수 있습니다.

13장 받은 자유를 지키는 방법: 소중히 여기기

귀신이 드러나는 현상 모방

사람은 마음에 생각하는 대로다
잠언 23:7 NKJV

생각은 매우 강력합니다. 여러분이 묵상하고 믿기로 선택하는 것이 여러분의 현실이 됩니다. 생각하는 대로 행동하게 됩니다. 만약 "나는 똑똑하지 않아."라고 계속 생각한다면, 어려운 일에 도전하거나 시도하지 않을 것입니다. 이런 마음가짐을 가지면 자신의 잠재력을 결코 알지 못하고, 낮은 지적 수준으로 살며, 평범한 직업과 삶을 받아들일 것입니다. 어쩌면 가난에 빠질 수도 있습니다. 이는 모두 여러분이 믿고 묵상하기로 선택한 것의 결과입니다. 반면 하나님의 말씀과 약속을 끊임없이 묵상하면, 하나님의 모든 약속이 이루어지는 것을 볼 것입니다.

마귀는 이미 자유로워진 사람들에게 더 많은 축귀가 필요하다고 생각하도록 유혹합니다. 하나님은 어떤 사람들은 단계적으로 자유하게 하십니다. 억압이 복잡할수록 완전히 자유로워지는 과정이 더 오래 걸리는 경우가 종종 있습니다. 그러나 높은 수준의 어노인팅이 풀어놓아지는 곳에 심기고 항복하고 완전한 자유를 받는 모든 열쇠를 사용했다면 진지하게 심긴 제자가 된 지 몇 달 또는 1년 후에는 추가적으로 큰 축귀가 필요하지 않을 것입니다.

어떤 사람이 여러 단계의 축귀를 경험하고 완전히 자유로워졌을 때, 마귀는 그 사람이 여전히 갇혀 있다고 생각하며 계속 축귀를 추구하도록 만듭니다. 이는 주인이 기둥에 묶여 있던 동물의 밧줄을 잘라준 비유와 비슷합니다. 동물은 오랫동안 갇혀 있던 그 자리에서 자유롭게 떠날 수 있습니다. 그러나 자신이 자유롭고 떠

자유를 받으세요

날 수 있다는 것을 모르기 때문에, 그 자리에 머물러 있습니다. 대적은 바로 이렇게 하려고 합니다. 대적은 우리가 앞으로 나아가 우리의 목적을 성취하는 것을 원치 않습니다. 영광에서 영광으로 나아가 풍성함으로 행하는 것을 원치 않습니다. 그렇게 되면 하나님께 영광이 돌아가고 마귀는 수치를 받게 되기 때문입니다.

어떤 사람들은 마귀의 영향을 받은 자기 생각의 노예가 되어 있습니다. 생각은 매우 강력하기 때문에 실제로 가짜 현상을 만들 수도 있습니다. 예를 들어, 마귀가 자유하게 된 사람에게 그에게 여전히 귀신이 있다고 설득하고 '귀신이 지금 목에서 나오려고 하고 있다.'는 생각을 (외부적으로) 가져다주면, 그 사람은 기침을 하기 시작할 수 있습니다. 또는 마귀가 '귀신이 지금 비명을 지르며 나오고 있다'는 생각을 보내면, 비명을 지르기 시작할 수도 있습니다. 그러나 그것은 전적으로 생각 속에서 일어나는 일입니다. 생각으로 몸이 이런 행동을 하게 한 것입니다.

저는 사역 중에 적의 이러한 계략을 목격했습니다. 하나님은 예언적으로 제게 일어나고 있는 일을 드러내셨고, 저에게 그 사람(가짜 현상을 일으키는 사람)에게 영적인 세계에서 일어나고 있는 일을 알려주도록 이끌어주셨습니다. 그 사람이 실제로는 자유롭고 마귀가 그에게 거짓말을 하고 있다고 말할 때마다 가짜 현상은 멈추었습니다. 그 사람은 다시는 가짜 현상을 나타내지 않았고, 마침내 앞으로 나아갈 수 있게 되었습니다. 이를 통해 그 사람은 이제 풍성한 삶을 살며, 같은 자리에 머물지 않고 하나님의 손에 강력한 도구가 되어 하나님의 일에 기여할 수 있게 되었습니다.

> 그러므로 예수께서 자기를 믿은 유대인들에게 이르시되
> 너희가 내 말에 거하면 참으로 내 제자가 되고 진리를

13장 받은 자유를 지키는 방법: 소중히 여기기

> 알지니 진리가 너희를 자유롭게 하리라
> -요한복음 8:31-32 개역개정

귀신이 드러나는 것 같이 보이는 가짜 현상과 과거의 억압에 대한 생각을 마귀가 줄 때 11장에서 나눈 것을 실천하시면 승리를 하실 수 있습니다. 매일 하나님의 말씀을 읽음으로 자신을 채우고 예수님과의 관계를 추구하세요. "나는 자유하다! 예수님, 저를 자유하게 해주셔서 감사합니다."라고 계속 선포하세요. 마귀의 거짓말을 계속 거절하세요.

여러분이 완전히 자유하게 되었는지 아니면 더 많은 축귀가 필요한지 어떻게 알 수 있을까요? 이 책에 소개된 완전한 축귀를 열고 받기 위해 필요한 모든 열쇠를 잘 적용하고 소중히 여기세요. 이 책에서 제가 가르친 것을 진정으로 따르는 제자가 되세요. 제가 가르친 모든 것을 적용하고, 쉬세요.

일대일 기도를 받기 위해 귀신이 드러나는 현상이 나타나기를 바라는 등 축귀를 받는 것에 집착하지 마세요. 예수님을 찾고 예수님의 타이밍에 안식하는 것과는 달리, 이런 집착은 마귀가 여러분에게 아직 더 많은 귀신이 있다고 속일 수 있는 문이 될 수 있습니다. 예수님 안에서 쉬며, 기적이 완전히 눈으로 보이게 되는 예수님의 타이밍을 믿고 이 책에서 공유한 원칙에 순종하면 완전히 자유하게 될 것입니다.

간증

> 또 여러 형제가 어린 양의 피와 자기의 증거하는 말을 인하여 저를 이기었으니
> -요한계시록 12:11 상반절 개역한글

자유를 받으세요

　간증할 때, 여러분은 마귀를 이길 수 있습니다! 이것은 영적인 원칙입니다. 이것은 마귀가 여러분의 기적을 훔치기 위해 하는 공격을 이기는 초자연적인 열쇠 중 하나이며, 여러분의 말의 힘과 관련 있습니다. 간증할 때, 여러분은 영적인 영역에서 일어난 일을 확고하게 하는 것입니다. 기적을 받고 "이것은 내 것이며, 나는 이것을 지킬 거야."라고 말하는 행동입니다.

　또한 예수님으로부터 오는 모든 축복은 예수님께 항복하고 순종하고 영광을 돌릴 때 받게 됩니다. 이중 하나라도 하지 않는다면, 여러분은 적에게 문을 열어주는 것입니다. 하나님이 여러분을 위해 기적을 행해 주셨을 때 하나님께 모든 영광을 드리고 감사드리며 간증을 나누는 것이 매우 중요합니다.

　"예수의 증언은 예언의 영이라"(요한계시록 19:10하). 예수님이 여러분의 삶에서 행하신 일을 간증할 때, 듣는 사람들에게 부어지는 '예언의 영'을 풀어놓는 것입니다. 그리고 듣는 사람들의 믿음이 초자연적으로 커지게 합니다. 간증할 때, 여러분에게 일어난 동일한 기적과 다른 기적들이 일어날 것을 듣는 사람들에게 예언하는 것입니다. 여러분의 간증은 정말 강력합니다! 하나님은 그 간증을 통해 많은 기적을 이루고 싶어 하십니다.

　예수님을 소중히 여기십니까? 예수님이 여러분을 위해 하신 일을 소중히 여기시나요? 다른 사람들도 받고 예수님께 영광이 되도록 간증을 해서 예수님을 기쁘시게 하고 싶으신가요? 만약 여러분의 대답이 "예"라면, 간증을 주저하지 마세요! 여러분의 삶에서 멍에를 깨뜨린 어노인팅을 소중히 여기십니까? 그렇다면 간증하세요! 하나님의 기름 부음 받은 종들에게 대한 의심과 핍박이 너무 많고, 이로 인해 많은 사람이 묶여 있고 병들어 있습니다. 사

13장 받은 자유를 지키는 방법: 소중히 여기기

람들이 예수님이 주신 기름 부음이 진짜인 것을 보고 자유와 치유를 받을 수 있도록 눈이 열리기 위해 여러분의 간증이 필요합니다!

하나님이 여러분에게 행해 주시는 모든 기적을 매일 공개적으로 간증해야 한다는 압박을 갖지 마세요. 그러나 하나님이 여러분을 자유하게 해주시거나 치유해주시거나 다른 큰 기적을 행해주셨을 때는 꼭 간증하세요. 기적을 받은 방법과 받은 곳을 부끄러워하지 마세요. 하나님이 여러분을 치유하거나 자유하게 하기 위해 사용하신 그릇은 논란의 대상이 될 수도 있고 다른 사람들의 증오의 대상이 될 수도 있습니다. 기름 부음을 받은 사람은 예수님처럼 논란의 대상이 되고 미움을 받을 것입니다(요한복음 15:18-25).

용기를 내고 하나님과 하나님의 모든 방법을 부끄러워하지 마세요. 하나님이 기름 부으신 그릇들, 특히 약하고 어리석다고 여겨지는 사람들을 사용하시는 방법을 부끄러워하지 마세요. 여러분을 자유하게 하는 동시에 종교적인 사람들을 불편하게 하는 어노인팅을 부끄러워하지 마세요. 여러분을 자유하게 해줄 존재가 필요했고 예수님이 여러분을 구원하고 자유하게 하셨다는 것을 부끄러워하지 마세요. 다른 사람들이 듣기 좋으라고 간증을 애매모호하게 하지 마세요. 여러분이 기적을 받은 곳과 방법을 나누세요. 여러분이 경험한 하나님의 능력을 다른 사람들도 경험할 수 있도록 하나님의 능력을 어디에서, 어떻게 경험할 수 있는지 알려주세요. 성경은 존중히 여겨야 할 사람은 존중히 여기라고 말씀합니다(로마서 13:7 읽기 쉬운 성경). 하나님의 종들을 존중히 여기고 사역에서 나타난 열매를 간증하는 것은 중요합니다. 그렇게 함으로써 하나님의 일이 그 사역을 통해 더욱 확장될 수 있기 때문입니다.

감사의 씨앗을 심으세요

자유하게 된 후에는 희생으로 하나님께 감사하는 것이 현명합니다. 자유는 하나님이 행하신 아주 큰 일입니다. 말뿐만 아니라 행동으로 하나님께 적절한 감사를 나타내는 것이 중요합니다. 축귀와 치유는 하나님이 무료로 주신 선물입니다. 그러나 우리는 이것을 값싼 것으로 여겨서는 안 됩니다. 심는 것은 하나님께 감사하기 위해 보물(돈)을 드리는 행동으로, 여러분이 축귀를 더 소중히 여기게 하는 행동입니다.

여러분이 심는 모든 것은 진짜 씨앗이며, 열매를 맺을 것입니다. 순종이나 감사로 하나님에게 심을 때에도 모든 씨앗은 거두게 되어 있습니다. 자유하게 해주신 하나님에게 감사하며 씨앗을 심으면, 특히 받은 자유를 지키는 데 도움이 되는 영역에서 더 많은 어노인팅을 거두게 됩니다. 어노인팅이 있는 곳에 심겨지면 보호받고 안전합니다. 그러나 때로는 더 큰 보호를 위해 어노인팅에 심는 것이 지혜롭습니다. 특히 적의 공격이 있을 때 더욱 그렇습니다. 심을 때, 영적으로 강해져 대적이 돌아오려고 하는 모든 계략을 이길 수 있도록 더 많은 어노인팅이 여러분에게 임할 것입니다.

인내의 능력

받은 자유를 지키는 것에 대해 제가 나눌 마지막 지혜는 자유하게 되는 여정에서 인내하고 겸손해야 한다는 것입니다.

13장 받은 자유를 지키는 방법: 소중히 여기기

제가 설명드린 영적 원칙을 꾸준히 실천하며 여러분의 역할을 해야 합니다. 믿음의 좋은 싸움을 싸우며 좋은 군사가 되세요. 싸움이 처음에는 강렬하게 느껴진다면 이는 대적이 화가 났기 때문이라는 것을 기억하세요. 하지만 대적이 패배자인 것을 기억하세요! 여러분의 여정에서 어려운 싸움은 영원히 지속되지 않을 것입니다. 여러분은 아직 '이집트'의 해안가에 가까이 있을 수 있지만, 매일 점점 더 멀어져 가고 있습니다. 매일 대적을 이길 때 여러분은 영적인 세계에서 성장합니다.

마귀의 거짓말을 거절할 때마다, 하나님은 그것을 보시고 여러분을 매우 자랑스러워하신다는 것을 기억하세요. 하나님은 여러분과 함께 계시며, 여러분을 도우시고 힘을 주시고 응원하고 계십니다. 하나님이 여러분을 사랑하시는 것을 볼 수 있도록 항상 마음을 새롭게 하세요. 하나님의 사랑은 전투에서 여러분의 힘의 원천입니다. 하나님의 사랑을 정확하게 보고 그 사랑에 의지하면, 승리를 주시는 강력한 힘인 하나님의 능력을 받게 됩니다.

하나님이 주신 자유와 치유가 눈에 완전히 보이도록 하시는 시기는 사람마다 다릅니다. 때로는 약속의 땅에 도달하는 것이 늦어지는 것처럼 보일 수도 있지만, 이는 하나님이 빠른 해결보다 여러분의 마음의 변화에 더 관심이 많기 때문입니다. 하나님을 신뢰하세요. 이 책을 통해 하나님이 지시하신 것을 계속 행하기만 하면, 모든 억압이 완전히 사라지는 것을 볼 때까지 매일 점점 더 큰 돌파가 나타날 것입니다!

그러므로 아들이 너희를 자유롭게 하면 너희가 참으로 자유로우리라

-요한복음 8:36 개역개정

자유를 받으세요

다음과 같이 여러분 위에 선포합니다.

귀신은 여러분에게 다시 돌아올 수 없음을 선포합니다. 이 어노인팅을 풀어놓고 보호를 선포합니다. 여러분의 정신이 온전하고 평안할 것을 선포합니다. 지금 그리고 매일 지혜가 증가할지어다. 매일 마귀 위에 승리하고 또 승리할지어다. 마귀가 여러분을 절대 속이지 못할지어다. 영적으로 보고 마귀의 모든 계략과 공격을 분별하게될지어다. 모든 전투에서 승리하고 압도적인 승리를 거두게 될지어다.

14장
축귀에 대한 흔한 오해

이제 여러분은 축귀를 받았고 받은 자유를 지키는 방법에 대해 배웠습니다. 이제 여러분이 승리의 삶을 살고 거룩한 자신감으로 행하기 위해 완전히 훈련되도록 영적인 세계에 대해 좀 더 자세한 것을 나누겠습니다. 이 마지막 장에서는 축귀에 대한 몇 가지 일반적인 질문들과 축귀에 대한 오해에 대해 다루겠습니다.

축귀가 필요할 때 금식해야 하나요?

많은 사람이 금식을 하나님으로부터 무언가를 받기 위해 또는 더 영적으로 되기 위한 수단으로 사용합니다. 금식이 육신을 부인하고 영을 강하게 하는데 도움이 될 수 있는 것은 사실입니다. 하지만 성령님이 인도하신 금식을 할 때에만 적용이 됩니다. 전통에 기반을 둔 옛포도주 방식의 종교적인 금식을 하지 마세요. 또한 하나님과 거래하듯 금식을 통해 무언가를 얻기 위해 하나님을 조종하는 방식으로 금식하지 마세요.

금식의 주요 목적은 강한 유혹의 영역에서 육신을 부인하여 몸이 순종하게 되고 영이 더 높이 올라가도록 하는 것입니다. 하나님은 주로 육신이 강한 영역에서 금식하게 하실 것입니다. 많은 사람이 탐식이 아닌 SNS를 장시간 하는 것에 강한 유혹을 받음에도 음식 금식을 합니다. 이런 경우, 현명한 금식 방법은 일정 기간 SNS를 금식하는 것입니다.

자유를 받으세요

금식 기간은 성령님의 인도에 따라 결정되어야 합니다. 40일이나 극단적인 기간일 필요는 없습니다. 때로는 반나절만으로도 충분합니다(SNS를 금식한다면, 영적 음식인 교회 생방송이나 재방송을 금식하지 않도록 주의하세요. 예배가 끝나면 즉시 SNS를 끄면 됩니다).

> 그 때에 요한의 제자들이 예수께 나아와 이르되 우리와 바리새인들은 금식하는데 어찌하여 당신의 제자들은 금식하지 아니하나이까 예수께서 그들에게 이르시되 혼인집 손님들이 신랑과 함께 있을 동안에 슬퍼할 수 있느냐 그러나 신랑을 빼앗길 날이 이르리니 그 때에는 금식할 것이니라 생베 조각을 낡은 옷에 붙이는 자가 없나니 이는 기운 것이 그 옷을 당기어 해어짐이 더하게 됨이요 새 포도주를 낡은 가죽 부대에 넣지 아니하나니 그렇게 하면 부대가 터져 포도주도 쏟아지고 부대도 버리게 됨이라 새 포도주는 새 부대에 넣어야 둘이 다 보전되느니라
>
> -마태복음 9:14-17 개역개정

바리새인과 요한의 제자들은 옛 포도주, 즉 종교적인 방식으로 금식하고 있었습니다. 예수님이 제자들과 계실 때 제자들에게 금식하라고 하지 않으셨습니다. 왜냐하면 그 제자들이 하나님의 일에 바쁘게 일해야 할 때였기 때문입니다. 하나님은 그 시점에 그들에게 금식을 요구하실 목적이 없으셨습니다. 오히려 하나님은 그들을 이 특정 시기에 육신을 부인하고 영적으로 성장하는 다른 방법에 집중하도록 인도하셨습니다.

이 구절에서 예수님은 종교와 전통이 아닌 성령에 의해 인도되는 금식의 새로운 계시를 나누고 계십니다. 이 새로운 계시를 받

고 이해하기 위해 듣는 사람들이 스스로 낮추고 옛 가죽부대, 옛 교리와 말씀 해석의 방식을 버려야 했습니다.

탐식의 유혹이 없더라도 하나님이 금식을 인도하실 때가 있습니다. 성령에 의해 인도된 금식은 육신을 부인하는 행위를 통해 영을 일으키고 육신을 약화시킵니다. 예를 들어, 예수님은 성령이 광야에서 유혹을 받으시도록 인도하셨을 때 40일 동안 금식하셨습니다.

마귀에게 많은 틈을 주어 심한 마귀의 억압을 받고 있는 사람은, 금식이 귀신의 손아귀 힘을 약화시키기 때문에, 어노인팅이 풀어놓아질 예배(오프라인 또는 온라인)에 참석하기 전에 금식하는 것이 현명합니다. 그러나 이러한 유형의 금식은 항상 성령님의 인도하심에 따라야 합니다. 축귀 받으러 가기 전에 금식하는 것은 모든 믿는 자에게 적용되는 지시사항이 아닙니다. 그러나 성령님의 인도하심을 느끼거나 깊은 억압을 받고 있는 것을 알고 있으면, 어노인팅 아래 나아가기 전에 반드시 금식하세요.

사역자가 강한 귀신을 쫓아내기 위해 금식하고 기도해야 하나요?

그들이 무리에게 다가가자 어떤 사람이 예수님께 와서 무릎을 꿇고 말하였다. "주님, 제 아들을 불쌍히 여겨 주십시오. 미치광이가 되어 심하게 고통을 받습니다. 자주 불에 빠지기도 하고 물에 빠지기도 합니다. 그래서 주님의 제자들에게 데려왔으나 고치지 못했습니다." 그러자 예수님은 "믿음이 없고 비뚤어진 세대여, 내가 언제까지 너희와 함께 있어야 하겠느냐? 너희를 보고 내가 언제까지 참아야 하겠느냐? 아이를 이리 데려오라" 하고 말씀하셨다. 예수님이 귀신을 꾸짖으시자 귀신이 아이에게서 나가고 바로 그 순간에 아이가 나았다. 그때 제자들이 예수님께 조용히 와서 "왜 우리는 귀신을 쫓아낼 수 없었습니까?" 하고 물었다. 예수님은 이렇게 말씀하셨다. "너희의 믿음이 적기 때문이다. [하나님의 능력에 대한 믿음과 자신감이 부족함] 내가 분명히 말한다. 만일 너희에게 겨자씨 하나만 한 [살아있는] 믿음이 있다면 이 산을 향해 '여기서 저리로 옮겨 가라' 할 때 [하나님의 뜻이면] 그대로 될 것이며 너희가 못할 일이 하나도 없을 것이다"[그러나 이런 귀신은 기도와 금식이 아니면 나가지 않는다.].

-마태복음 17:14-21 AMP

이 이야기에서 예수님은 귀신을 쫓아내기 위해 금식하고 기도하고 올 테니 그후에 그 소년을 다시 데리고 오라고 부모에게 말하지 않았습니다. 그러나 많은 사람은 이 성경구절이 마치 귀신을 쫓아내기 전에 의식을 행해야 하는 것처럼 말하고 있다고 생각합니다.

예수님이 여기서 기도와 금식을 언급한 것은, 몇 시간 동안 계속 기도하면 귀신을 쫓아낼 수 있는 더 많은 어노인팅을 받을 수 있다는 의미가 아닙니다. 11장에서 기도에 대해 알려드린 것을 기억하세요. 하나님은 여러분이 매일 일상에 하나님을 포함시키면서 진정한 기도와 친밀함을 나눌 때 여러분이 진심으로 하나님께 가까이 다가가는 것을 보십니다. 하나님과 진정한 관계를 맺는 것은 하나님을 높여 존경하며, 하나님의 마음을 감동시키기 위해 지속적으로 순종하는 것을 통해 하나님에 대한 건강한 두려움을 키우는 것입니다. 이런 진정한 기도와 친밀함이 있을 때, 하나님은 여러분에게 더 많은 어노인팅을 맡길 수 있다고 보시고, 더 높은 수준의 귀신을 감당할 수 있도록 더 높은 수준의 어노인팅을 부어주십니다. (이는 또한 여러분의 소명에 따라 달라집니다. 모든 사람이 높은 수준의 귀신들을 쫓아낼 소명을 받은 것은 아니기 때문입니다.)

앞서 언급했듯이 금식의 주요 목적은 육신이 강한 분야에서 육신을 부인하는 것입니다. 따라서 육신이 강한 분야에서 육신을 부인하지 않는다면, 여러분은 육적이며 영적으로 성숙하지 않은 것입니다. 이 경우 하나님은 여러분이 항복하고 영적으로 나아가는 것을 진지하게 생각하기 전까지 더 많은 어노인팅을 부어주지 않으십니다.

예수님이 "이런 귀신은 기도와 금식이 아니면 나가지 않는다"라고 말씀하신 진정한 의미는, 제자들이 더 영적인 사람이 되고 항복과 순종 그리고 하나님과 매일 함께 행하는 것을 더욱 진지하게 생각해야 한다는 뜻이었습니다. 그러면 하나님은 그들에게 더 많은 어노인팅을 맡기실 수 있기 때문입니다.

사역자가 귀신을 쫓아낼 때 구체적인 단어를 말해야 하나요?

귀신을 쫓아내기 위해 어떤 구체적인 단어를 사용하는지는 중요하지 않습니다. 하나님의 종이 진정으로 어노인팅을 받고 귀신에 대한 권세를 가지고 있는 것이 중요합니다. 하나님의 종은 옛 포도주와 같은 종교적이고 전통적인 방식이 아닌, 뉴 와인(새 포도주) 방식으로 자신의 권세를 올바르게 행사하는 것이 중요합니다.

학생들이 소란을 피울 때, 교사는 "조용히 해." 또는 "시끄럽게 하지 마." 또는 "그만 해." 또는 "그만둬." 또는 "셋을 셀 때까지 다 조용히 하세요."라고 말할 수 있습니다. 때로는 교사가 단순히 조용히 있고 진지한 표정을 지을 수도 있습니다. 아이들이 자기가 어떤 위치에 있는지 깨닫고 말을 들을 때 교사에게 있는 권위가 보이고 작용합니다. 정확한 단어는 중요하지 않습니다. 권위가 행사되는 것이 중요합니다.

이것은 영적인 세계에서도 마찬가지입니다. 예를 들어, "나는 너를 묶는다."라고 말할 필요는 없습니다. 귀신을 쫓아낼 때, 의례적인 방식으로 특정한 단어를 말하지 않고 단순히 귀신에게 떠나라고 명령하면 됩니다. "____의 악한 영은 떠나야 한다." 또는 "모든 악한 영은 지금 떠나야 한다." 또는 "셋을 셀 때 모두 떠나야 한다. 하나, 둘, 셋."이라고 말해도 모두 동일한 효과가 있습니다.

또한 '예수의 이름으로'라는 표현은 여러분이 예수님과 함께 이 일을 행하며 그의 영광을 위해 한다는 의미입니다. '예수님의 이름으로'라고 말하는 것은 좋지만, 이 단어를 말하는 것이 중요한 것이 아닙니다. 우리가 예수님으로부터 온 진정한 권세를 가지고 행할 때 귀신들이 순종하는 것입니다. 귀신들은 예수님이 여러분을 보내셨다는 사실을 알고 있기 때문에 떨고 있는 것입니다. 그러므로 때로 "지금 떠나가라."라고 말하는 것이 "예수님의 이름으로 떠나가라."라고 말하는 것과 동일하게 효과적일 수 있습니다.

요점은, 귀신을 쫓아내는 과정에 특정한 의식을 행하거나 특정한 말을 해야 한다고 생각하지 말아야 한다는 것입니다. 귀신을 쫓아내는 것은 우리에게 있는 권세, 우리가 행하는 권세입니다.

아이들이 귀신이 쫓겨나는 곳에 있어도 괜찮은가요?

네, 아이들도 귀신이 쫓겨나는 곳에 있을 수 있으며, 있어야 합니다! 귀신이 쫓겨나는 곳은 세상에서 가장 안전한 곳입니다. 귀신이 쫓겨나는 것은 하나님의 능력이 그곳에 있다는 뜻입니다! 하나님의 능력은 여러분의 삶에 필요한 기적을 풀어놓을 뿐만 아니라 여러분을 보호합니다. 우리가 항복할 때 가장 안전합니다. 사람들은 예수님을 만나야 하고, 하나님께 항복하기 위해서는 하나님의 능력을 만나야 하는 경우가 많이 있습니다. 어노인팅이 흐르고 귀신이 쫓겨나는 모임에 참석하면, 여러분의 삶을 영원히 변화시키는 하나님과의 거룩한 만남을 경험할 수 있는 곳에 가는 것입니다. 이러한 만남은 대부분 사람들을 미지근한 삶에서 벗어나 완전히 항복하도록 인도합니다.

귀신은 사람이 죄를 통해 문을 열 때 마녀(무당)와 마법사(박수)에 의해 보내집니다. 따라서 귀신은 하나님의 능력이 있는 교회 외의 모든 물리적 장소에서 사람에게 들어갈 수 있습니다. 결혼 밖에서 다른 사람과 잠자리를 할 때 침대에서 귀신이 들어올 수 있습니다. 포르노나 공포 영화를 즐길 때 집에서 귀신이 들어올 수 있습니다. 마약을 할 때 클럽에서 귀신이 들어올 수 있습니다. 귀신이 들어오는 것은 영적인 문이 열리기 때문입니다.

귀신이 사람에게서 쫓겨나면 귀신은 다음에 갈 곳을 찾으며 그곳에 머무르지 않습니다. 귀신이 쫓겨나면 보낸 사람(마녀[무당]나 마법사[박수])에게로 돌려보내집니다. 때때로 하나님은 하나님의 종을 인도하여 귀신을 지옥의 구덩이로 보내기도 합니다. 그

자유를 받으세요

러나 하나님의 종들은 모든 귀신을 구덩이로 보낼 수는 없습니다. 영적인 세계의 법칙에 따르면, 마귀와 귀신은 이 시점에서 소멸될 수 없습니다. 사람들에게는 스스로 선택과 결정을 할 수 있는 자유의지가 있습니다. 어떤 사람들은 자신의 행동을 통해 귀신을 원합니다. 죄에 빠지기를 원하거나, 원하는 것을 얻기 위해 귀신의 힘을 이용하기를 원합니다.

사람들의 자유의지와 선택 때문에 귀신들이 존재할 수 있고, 마녀(무당)와 마법사(박수)들이 보낼 수 있는 것입니다. 하나님의 종으로서 우리의 임무는 귀신들을 근절하는 것이 아니라, 예수님과 예수님이 주시는 모든 것을 원하는 사람들에게서 귀신들을 쫓아내는 것입니다. 원하지 않는 사람들에게 강제로 축귀를 행하는 것은 우리의 임무가 아닙니다.

저는 유아부터 10대까지 수많은 어린이가 축귀를 받는 것을 보았습니다! 어린이들은 어른들만큼이나 축귀가 필요합니다. 또한 축귀를 목격하거나 직접 축귀를 받은 결과로 예수님을 위해 불타는 어린이들을 많이 보았습니다.

> 예수께서 가라사대 어린 아이들을 용납하고 내게 오는 것을 금하지 말라 천국이 이런 자의 것이니라 하시고
> -마태복음 19:14 개역한글

> 그러나 내가 만일 하나님의 손을 힘입어 귀신을 쫓아내는 것이면 하나님의 나라가 이미 너희에게 임하였느니라
> -누가복음 11:20 개역한글

귀신이 쫓겨나는 교회에 아이들을 데려가지 않는 것은 아이들

이 예수님께로 오고 하나님 나라를 경험하는 것을 막는 것입니다. 우리는 하나님 나라에 들어가기 위해 어린아이들처럼 되어야 합니다. 아이들은 본래 배울 자세가 되어 있고 영적인 원칙을 쉽게 이해합니다. 성령의 것을 받아들이려면 어린아이와 같이 되어야 하기 때문입니다.

귀신이 사람에게서 드러날 때 아이들이 무서워할까 봐 걱정할 필요가 없습니다. 예배에 가기 전에 예수님이 행하실 일의 능력과 아름다움을 아이들에게 설명해주세요. 예배가 끝난 후에는 아이들이 목격한 기적과 축귀에 대해 함께 이야기해보세요. 아이들은 목격하고 경험한 일로 인해 예수님을 경외하게 되고 믿음이 기하급수적으로 성장할 것이라고 믿습니다! 우리와 마찬가지로 아이들도 하나님의 능력을 목격하고 삶 속에서 천국을 경험해야 합니다.

결론

지금 이 순간, 하나님은 여러분의 영적인 눈을 열어주시고 하나님 나라의 많은 비밀을 드러내셨습니다. 마귀가 여러분의 삶에 숨어 있는 시간은 이제 공식적으로 끝났습니다! 여러분은 영적으로 볼 수 있도록 훈련되었고, 다시는 원수의 속임수에 빠지지 않을 것입니다. 마귀는 더 이상 여러분의 삶에 억압을 가져올 수 없습니다. 이 책에서 배운 모든 것을 통해, 이제 영광에서 영광으로 나아가고, 하나님께서 여러분을 부르신 사람으로 살기 위해 집중할 때입니다.

여러분은 더 이상 결핍 속에서 살지 않을 것입니다.

더 이상 억압에 방해받지 않고 마귀가 여러분의 삶을 장악하고 있던 것에 방해받지 않아도 됩니다. 여러분은 자유합니다! 마이너스(-)에서 벗어나셨으니 이제 제로 베이스(0)에서 벗어나 플러스(+)로 나아갈 때입니다. 풍성함 속에 행할 때입니다!

여러분은 불안증과 우울증에서 자유하게 되었습니다. 이제 풍성한 평안과 기쁨을 누릴 때입니다.

여러분은 악령적인 꿈에서 자유하게 되었습니다. 이제 평안하고 쉼이 있는 잠을 주무실 때입니다.

여러분은 불면증과 끊임없는 피로에서 자유하게 되었습니다. 이제 초자연적인 풍성한 에너지와 힘을 누릴 때입니다.

여러분은 연약함에서 자유하게 되었고 질병이 치유되었습니다. 이제 풍성한 건강과 힘을 누릴 때입니다.

여러분은 정죄에서 자유하게 되었습니다. 이제 하나님의 사랑을 경험하고 하나님과 매일 친밀함을 누릴 때입니다.

여러분은 가난에서 자유하게 되었습니다. 이제 하나님의 영광을 위해, 다른 사람들을 축복하기 위해, 하나님의 일에 기여하기 위해 재정적인 풍성함을 누릴 때입니다.

여러분의 삶과 부르심에서 형통하지 못하게 막고 있었던 많은 것들로부터 자유하게 되었습니다. 이제 풍성함 속에서 걸어가며 번영할 때입니다!

하나님은 여러분을 하나님의 능력의 그릇으로 사용하시기를 원하십니다. 하나님은 여러분에게 하나님의 어노인팅을 부어주셔서 여러분을 통해 하나님이 원하시는 모든 것을 이루시기를 원하십니다. 여러분의 목적은 하나님의 능력의 그릇이 되는 것입니다. 그것이 바로 여러분의 특정한 부르심의 모든 측면을 완전히 이루는 유일한 방법입니다. 저는 《The Secret of the Anointing》

이라는 책을 썼습니다. 이 책은 기적으로 행하기 위해 어노인팅을 받는 비밀을 담고 있습니다. 이 책에서 여러분은 하나님이 '택함 받은 자'에게 무엇을 찾으시는지 그리고 하나님이 신뢰할 수 있는 그릇이 된다는 것은 어떤 뜻인지 알게 되실 것입니다. 어노인팅을 받은 후에는 어노인팅으로 올바르게 행하는 방법과 어노인팅을 간수하고 지키는 방법을 배우게 될 것입니다(인터넷 강의 Walking in Miracles를 통해 더 많은 도움을 받으실 수 있습니다. enlivenmedia.org/walking-in-miracles를 참고하세요).

귀신을 쫓아내고 병든 사람들을 치유할 수 있도록 훈련을 받고 싶다면, 방금 읽은 이 책에는 다른 사람들에게 사역하는 데 도움이 되는 실용적인 도구와 열쇠가 많이 담겨 있습니다. 이 책을 다른 관점에서, 다른 사람들을 도와주고자 하는 관점으로 다시 읽어보시기를 권장합니다. 이 책에 설명된 실용적인 도구, 열쇠, 원칙 그리고 어노인팅을 받는 방법에 대한 지식은 여러분이 그리스도의 몸 된 교회의 믿을 수 있는 제자가 될 수 있도록 성숙한 분량으로 자라게 할 것입니다. 《The Secret of the Anointing》을 읽으며 말씀 훈련과 임파테이션을 받음으로써 여러분의 부르심 속에서 걸어가는 첫걸음을 내딛고 나아가시기를 권장합니다. 그리고 저는 여러분에게 다음과 같이 선포합니다.

> 이 어노인팅이 지금 여러분의 삶에 임하고, 여러분을 풍성한 기쁨과 평안으로 채울 것을 선포합니다. 이제부터 영광에서 영광으로 나아갈지어다. 이제 풍성함 속에 행할지어다. 축복과 기적이 계속해서 여러분에게 흘러갈지어다. 아무것도 여러분을 하나님의 뜻에서 벗어나게 하지 못할지어다. 여러분이 하나님께 사용되어 많은 사람을 예수님께 인도하게 될지어다. 여러

자유를 받으세요

분이 자유하게 된 간증을 통해 많은 사람이 자유하게 될지어다! 여러분이 매일 앞으로 나아가고 하나님께서 창조하신 대로 하나님의 강력한 그릇이 되는 것을 아무것도 막지 못할지어다! 이제 하나님의 기름 부음 받은 전사로 부흥의 군대에 들어설 때입니다!

주

3장 마귀의 억압은 어떻게 일어나는가

1. "Answers to Common Questions: Who Holds the Keys?," Proclaiming the Gospel, accessed December 10, 2024, https://www.proclaimingthegospel.org/page/articles.

6장 믿음을 활성화하는 방법

1. "How Can Jesus and the Bible Both Be the Word of God?," Got Questions, accessed December 11, 2024, https://www.gotquestions.org/Jesus-Bible-Word-God.html.

7장 귀신을 떠나가게 하는 세번째 열쇠: 말로써 끊기

1. Oxford Dictionary of English, 3rd ed., s.v. "renounce," 2010, https://archive.org/details/oxforddictionary0000unse_a2v4/page/1504/mode/2up?view=theater.

8장 주술의 실체

1. Melissa Evans Persensky, "What Is Reiki? And Does It Actually Work?," Cleveland Clinic, July 16, 2024, https://health.clevelandclinic.org/reiki.
2. Jennifer Heeren, "What Is 'Manifesting,' and Is It a Sin?," Crosswalk.com, July 11, 2022, https://www.crosswalk.com/faith/spiritual-life/what-is-manifesting-and-is-it-christian.html.
3. Wikipedia, s.v. "yoga," last modified December 13, 2024, 14:38, https://en.wikipedia.org/wiki/Yoga.

4. "Deepen Your Understanding of Yoga With These Important Reads," The Whole U, University of Washington, December 11, 2023, https://thewholeu.uw.edu/2023/12/11/books-with-balance-6-great-yoga-andmeditation-reads/.
5. Jareb Nott, "Kundalini vs. Holy Spirit: Discerning the Deception of Demonic Practices," Destiny Image, June 13, 2024, https://www.destinyimage.com/blog/jareb-nottkundalini-vs-holy-spirit-discerning-the-deception-ofdemonic-practices.

저자는 출간 시점에 정확하고 최신의 출처 정보를 제공하기 위해 최선을 다했으나, 통계 및 기타 자료는 지속적으로 업데이트되고 있음을 알려드립니다. 출판사와 저자는 출간 이후 발생하는 오류나 변경 사항에 대해 어떠한 책임도 지지 않습니다. 또한 출판사와 저자는 제3자 홈페이지나 그 콘텐츠를 통제할 수 없으며, 그에 대한 어떠한 책임도 지지 않습니다.

저자 소개

캐더린 크릭은 미국 로스엔젤레스에 위치한 파이브폴드(Five-Fold, 5F, 오중직임)교회의 담임 목사입니다. 이곳에서는 많은 기적이 일어나고 있고 사람들이 하나님의 능력으로 어노인팅의 임파테이션을 받고 치유되고 자유하게 되며 변화되고 있습니다. 전 세계에서 사람들이 매주 하나님을 만나기 위해 5F교회에 찾아갑니다. 유튜브, 페이스북, 인스타그램에 빠르게 성장하는 대규모 청중이 있으며 수천 명의 시청자가 영상과 예배 생방송을 보며 기적을 경험하고 있습니다. 또한 전 세계 부흥 집회에서 사역하고 있으며, 사람들이 하나님의 능력을 경험하고 하나님의 사랑에 대한 계시를 받는 것을 보는 것이 그녀의 가장 큰 열정입니다. 캐더린은 로스앤젤레스에 거주합니다. 그녀와 5F교회에 대한 자세한 내용은 다음 링크에서 확인하실 수 있습니다.

5fchurch.org
apostlekathrynkrick.com
youtube.com/apostlekathrynkrick
facebook.com/apostlekathrynkrick
instagram.com/apostlekathrynkrick

한국어 번역
youtube.com/kathrynkrickinkorean
instagram.com/kathrynkrickinkorean
facebook.com/kathrynkrickinkorean

역자 소개

박한나는 미국과 호주에서 학업을 마쳤으며, 현재 캐더린 크릭 사도가 담임 목사로 있는 5F교회에서 한국어 통·번역 및 소그룹 리더로 섬기고 있습니다.